国境を超える市民ネットワーク

トランスナショナル・シビルソサエティ
Transnational Civil Society

目加田説子

Mekata Motoko

［著］

RIETI
Research Institute of Economy, Trade & Industry, IAI
経済政策分析シリーズ………3

東洋経済新報社

はじめに

近代国家が形成された後、国際政治では長らく主権国家がほぼ排他的なまでに外交のプレーヤーとして君臨してきた。だが現在は、国際機関や世界銀行における評価に具現化されているように、非政府組織（NGO: Non-Governmental Organization）が新たな主体として強く認識されている。NGO の役割に着目し、その存在や政策形成への貢献を無視して政策が成り立たないことを進んで強調する主権国家も目立つようになってきた。

しかし、ここで重要なのは、冷戦後の世界の特徴は国家内に存在する個々の NGO の役割強化や拡大にとどまらないという点である。より革新的な変化は、NGO を中心としたネットワークおよびその支持基盤である各国内のシビルソサエティが国境を超えて横断的に連携し、トランスナショナル・シビルソサエティ（TCS: Transnational Civil Society）としてグローバルな規範形成に参画している現実にある。1990年代における TCS の活動分野は、軍縮、人権、環境、開発、エイズ、貿易など多岐にわたり、着々と活動の裾野を広げている。

こうした潮流に着目し、本書では、1990年代に相次いで誕生した環境・人道分野の代表的な多国間条約——地球温暖化防止のための気候変動枠組み条約と京都議定書、対人地雷全面禁止条約、戦争犯罪人を裁く国際刑事裁判所設立規程——の成立過程に、どのように TCS が参画したかを検証する。さらに、これらの事例研究に基づいて、TCS を新たな主体に加えた多国間条約形成過程における政治的ダイナミズムが、21世紀の国際社会にどのような影響、変化をもたらすかについて考察する。

TCS の分析に関しては、既存のレジーム論やグローバル・ガバナンス論との連関など、概念的な研究手法が重要であることはいうまでもない。しかしながら本書は、そうした視点からの研究手法ではなく、TCS の台頭がもつ政策形成上の意義（policy implication）を実証的に分析することに主眼を置く。

対人地雷全面禁止条約の締結、国際刑事裁判所設立規程の成立とも近年の出来事であり、この両事例における TCS の活動を分析した論文はごく限られた

ものでしかない。気候変動枠組み条約と京都議定書については、TCS の活動を分析した論文や著書の量こそ、前の両事例に関するものより多いものの、TCS が国際政治に与えた影響を包括的に分析したものはまだまだ少ない。ましてや、地球温暖化防止のための気候変動枠組み条約と京都議定書、対人地雷全面禁止条約、戦争犯罪人を裁く国際刑事裁判所設立規程を比較研究することを通じ、TCS の台頭に内在する政策形成上の意義を実証分析した研究は皆無に近い。こうした現状を踏まえて本書では、抽象度の高い概念的研究を構築する前段階として、あるいはそうしたアプローチをとる他の研究に資する目的で、具象の整理と分析を旨とする事例研究に軸足を置き、帰納的に時代の潮流に変化を与えうる新たな政治的ダイナミズムを分析することとした。

　こうした研究方針は、TCS の活動現場における体験と第一次情報へのアクセスが可能であったことにも支えられている。筆者は地雷禁止国際キャンペーン（ICBL）傘下の地雷廃絶日本キャンペーン（JCBL）の運営委員として、対人地雷全面禁止条約交渉の国際会議や条約締約国会議に出席し、政府代表団、NGO 関係者から第一次情報を得ることができた。また、国際刑事裁判所設立規程のための最終外交会議にも出席し、政府代表団、NGO 関係者から直接第一次情報を得た。こうした事情も鑑みて、国際交渉の現場で得た第一次情報を活用し、政府や国際機関の公的文書、NGO の書面などを参照しながら実証研究を試みることが妥当であり、第一次情報に接した研究者としての責務もそこにあると考えた。

　TCS の研究にかかわる特異点についても付記しておきたい。TCS がかかわる条約成立過程は、国家、国家群（何らかの目的・価値を共有する諸国や地域単位でまとまる諸国）、国際機関、企業、TCS の代弁者としての NGO ネットワークや個人など、さまざまな主体が複雑な作用・反作用を通じて影響を及ぼしあう独自の複雑系から成り立っている。その結果、条約成立過程において TCS が影響力を発揮したことを定性的に指摘できても、どの問題領域においてどれだけの影響力を示したのかを定量的に見定める作業には多大な時間とエネルギーを要する。そうした複雑系が所与であることに加え、情報・記録収集をめぐる壁が横たわっている。TCS の主要構成主体である NGO およびそのネットワークは、日々の活動記録を体系的に保存しているわけではない。政府

に対する働きかけも個人的な信頼関係に依拠する傾向が強いため、重要な局面であっても説得活動や協議の記録が残されていないことが少なくない。そもそもNGOは目的・任務を遂行することに主眼を置いており、後世の研究調査に資することを目的に活動しているわけではないからである。

　TCS研究にはこうした特異点があるが、それは新しい研究領域であるがゆえの所産ともいえるだろう。本書では、上記の点に留意しながら、入手可能な資料や当事者とのインタビューを活用し、TCSが条約成立のために展開した活動の軌跡を分析する。折り重なる具象に内包される政策形成上の意義に着目しながら、多国間条約の成立過程における主体間の政治力学や、交渉過程における政治的ダイナミズムに明らかな変化が生じていることをマクロ的視座から分析を試みる。

　さて本書では、最初の事例研究として第2章で、地球温暖化防止のための気候変動枠組み条約および京都議定書の締結に取り組んだNGOネットワークである「気候行動ネットワーク（CAN）」を取り上げる。その理由は、1980年代から広がった地球環境運動が、冷戦後に地球的広がりをもつネットワークを形成した最初の事例であり、その後、他のTCSに影響を及ぼしたという観点からCANが先駆的な事例と考えられるからである。他の事例と異なり、政府のみならず営利セクターとの葛藤が顕著に現れている点も、CANに注目する理由である。第3章においては、対人地雷全面禁止条約を実現した「オタワ・プロセス」を始動させるきっかけをもたらした「地雷禁止国際キャンペーン（ICBL）」を取り上げる。対人地雷全面禁止条約は、国際機関の枠組み外で規範形成に成功した事例で、冷戦後のTCSの特徴を体現しており、今後の国際政治の1つの道標になるとも思われる。冷戦期には考えられなかった安全保障・軍事の分野にTCSがかかわるようになったことは、今後のTCSの可能性を判断するうえでも、好事例であると考える。

　3つ目の事例としては、第4章で戦争犯罪人などを裁く国際刑事裁判所設立規程と、規程発効を促すためのネットワーク「国際刑事裁判所を求めるNGO連合（CICC）」を取り上げる。CICCは、国家主権を制限し、戦争犯罪人などの責任を国連機関が追及できる国際刑事裁判所の設立を実現させた点で歴史的にも意義が大きい。人権擁護運動は冷戦期間も存在していたが、CICCは

TCS という形で力を集約して、数世代先まで実現不可能と思われた国際刑事裁判所の設立に取り組んだ。さらに、CICC は ICBL から運動論を学び、それらを独自の運動に反映させていったことが成功の要因であったと自己分析しており、1 つの成功体験が他の事例に伝播し、TCS が全般的に力量拡大していくことを示唆する事例としても注目される。

さらに第 5 章では、事例研究から導かれる一般的属性について分析を加える。具体的には、TCS の特徴、TCS が多国間条約交渉過程にもたらした変革、そして TCS の活動結果を左右する要因を検証する。第 6 章においては、経済協力開発機構（OECD）における多国間投資協定（MAI）と世界貿易機関（WTO）のミレニアムラウンド交渉、国際司法裁判所による核兵器使用の違法性をめぐる勧告的意見などを参考材料に、TCS と国際政治の今後の展望について考察する。そして、事例研究を踏まえたうえで TCS が参画した多国間条約形成という新たな政治的ダイナミズムが、21 世紀の国際社会にどのような影響、変化をもたらすかという問題設定のもとで考察を試みる。

事例研究では、下記の手法を用いて分析を試みる。

まず、事例研究で取り上げる課題について、特有の歴史的背景、既存の条約・国際取決めなどを俯瞰したうえで、かかる多国間条約の設立過程を総括する。交渉の経緯・過程における事実関係を踏まえたうえでなければ、後段で TCS の役割を明らかにすることは困難だからである。特に、ある特定の局面における世論形成の試みや個別の政府に対する働きかけといった TCS に特徴的な活動は、それぞれの事例における政府間交渉と密接にかかわる問題であるだけに、国際機関における問題の位置づけ、そして政府間交渉の進展プロセスの総括は不可欠である。

そのうえで第 1 に、TCS が多国間条約形成にかかわる動機、目的、手段に関する分析を試みる。具体的には、TCS を具現する NGO ネットワークが成立した背景、目的、特徴を事例ごとに分析する。第 2 に、多国間条約形成過程において TCS が果たした役割について実証的分析を行う。TCS にとっての利益の最大化、すなわち実現しようとしている目的の実現に向けて、各ネットワークの多国間条約交渉過程への参画形態、影響力を示す方法論、そして最終的な目標・成果に及ぼした変化などを分析することにより、TCS の目的がい

かに達成されたかを明らかにする。その際、おのおのの事例研究において、交渉の重要事項・局面に TCS がもたらした変化を、複数の具体的実例を用いて検証する。こうした構想と手法に沿った事例研究の分析結果をもとに、TCS は21世紀の国際社会にどのような影響・変化をもたらすのかという論考を加えることとする。

　本書は、筆者が大阪大学大学院国際公共政策研究科に提出した博士論文「冷戦後の多国間条約成立過程における TCS の役割」をもとに、大幅に加筆修正したものである。本文中の肩書きは、当時のものを使用した。

　なお、本書は、多くの方々のご指導やご協力の賜物である。論文執筆にあたっては、大阪大学大学院国際公共政策研究科の黒澤満教授に大変お世話になった。トランスナショナル・シビルソサエティというテーマに目を向けるきっかけを作って下さったのは、㈶日本国際交流センターの山本正理事長である。本書の出版にあたっては、東洋経済新報社の佐藤敬氏にご尽力いただいた。また、この本が出版される運びとなったのは、経済産業研究所で研究する機会を与えて下さった青木昌彦所長のご厚意があればこそである。この場を借りて、心から感謝の意を表したい。

　2003年1月吉日

　　　　　　　　　　　　　　　　　　　　　　目加田　説子

目　次

はじめに

第 1 章　## TCS の歴史的沿革と諸理論 ……………………………………1

1-1　TCS の定義……1

1-2　TCS の歴史的沿革……7

1-3　冷戦後における TCS……9

1-4　TCS に関連する諸理論……17

第 2 章　## 気候変動枠組み条約・京都議定書と気候行動ネットワーク ………………………………27

2-1　地球温暖化と多国間条約の概観……27

2-2　気候変動枠組み条約締結の歴史的経緯……30

2-3　気候行動ネットワーク（CAN）……35

2-4　気候変動枠組み条約・京都議定書交渉と CAN……44

第 3 章　## 対人地雷全面禁止条約と地雷禁止国際キャンペーン …………………………67

3-1　対人地雷全面禁止条約成立に至る歴史的経緯……68

3-2　オタワ・プロセス……74

3-3　地雷禁止国際キャンペーン（ICBL）……81

3-4　対人地雷全面禁止条約交渉と ICBL……91

第4章 ┃ **国際刑事裁判所設立規程と** **国際刑事裁判所を求めるNGO連合** ……………115

4-1　国際刑事裁判所設立に向けた歴史的経緯……116

4-2　国際刑事裁判所設立に向けた外交交渉……122

4-3　国際刑事裁判所を求めるNGO連合（CICC）……125

4-4　国際刑事裁判所設立交渉とCICC……136

第5章 ┃ **事例研究から導かれるTCSの属性** ……………153

5-1　TCSに共通する特徴……153

5-2　TCSが多国間条約形成過程にもたらした変革……169

5-3　成果に影響をもたらす外的要因……173

第6章 ┃ **今後の課題と展望** ……………………181

6-1　今後の課題……181

6-2　国際社会にもたらす影響……191

6-3　グローバル・ガバナンスとTCS……202

参考文献……209

略語一覧……223

索　　引……227

TCS の歴史的沿革と諸理論

近年急速に注目されるようになったトランスナショナル・シビルソサエティ（TCS: Transnational Civil Society）の歴史は古く、宗教とともに発展してきたといわれている。しかし、冷戦後の TCS は、その規模と影響力において歴史に類をみない存在である。第1章では、TCS の定義をまとめたうえで歴史を振り返りながら、冷戦後の世界に TCS が台頭してきた背景・要因をまとめる。そして、TCS をめぐる諸理論を概括する。

1-1 TCS の定義

1-1-1 シビルソサエティの定義と沿革

シビルソサエティは、日本語では「市民社会」と訳されるのが一般的である。しかし、本書では「市民社会」と訳さず、あえて「シビルソサエティ」と原語のまま使用する。日本では「前近代的」な社会構成を残しながら上からの急速な「近代化」を図ったことにより、天皇制国家主義の支配と対外侵略戦争に結びついたという反省に基づき、この「半封建的」社会への批判として市民社会が論じられてきた[1]。また、「市民」という言葉は、西洋文明が押し寄せる都市の民の優越性、すなわち「農民」、「常民」への差別といった文脈で用いられてきた経緯があり、こうした歴史的・文化的・思想的な背景から、日本には欧

米のような市民（citizen）が存在するか否かといった議論に発展しやすい[2]。しかし、本書における TCS は、こうした個別国家内の固有の特徴に左右されながらも、国境を超えた連携を通じて多国間条約形成に介在する存在として捉えており、日本国内の市民社会をめぐる議論と一線を画すために、あえてシビルソサエティという用語を用いることとする。

ジーン・コーヘンは、シビルソサエティを「経済や国家とは区別される社会的相互作用をもつ領域で、なかんずく（家族を含む）連帯とパブリックから成立している」と定義している。そして、シビルソサエティの政治的役割は「権力の奪回と直接関係があるわけではなく、さまざまな文化的、非公式な市民領域において、民主的な連帯による活動や制約のない議論を通じて影響力を生み出すことにある」[3]と分析している。さらに、シビルソサエティの政治力は、「階層的、非平等的、愛国的、ナショナリスト的、人種差別的な型から、平等的、水平的、非性差別的な制度へ、そのすべてが個人の権利や連帯やパブリックへの民主的参加を原則とする制度へと変えていこうとする」[4]という。

ここで浮かび上がるシビルソサエティの特質は要約すると、(1)領域は国家や市場経済から独立しており、さまざまな市民領域において民主的な連帯による活動や制約のない議論を通じて影響力を生み出す、(2)シビルソサエティの政治力は、それに関する諸制度を個人の権利や連帯やパブリックへの民主的参加を原則とする制度へと変えていこうとする、(3)民主的政治に必要な政治文化を支えるのもシビルソサエティである、ということになる。

シビルソサエティをめぐる動きは、第2次世界大戦後の世界において、どのように展開してきたのだろうか。ジョン・ケーンは、論議の波を3つの時期に分けられると分析している[5]。第1期は、ラテンアメリカで特に顕著だったアントニオ・グラムシへの傾倒や、日本における西欧型社会科学理論や手法論の否定、および資本主義からの解放といったマルクス主義の文脈で誕生した「シビルソサエティ論」が盛んになった1960年代後半である。第2期は1970年代の中欧・東欧における、主に知識階級を中心とした昂揚である。最終的には冷戦終焉に至る当時のポーランドや旧チェコスロバキアにおけるシビルソサエティ論は、第1期と異なってマルクス主義と決別し、社会的弾圧を受けてきた知識階層の連帯によって公開性や真実を希求する動きを特徴としていた。

　第 3 期は、冷戦終結を受けてシビルソサエティが世界的規模で拡大した1990年代である。1990年代に入ってから、シビルソサエティという用語が多用されるようになったのは、東欧で共産主義からの自己解放を求めた民衆と関連づけられたからである。つまり、東欧において共産主義に代わる社会のあり方としてシビルソサエティと呼ばれる社会の実現が求められたことに、新たな歴史的意義を読みとったのである[6]。ケーンは冷戦後の特徴として、従来シビルソサエティとは無縁とみられていたアフリカや中東・アジアのイスラム国家やアジアの抑圧政権下の社会において、独自の宗教や歴史、文化、さらには固有原語体系に基づいた形のシビルソサエティが誕生・成長したことも重視している。こうした特徴を有する冷戦後における各国内のシビルソサエティの台頭は、相互間で連携を強める土台となり、TCS が国際舞台で台頭する基盤となった。

　本書における TCS の議論に直接かかわるのは、ケーンの定義の第 3 期、つまり冷戦終結を受けての世界的民主化のもとで拡大してきたシビルソサエティの役割の変化とその連携である。

1-1-2　TCS の定義

　国境を超えたシビルソサエティの連携は、トランスナショナル・アドボカシー・ネットワーク[7]、グローバル・シビルソサエティ[8]、インターナショナル・シビルソサエティ[9]、トランスナショナル・ソーシャル・ムーブメント[10]など、さまざまな名称で呼ばれている。こうした定義の多くには共通した国際政治に関する認識があり、国家、企業と距離を置く国境を超えた市民主体の活動を指す。したがって、国境を超えたシビルソサエティの連携について、呼称の違いはあるものの、本質的にさほどの差異は見受けられない。そこで、本書では国境を超えたシビルソサエティの連携をあえて「TCS」と統一して呼ぶこととする。

　その理由は第 1 に、本書で扱う事例研究で明らかにされるように、国境を超えたシビルソサエティの活動はアドボカシー活動（政策提言）に必ずしも限定されたものではないからである。問題が存在する現場で活動する個人や団体は多くの経験・知識を蓄積し、多くの場合において政策の実行者でさえある。そ

うした現場における経験・知識を、国境にかかわりなく個人・団体間で共有することによって、政策実行の質的向上、量的拡大を促している。すなわち、サービス提供者という旧来のNGO活動に加え、政策形成に関与するアドボカシー活動の双方がTCSには包含されている。現場における実績が実態として存在しているからこそ、アドボカシー活動も重みを増すわけであり、国境を超えたシビルソサエティの活動をアドボカシー活動に限定的に規定することは適切ではないと考えられる。

　理由の第2に、TCSは必ずしも「グローバル」ではない。リチャード・フォークは、トランスナショナルという名称は「主体のオリエンテーションが国境を超えるだけでなく、あたかもグローバル・ビレッジにふさわしいポリティ（政治形態）を形成して定住しているかの印象を与えるが、現実にはそのような状態に至っていない」という理由から、「国内外で活動する非営利かつボランタリーな個人や市民の集団指導性によって占有される行動および思考」をグローバル・シビルソサエティと呼んでいる[11]。しかし、TCSは時と場合、事情に応じて、地域的に限定された形態をとることがある。とりわけ、冷戦後間もない時点においては、旧ソ連・東欧諸国が含まれているケースは少なく、また現在に至っても、中東・サブサハラアフリカ諸国がTCSの枠外に置かれているケースが多いのが実態である[12]。

　第3の理由としては、現在の国境を超えたシビルソサエティの活動は、「インターナショナル」という呼称より、「トランスナショナル」な活動という位置づけのほうが適切と考えるからである。なぜなら、(1)現在の国境を超えたシビルソサエティの活動は、国際社会のボーダーレス化の進行と並行して進展してきたものであり、国境意識がより鮮明なボーダーフルな伝統的国際社会におけるインターナショナルな連携を前提としていない、(2)現在の国境を超えたシビルソサエティの活動範囲は、経済のグローバリゼーションの進行とともに拡大しており、一段と主権国家という枠組みを超えた実態をみせている、からである。

　第4の理由は、TCSは単なるトランスナショナル・ソーシャル・ムーブメントではないからである。ジャッキー・スミスは、トランスナショナル・ソーシャル・ムーブメントについて「何らかの社会・政治的変化に特化して活動す

る国際非政府組織で、2カ国以上で活動する会員を国際事務所もしくは本部事務局から管理する」と定義する[13]。一方、事例研究で明らかにされるように、多くのTCSは明確な会員制度を設けておらず、同様に国際事務所を設置していないきわめてゆるやかな形態を保っている場合が多い。この点からしても、トランスナショナル・ソーシャル・ムーブメントを、TCSと同一視することには問題があるといえよう。

　以上の理由から本書では、国境を超えたシビルソサエティの連携をTCSと呼ぶこととし、概念的定義をまとめることとする[14]。TCSは元来、開放的な性格を有するべき存在であり、排他性を最小化しなければならない。そうした観点からすると、TCSの主体の範疇も、(1)非政府、非営利のあらゆる団体であり、(2)活動・組織形態は多様でありうる、と広く定義すべきだと考える。この2つの特徴を補足説明すると次のようなものになる。

　非政府・非営利のあらゆる活動主体とは、地域・国内・国際NGO・NPO（Non-Profit Organization、非営利団体）、草の根・市民団体、各種宗教団体、大学・研究機関、政策提言型シンクタンク、一般市民、ボランティアなどが含まれる。これらの主体は、必ずしもネットワークの構成員である必要はなく、ネットワークが掲げる目標に賛同し、必要に応じて協力・協働する関係にあることを意味する。また、多様な活動、組織形態とは、究極的使命に同意するといった最低限の制約を課すきわめてゆるやかな形態から、各国・地域に支部をもつ組織化されたシビルソサエティをも含む。

　したがって、本書で規定するTCSは許容範囲の広いものであることを意味しているが、許容範囲を限定する要因も存在する。(3)国境を超えた連携と、(4)「地球規模の問題意識」（グローバル・コンシャスネス）の2点である。国境を超えた連携とは、1カ国でも超えて連携していることが前提であり、必ずしも地球規模で連携していることが必要条件ではないことを意味する。事例研究で明らかになるとおり、TCSは必ずしも全世界的もしくは、全地球的規模で活動を開始しているわけではなく、初期段階においては活動対象・目的などによって、地域的偏重がみられるのが現実である。また、「地球規模の問題意識」とは、1カ国・1地域の特定利益を代弁するのではなく、「地球規模の問題意識」を推進力として活動していることが前提になる。すなわち、私益や国益な

図 1-1　政府と TCS の相関図例

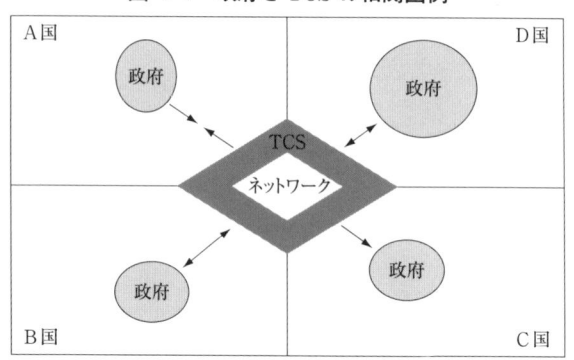

どの身近な利益にとらわれず、地球的視野で問題を把握し、対応していくという基本的姿勢が、より普遍的な公益の実現を図るうえで不可欠であり、TCSの正統性に影響を及ぼすからである。

　上記の概念的定義を踏まえ、TCSと政府との関係を軸に示したのが図1-1である。例えば、4カ国のシビルソサエティがかかわってTCSを形成していると仮定すると、TCSはこの4カ国にまたがる形で機能する。TCSとは国単位のシビルソサエティの集積体であることは既述のとおりであるが、この図でいうと、4カ国内のシビルソサエティがTCSを形成していることになる。このTCSの中核を担っているのは、具体的活動を牽引する国際的なNGOネットワークである。図には明示していないが、この国際的なNGOネットワークもやはり、4カ国の各国内のNGOネットワークが構成主体となっている。したがって、TCSの牽引車ともいうべき国際的・国内的NGOネットワークが、自国・他国政府への働きかけを行う。ときには対立（A国）し、ときには協力関係（B国、D国）を築き、場合によっては無関心な政府（C国）に対して働きかけることにより、多国間条約形成過程などにおいて影響力を発揮するという構図になる。

1-2　TCS の歴史的沿革

1-2-1　TCS の起源から冷戦終焉まで

　歴史を振り返ると、シビルソサエティは国民国家より以前に存在している。TCS の原型ともいうべき存在も古く、近代国家の台頭と時を置かずに誕生しており、それは主として宗教的価値観・活動と密接な関係をもってきた[15]。現実に近代における超国家的政策キャンペーンの誘因は、宗教団体の活動にあった。顕著な事例は、18世紀における奴隷解放キャンペーンである。奴隷制度が廃止されたのは、単に奴隷取引業者が利益をあげられなくなったという経済的事由からではなく、プロテスタント（特にクエーカーとメソジスト、バプティスト）が奴隷制廃止の道徳的価値を訴え、当時、世界各地を支配化に置いて奴隷売買に深く関与していた英国政府の支持を得るに至ったからである[16]。

　奴隷制度廃止に従事する NGO は、奴隷廃止を促進するペンシルベニア協会（Pennsylvania Society for Promoting the Abolition of Slavery）が設立された1775年にまでさかのぼる。その後10年の時を経て、英国において奴隷貿易廃止を実現する英国協会（British Society for Effecting the Abolition of the Slave Trade）が、フランスにおいては、フランス黒人の友協会（French Société des Amis des Noirs）が相次いで設立され、1839年の英国内外における奴隷制反対協会（British and Foreign Anti-Slavery Society）の誕生によって NGO の活動は１つの頂点を迎えた。そして、宗教団体とは一線を画した NGO は、「最初の国家を超えた道徳的先駆者として、国際政治の場において重要な役割[17]」を果たし、欧州諸国とその植民地における奴隷制廃止へとつながっていったのである。ここで注目すべきは、非政府の立場にあった団体の連携が、奴隷制度＝反道徳的行為という国境を超えた規範を広げ、定着させていく機能を果たした点であり、現在の TCS がグローバル規範形成で重要な役割を果たしている現象の源流ともいうべき状況が、そこにあると考えられる。

　今世紀に入ると、２つの世界大戦期間中を除いて、国境を超えて活動する

NGOの数は著しく増加した。1カ国以上で活動する団体数の増加だけでは、TCSの活動領域の拡大・増加を直接的に示すことは不可能だが、一般的な傾向を読み取る1つの指標としての価値はある。20世紀を迎えたころには、毎年約10団体ずつ増加していたが、同時に同様の数の団体が解散している。第1次世界大戦まで増加し続け、戦時中はほぼゼロになった。戦間期には、年間約40団体のペースで増え続けたが、第2次世界大戦中は、若干しか増えなかった。しかし、第2次世界大戦直後は、毎年約100団体という飛躍的なペースで増加したのである[18]。

1-2-2 国際機関とNGO

第2次世界大戦後に国際連合（国連）が発足したのを受けて、国連の協議にもNGOが参加する機会が制度化された。国連憲章第71条によって、NGOはオブザーバー（傍聴者）として参加することが認められており、多くの国際機関が独自の協議制度を設けている。例えば、NGOとの代表的な協議制度をもつ経済社会理事会（ECOSOC: Economic and Social Council）は、経済社会問題を活動領域にするNGOに限って「協議的地位（Consultative Status）」を与えてきた。協議的地位は、経済社会理事会の大半の活動を網羅する団体に与えられる一般協議的地位（General Consultative Status）、人権、女性、環境など特定の分野を専門にしている団体に与えられる特別協議的地位（Special Consultative Status）、そして世論の啓発と情報の流布に有用なNGOを対象としたロスター（Roster）に分類され、経済社会理事会とその下部機関にオブザーバー参加し、文書や口頭で意見を発表することが認められるようになった[19]。そうした結果、国境を超えて活動するNGOの数は前代未聞のペースで半世紀にわたって増え続けた。国際アソシエーション同盟（Union of International Associations）の統計によれば、今日超国家的な活動を展開するNGOの数は、1万5000にのぼる[20]。しかも、多種多様なインフォーマルでトランスナショナルな連合や連帯の数は、正式に登録したNGOを上回るペースで増加し続けている[21]。

しかし、国連における協議対象を経済社会問題に限定したため、国連総会と

安全保障理事会は協議の対象に含まれていなかった。さらに、協議的地位を取得するのは「国際的NGO」であることが条件とされていたため、伝統的に先進国、主に欧米に拠点を置くNGOが圧倒的多数を占め、その偏重傾向が疑問視されてきた。さらに、より本質的な問題もあった。国連の構成員は基本的に主権国家であり、NGOは主権国家を代表する立場にはない。したがって、国家間交渉が主である国際機関の交渉に参加する権利はなく、NGOの権限は大幅に制限されてきたのである[22]。これは、国連創設の時点からNGOの参加が米ソ対立のなかで翻弄されてきたことと無縁でない。つまり、国連とNGOの提携にはNGOが本部を置く加盟国との協議、承認を必要とするため、ある国の利益を最大化するための道具として長らくNGOが利用されてきたのである。したがって、社会主義国に本部を置くNGOの承認には米国が反対し、自由主義国のNGO承認にはソ連が反対するという構造的問題が、NGOに協議的地位を付与する段階から存在していた。結果的には、本来主権原則に縛られないはずのNGOが国連で地位を得ようとする要求は、「承認の可否をめぐる政府間の抗争にすり替えられてしまうことが少なくない」[23]という事態に直面したのである。

1-3　冷戦後におけるTCS

1-3-1　質・量の両面における変化

　TCSをめぐる状況が大きく変化するのは、冷戦が終結し、人権、環境、開発など、国家の枠に固執していては解決困難な地球規模問題に焦点が当てられるようになってからである。最大の転機は1992年にリオデジャネイロで開かれた地球サミット（正式には国連環境開発会議、UNCED: United Nations Conference on Environment and Development）であった。NGOが「オブザーバー」という立場から「パートナー」として尊重されるようになった地球サミットでは、従来の世界会議のように経済社会理事会の協議的地位を取得しているNGOのみならず、協議的地位のない小団体にも参加の門戸が開かれたた

め、途上国の NGO を含む1420団体が国連登録 NGO として参加した。そして、「パートナー」と認められず、地球サミットにおける政府間会議に傍聴資格をもてなかった多くの NGO や一般市民も、並行して開かれた「NGO フォーラム」に参加し、シビルソサエティの立場から環境問題を訴えた。参加総数は約1万5000人にも達した[24]。

　地球サミットにおける NGO の活躍は高く評価され、その後、国連が主催した世界会議——国連人権会議（1993年、開催地ウィーン、参加 NGO841団体）、国連社会開発会議（1995年、コペンハーゲン、2300団体）、第 4 回国連女性会議（1995年、北京、2184団体）など——において NGO の参加が一般化していった[25]。地球規模問題に関する世界会議において NGO は地球サミットにおける先例を範にし、政府間会議と並行して「NGO フォーラム」を開催することで、多くの市民参加を促してきた。こうした一連の世界会議に千、万の単位で人々が参加したことは、それぞれの課題への関心の高さを示すという意味においてのみ意義深いわけではない。従来国連は、巨額の資金を動かして政府に認証される NGO のみに対し、国連主催の多国間会議への参加資格を付与していた。しかし、世界会議は数人規模のローカル団体や一般市民にも門戸を開き、国際会議に参加・発言する権利を付与したのである。それまでは NGO のなかでも「特権階級」的な NGO に限定されていた参加領域に、幅広い市民・団体も参加できるようになったことは、TCS の活動の裾野を広げていくことにつながったのである。

　国連の専門機関においても、NGO との協力関係は深まっている。例えば、国連開発計画（UNDP: United Nations Development Programme）は1984年に NGO との協力を制度化させた。ミクロ・レベルでは、UNDP の各国代表が 1 万ドルから 6 万5000ドルの NGO 助成を提供する権限を与られている。国連人口基金（UNFPA: United Nations Population Fund）は、1972年の総会決議によって NGO と協力することを促し、予算の15％を NGO に拠出している[26]。また、1998年に新設された国連エイズ合同計画（UNAIDS: Joint United Nations Programme on HIV-AIDS）は理事会メンバーに NGO の代表を入れている。こうした国連の会議や専門機関の活動への NGO の参画は、各国でときにバラバラに活動していた NGO に、共通の課題について直接話し

あえる場を提供し、情報を交換・共有する機会を与えることになった。

　しかし先述のように、NGOは国連総会および安全保障理事会への参加は認められていない。1993年に始まった協議制度改革においても、NGO側が求めていた総会、安保理への「参加」は盛り込まれなかった。したがって、国連におけるNGOは実質面においては発言権・プレゼンスを増大させている一方、制度面においては、いまだその地位を確立しているとはいいがたい存在にとどまっているといえるだろう。

1-3-2　冷戦後におけるTCSの特徴

　ところで、冷戦後のTCSと冷戦期のTCSとは何が根本的に異なるのだろうか。換言すると、冷戦後のTCSは、それ以前のTCSに比べて、どのような特徴・特質を有しているのだろうか。

　冷戦後の特徴を考える参考材料として、まず、冷戦期の多国間条約にかかわるNGO活動の特徴に触れておきたい。1984年に成立した拷問禁止条約（正式には拷問、その他の残虐、非人道的若しくは屈辱的な処遇及び処罰からの保護に関する条約）はアムネスティ・インターナショナル（AI: Amnesty International）が中心となって1970年代初頭から展開してきた活動の成果であるが、AIがほぼ単独に近い形で独自のネットワークを活用した事例である。また、1989年に成立した児童の権利条約は、経済社会理事会に協議的地位ももつNGOがオブザーバー参加を許され、35のNGOが非公式グループを結成した[27]。しかし、TCSと呼べるほど幅広い市民の参画を得ているとはいいがたいのが実態だった。

　これらの事例は、限定された少数のNGOが独自のネットワークを活用し（拷問禁止条約）、専門的知識を駆使して（児童権利条約）成立させた条約である。人権分野は、NGOとの協議的制度を設けている経済社会理事会の任務及び権限内の問題（国連憲章第62条）である。そこでNGOは、差別防止及び少数者保護に関する小委員会などにおける国内人権状況の告発、あるいは人権条約準備作業への参加、人権条約の実施に関する政府報告に対するカウンター・レポートの提出などで活躍してきた。しかし、そうした功績は高度な専門性を

身につけた少数のNGOが中心となっており、TCSに特徴的な国境を超えた市民連携・支持による成果とは異なるものだった。

一方、冷戦後におけるNGOの特徴は、専門的なNGOがネットワークを構築するにとどまらず、各国内の一般市民も巻き込む形で国境を超えた連携を図るようになったことにある。いわば国際問題を草の根レベルまで引き降ろす形でTCSを形成し、国内外の世論に訴え、政府、国際機関と緊張・拮抗関係を維持しながら、多様な問題領域において規範や代替案などを提示してきたのである。それでは、なぜ冷戦後に、こうした形でTCSが重要な飛躍期を迎えたのか。次項で、その背景・要因について考察する。

1-3-3　TCS台頭の時代背景

TCSの台頭をもたらした最大の理由が、冷戦の終結そのものにあることは否定できない。冷戦期には東西間を分断していたイデオロギーの壁が崩壊し、旧ソ連圏と西側諸国の間の人やモノ、資本、そして情報の往来の自由が飛躍的に拡大した。しかし、冷戦の終結によってさまざまなレベルのアクセスが容易になったというだけでは、TCSの台頭を説明するには十分ではない。以下で論述するように、(1)非軍事的課題の相対的比重の変化、(2)民主化の昂揚、(3)政府の失敗・市場の失敗、が重要な背景と考えられる。

《非軍事的課題の相対的比重の変化》

東西対立が解消し、全面核戦争の危険が軽減化されたことは、非軍事的な問題に目を向けさせる契機となった。つまり、「ボーダーレス化する世界」の台頭は、それまで国家の存続にかかわる問題ではないと軽視される傾向にあったロー・ポリティクスの課題、例えば環境破壊、貧困、女性・人種差別といった諸課題の重要度を相対的に引き上げることにつながった[28]。リオにおける地球サミットを契機に国連が開催してきた一連の世界会議で取り上げられた課題は、いずれも環境（1992年）、人権（1993年）、人口（1994年）、女性（1995年）、社会開発（1995年）、居住（1996年）と、地球レベルでの対応を必要とされるテーマで、冷戦期には十分注目されてこなかった課題ばかりである。すなわち、

何が人間の生活を脅かすかという脅威の概念が、軍事一辺倒から多様化の時代へと変化し、一連の地球規模問題への関心が強まることになったのである。

　こうした流れは、東西対立に象徴されてきた軍事優先、代理戦争による第三国への対立の波及といった状況から、軍事支出の削減、代理戦争の消滅へといった一種のユーフォリズムに端を発しており、冷戦後10年を経て、過度のアイデアリズムであったという反論さえある。しかし、緊急援助、難民流出、PKO（Peace Keeping Operation、国連平和維持活動）といった新たな国家安全保障上の課題が増えているなか、NGO でなければ瞬時に対応できない状況は少なくないとの共通認識も広まっている[29]。

《民主化——市民社会の質的・量的変化》

　フリーダム・ハウスの調査によると、1989年当時世界で何らかの自由主義を謳歌していた国は100カ国だったのに対し、2000年には121カ国に増加し、選挙による民主主義を実施している国は同時期、69カ国から120カ国に拡大している[30]。1989年の冷戦終結からソ連の解体を経て、中欧・東欧やバルト諸国、中央アジア諸国などが独立を果たし、民主化に進み出した。1980年代後半に始まった中国の「改革・開放」政策は、90年代に入り、急速な経済的繁栄を促した。経済的な繁栄は民主的社会形成にも波及し、社会主義国家体制を堅持しつつ、市民セクターによる活動が始動している[31]。フィリピンでは政府と NGO の協議制度を憲法で制定し、社会的サービスの提供のみならず、政治的意思決定への参画が法制化された[32]。その他、東南アジアでインドネシアのスハルト体制が崩壊し、韓国でもかつて反体制派だった金大中が大統領に就任するなど民主化の波が後を絶たない。ラテンアメリカは1980年代に「民主化の10年」を迎えた。

　新独立国や民主化を推進し始めた多くの国々では、多数の NGO が誕生した。例えば、レスター・サラモンは、旧東欧や旧ソビエト連邦の新諸国の多くでは、「共産党政権下において発展した緊密な相互介助のネットワークが新たな民主化への情熱を噴出させる役割を果たしている」[33]と指摘し、1989年以降、言論の自由だけでなく人々が組織化することが権利として認められるようになったことの重要性を強調している。

《政府の失敗、市場の失敗》

　TCS が台頭してきた時代背景としては、「政府の失敗」、「市場の失敗」も看過できない。既述のように、制圧的国家・政権がシビルソサエティを萌芽させるきっかけを作った東側諸国やラテンアメリカだけにとどまらず、自由主義を謳歌してきた旧西側の先進国でも顕著になった流れである[34]。つまり、旧東側諸国における国家社会主義の失敗や途上国に散見される国家主導型開発路線への失望感に加え、北側先進諸国に共通した伝統的な社会福祉政策への疑問、肥大化した官僚機構に対する不信感などが国家の限界を浮き彫りにした。また、市場経済のグローバリゼーションは必ずしも、そうした問題を政府に代わって解決する処方箋とはなりえない状態が続いており、これも TCS が拡大する背景となっている[35]。

　そして、「政府の失敗」、「市場の失敗」を補う形で起きているのが、「地球規模の連帯革命（Associational Revolution）」であると、サラモンは分析している[36]。サラモンらは、こうした連帯革命の背景には、直面する政治的・経済的問題への解決策を見出せないことに苛立つ、「教育レベルの高い中産階級の飛躍的な拡大によるシビルソサエティ組織の増大」があると指摘している。彼らは、22カ国の非営利セクターを調査し、その経済的規模を興味深い数字で示している。サラモンらの国際調査によれば、シビルソサエティ組織からなる非営利セクターは11兆ドル規模産業で、約1900万人分のフルタイム労働にあたる雇用を確保している[37]。調査対象の22カ国における非営利セクターの支出は、平均で国内総生産（GDP）の4.7％で、非営利セクターが1つの独立した国民経済として考えた場合、ロシアやカナダ、スペインをしのいで世界第8位の規模になる。さらに、非営利セクターに従事するボランティアは1040万人分のフルタイム雇用に匹敵し、非ボランティア雇用と合わせると2930万人分のフルタイム雇用に相当することになる。つまり、非営利セクターは平均して22カ国の非農業部門雇用の7.1％、サービス産業雇用の13％、そして公的部門雇用では43％を占めることになる。宗教関連団体を含めると、雇用が200万人増加、国民支出では770億ドルの増額となる。このように国民経済においてシビルソサエティ組織が拡大してきたことは、TCS が台頭する重要な基盤醸成ともな

ったと判断できるだろう。

1-3-4　TCS 台頭を促進した要因

　前項では、TCS が台頭した時代背景として主に冷戦後世界の構造的問題の変容を記した。この項では、よりミクロな視点から、TCS の台頭を促進した要因をまとめておきたい。

《情報技術の進展と急速な広がり》

　まず特筆すべきは、情報・通信技術の進展と急速な普及である。1995年の時点でインターネットに週1回以上アクセスしていた成人（16歳以上）は、全世界で1％未満だったのに対し、1998年には3％を超え、2000年には6％、さらに2005年には12％まで増加すると見込まれている[38]。この数値は欧米に偏重傾向がみられるものの、2005年には東欧（16％）、アジア・太平洋地域（5％）、中南米（10％）、中東・北アフリカ（3％）といった地域で最低週に1回はインターネットにアクセスする人口が増加すると予想されている。パーセンテージだけみるといまだ少数という印象を受けるが、総数は、1995年の4400万人が10年以内には8億人近い数にのぼると予測されていることを勘案すると、インターネット普及率のスピードが驚異的なものであることがわかる。

　瞬時に国境を超えて情報が送受信可能になったことは、一市民が自由に世界の活動にかかわる機会を増大させることを意味する。事実、NGO が交渉現場で入手した政府合意文書を分配するのに、郵送、ファックス、人の移動に依存していた1990年代初頭に比べ、ここ数年はインターネットのホームページに掲載することによって、ネットワークに加わる個人や団体のみならず、報道機関や政府に対しても瞬時に情報の普及が可能となった[39]。情報・通信技術の進歩は、インターネットや電子メールの普及・拡大によって物理的に点在する人々のネットワーク化を促し、同時多発的活動をしやすくなったのは事実である。事例研究で検証されるように、情報・技術（IT）革命は TCS の台頭・成長にとって欠かせない要因となったのである。

《国境を越えた人流の拡大》

航空業界の自由競争の強化で航空運賃が引き下げられた結果、多くの人が地球上を物理的に移動しやすくなった。UNDPの人間開発レポートによれば、観光目的で人が国外に移動する比率は、OECD（Organisation for Economic Co-operation and Development、経済協力開発機構）諸国に限定しても、1985年当時に比べて倍から12倍に増加している。これにビジネス目的に移動する人の数を加算すれば、1980年代と90年代では国境を越えた人の数が著しく増加していることがわかる。先述の国連主催の世界会議に千、万という単位で一般市民が駆けつけることが可能となったのも、人々の移動が簡易化されたことに一因があったのである。既述のように、情報技術の普及は人々の物理的距離を縮め、共通する関心事で共同行動をとりやすくした。しかし、インターネットや電子メールは、活動を支える道具としての機能は果たすものの、それだけでは人と人の信頼関係を構築し、目的意識を共有しながら行動しているという参加意識は醸成されない。事例研究で詳述するように、直接対話を通じて議論を戦わせることによって、意見の相違や苦境を乗り越える連帯感が生まれるのである。特に文化や歴史、生活習慣などが異なる人々によって構成されるTCSにとっては、直接対話による信頼関係の構築がますます重要になると考えられる。

《財源の拡大》

1990年代に入って、TCSの活動資金が大きく膨らんだこともあわせて指摘しておきたい。TCSは多様な財源をもちうる。例えば、通常NGOの活動を支える財源には、(1)会員からの会費、(2)事業収益、(3)財団・基金からの助成金、(4)政府からの援助、(5)国際機関からの援助、(6)企業からの寄付・助成、などがあり、NGOはそれぞれが掲げる理念や主義主張によって、これら多様な財源を組み合わせて運営している。開発分野では、おおむね先進国（主にOECDのDAC［Development Assistance Committee、開発援助委員会］諸国）による開発援助資金がNGOを通じて途上国に流れており、総額は年間10億ドルにのぼるといわれている[40]。支出額は経済情勢に左右されるものの、政府開

発援助の支出総額のうち、NGOやNPOに支出される割合は1990年に増加傾向をたどっていた。

　一方、民間助成財団からの資金提供は、米国を中心に増大傾向をたどり、特に海外への資金は1990年代に入って著しく増加している。1990年から94年までの期間に資金供与された米国外の団体は74％を占め、米国内のそれよりも5倍のスピードで増加している[41]。また、新たに立ち上がった民間財団がTCSの活動資金源となっている。地雷廃絶に積極的に貢献してきたソロス財団（1993年設立）やCNNのテッド・ターナーが設立した国連基金（1997年設立）など、双方ともに直接・間接的にNGOを資金援助している。そして、こうした資金の規模は、1999年の米国の寄付支出総額（企業、財団、遺贈、個人合計）だけでも190億ドルにのぼり、10年前の98億ドルの約2倍に増加しているのである[42]。

1-4　TCSに関連する諸理論

　さて、1990年代に新たな展開をみせてきたTCSは、国際政治学においてどう位置づけられているのであろうか。

　国際政治の中心主体は国家で、国家の集まりである国際機関が補助的な機能を果たす。それが国際政治学における伝統的な思考であった。こうした価値観を体現する近年の政治学派として、ネオリアリズムがあげられる。ネオリアリズムは、シビルソサエティ、あるいはTCSのような非国家主体を重視せず、パワー論、紛争論を軸にした国家中心的なアプローチをとる。さらに、パワーの覇権的な集中こそが国際システムの安定化に寄与すると思考する傾向がある[43]。こうした見方に対し、1990年代に入ると、コンストラクティビズムと呼ばれる政治学派が、主権国家以外の主体の重要性を訴えるようになった。コンストラクティビズムとは社会学的な視点で国際関係を分析するアプローチであり、(1)国際社会における人間の意識の役割を重視する、(2)ネオリアリズムのように国家のアイデンティティを固定的に捉えず、国家のアイデンティティは国際的な相互作用に左右されると考える、(3)国益も固定的に捉えず、人間の主

たる信条によって再定義されうると認識する、(4)国境を超えた有識者のネットワークである「認識共同体（epistemic community）」の役割を重視する、といった特徴を有する[44]。したがってコンストラクティビズムは、力の強い国家が国際政治構造を決定づけ、その構造が主体の行動を規定するという静態的な視座はとらない。むしろ、「認識共同体」に象徴されるような国家以外の主体が形成する規範が国家の国益、行動をも変更させる余地があるという動態的な視座に立っているといえよう。

現実の国際社会においては、ネオリアリズム的側面とコンストラクティビズム的側面が混在し、並存している。例えば第2次世界大戦の戦勝国がデザインした国連をみると、安全保障理事会では戦勝国である米国、ロシア、中国、英国、フランスの5カ国に拒否権が認められていることから、ネオリアリズム的な側面が色濃いといえるだろう。一方、同じ国連にあっても、地球規模問題の世界会議でNGOを「パートナー」と位置づけ、専門機関がNGOとの協議制度を継続させるなど、経済社会理事会の範疇にある活動においてはコンストラクティビズム的側面が目立つ。しかし、TCSの台頭がもたらした国際社会の構造的変化、すなわちTCSがグローバル規範形成に参画するという構造的変化に関し、ネオリアリズム的アプローチだけでは分析・説明しきれない事態になっていることは否定できない。

一方、コンストラクティビズム的アプローチが、TCSがもたらしている構造的変化の分析・説明に十分であるかというと、必ずしもそうではない。コンストラクティビズムを用いたこれまでの事例研究は、大半が覇権国家と弱小国家の関係を主眼にしたもので、冷戦後におけるグローバル規範形成に参画するTCSの機能、政治学的位置づけについて本格的に解明しようとした研究は少ない。

こうしたなかで、「一種のネオメディーバリズム」という概念も注目されている。それは、国家のパワーが衰退しNGOの力が増大する現状を、国民国家が誕生する前の中世にたとえて説明するものである。ロニー・リプシュッチュはこうした状況下では、国家の力が弱くなるにつれ相対的にNGOの存在感を高める結果につながると指摘したうえで、次のように分析している。「現世界は、権力の源および権力機関が多元的であった中世にたどり着いたようなもの

である。すなわち、ごく一部の皇子を除いて騎士団やフランシスコ修道会の指導者が勝っていたのと同様に、AI やロイヤル・ダッチ・シェルの指導者もモルドバやナミビア、ナウル諸国の指導者以上に国際舞台に影響力を及ぼしているのである。国家が消滅するわけではないが、国家はもはや以前と同じではありえない。」45) このように、国民国家中心の国際政治が「中世化」することは、国際社会に生じる政策形成能力の空白を TCS が埋めていく好機ともなっていると判断できる。

　一方、レジーム論とそれに対抗するガバナンス論において TCS はどのように位置づけられるのだろうか。レジーム論は、国際政治学上の構造を分析する枠組みとして1970年代から使われてきた。多国間にまたがる問題を管理するために規範やルールを形成する必要性が高まり、政府や国際機関を中心にしたレジーム論が展開されるようになった。レジームとは、国際的統治へ向けた制度において限定的な問題領域を扱う統治システムと定義される46)。しかし、こうしたレジーム論では、TCS が台頭した冷戦後の特徴を十分に分析しきれなくなってきた。それはレジーム論が、国際社会をアクターの行動を規定する構造と捉えているため、多くの場合に政府が主体となる、その結果、NGO を含む非政府主体は政策形成主体間の交渉に影響を及ぼしうるサブファクターと位置づけられる、という属性を有しているからである。

　これに対してガバナンス論では、国際社会をトランスナショナルな関係と捉え、多様な主体が協力、ときには競争しながらよりよい統治システムを模索する過程を重視し、国家と非国家主体の双方を主要な主体と位置づけている。こうした議論におけるガバナンスとは何を意味しているのであろうか。「(世界)政府なき統治」という概念を提示したジェームス・ローズノーとエルンスト・チェンピールは、ガバナンスを中央集権的な権威が存在しない状態で作用する統治システム、と定義している47)。その奥には、政府のさまざまな権限が他の主体、あるいはグローバル・レベルと地域レベルへ委譲される状況において、世界秩序は政府のみによって維持されるものではないという着想がある。ローズノーとチェンピールは、TCS を明確に多様な主体の1つとして位置づけているわけではない。しかしながら、「(世界)政府なき統治」という概念は、政府が引き続き世界秩序の重要な主体でありながらも、一方で、TCS が台頭し

ている今日の世界の現実と符合するものである。TCS が台頭していない領域
の課題については、ガバナンス論の有効性には限界があるものの、TCS が台
頭している領域における TCS の役割、機能を政治学的に分析する際、ガバナ
ンス論は有効なアプローチと考えられる。

　さて、TCS がグローバル規範形成において重要な主体として伸張してきた
ことは、国際政治の民主化という新たな地平も切り開きつつある。外交は基本
的には国家の専権事項であり、分権化が進んだ国家においては限定的な形で地
方政府にも外交権が認められてきた。しかし、シビルソサエティが外交におけ
る意思決定に影響を与えるのは、主として自国の政府への働きかけを通じてで
あり、冷戦期やそれ以前においては意図した形でトランスナショナルな態様を
とることは少なかった。しかし、冷戦後における国際政治の構造変化は、そう
した政治風景を変容させることになり、TCS を外交上の重要な主体として浮
かび上がらせてきたのである。

　こうした変容を捉えて政治学では、新たなデモクラシー論が展開されるよう
になった。例えばディビッド・ヘルドは、国民国家の機能縮小やボーダーレス
なシビルソサエティの機能拡大を見据えて、ウェストファリア型デモクラシー
からコスモポリタン・デモクラシーへの転換を論じている[48]。これは一種の
ポスト国民国家論で、コスモポリタン・デモクラシーとは、共通善・民主善に
基づく自治モデルをグローバルで多元的な構造に拡大したものである。しかし、
コスモポリタン・デモクラシーは国民国家が解体され、世界政府に主権委譲が
行われるようなユートピアに収斂していくことを想定しているわけではない。
むしろ、ヘルドがコスモポリタン・デモクラシーに込めた意義は、国際政治に
新たに出現したベクトルであるといえよう。すなわち、国民国家や国民国家を
構成単位とした国際組織だけではなく、TCS が主体として存在することで、
地域・グローバル双方のレベルにおいて、環境保護や健康保全、貧困の軽減な
どに関する対策が進展するという方向性を意味しているのである[49]。

　リチャード・フォークも、TCS とデモクラシーの新たな連関を論じている。
フォークはグローバル・シビルソサエティについて、「政治的民主主義に貢献
する一方で、国家と市場原理の失点を補う主体」[50] であると規定している。フ
ォークはさらに議論を発展させ、グローバル・シビルソサエティにおいて民主

的勢力が伸張していくことによって、地政的な勢力を周辺化させていくという「地政的ガバナンス」が強まり、国民国家における国家とシビルソサエティとの相互関係にも影響を及ぼすと分析している。グローバル・シビルソサエティが、国家や市場の埋合せをする機能を果たしていく延長線で、グローバル・シビルソサエティと拮抗する地政的な勢力を減じていくという構図を描いているのである[51]。

　さて、デモクラシーとの関連で付記すると、国際社会における共通利益、規範を模索する国際機関も、TCSが意思決定プロセスや政策実行に参画することで民主化が進み、国際機関の正統性を強めることができる[52]。前述のように、国際機関も20世紀後半までは非政府コミュニティの重要性を十分には認めてこなかった。現在においてもなお、排他的な性格を残存させる国際機関が少なくない。しかし、そうした性格を見直し、NGOをより深くかかわらせるべきだとの主張もある。ピーター・スピロは、国際機関が長らく保ってきた排他的な政策を見直す時期に来たと分析したうえで、「NGOをより密接に国際機関——国連、地域機構、条約交渉機関、国際金融機関、世界的な貿易機関——にかかわらせることによって、そうした機関の正統性を高めることができ、かつNGO自身の責任感の向上にもつながる」[53]と指摘している。国際機関は新たな規範創造の場として、今後TCSを中心とする非政府主体といかなる関係性を築いてその正統性を担保していけるのか、という問題も浮上するであろう。

　以上、ネオリアリズムとコンストラクティビズムの対比、レジーム論とガバナンス論の相違、新たなデモクラシー論の展開を事例に、国際政治学における非政府主体の位置づけの変化を考察してきた。こうした変化における通奏低音は、冷戦後に新たな潮流を生み出した論考が、シビルソサエティを主体として重視している点であるといえよう。それは換言すると、国家の権威、機能の相対的縮小を意味するものではあるが、そのことが国家の消滅、不要化に直結するものではない。むしろ、TCS側の視点からすると、縮みつつある国家をどのように「再活用」し、TCSの目的を達成していくかという方法論の開拓の必要性を迫られているといえるだろう。

　こうした文脈で考察すると、フォークが指摘するように、国家を道具として活用していく「国家の再道具化（reinstrumentalization）」が重要な意味を帯

びてくる。フォークは、「国家の再道具化の過程は、地域および地球規模のガバナンスの仕組みの将来的な役割や態様にも影響を及ぼしうるものである」[54] と分析している。特に、市場の力に対する規制強化や、地球公共財保護に関する規範の普及、非軍事化の促進などの分野において、国家の再道具化が果たす役割が大きいとの見方を示している。フォークのこうした議論はグローバル・ガバナンスにおける TCS の台頭を念頭に置いたものである。そのうえで、TCS を市場のパワーに委ねる「上からのグローバリゼーション」と対置する形で、「下からのグローバリゼーション」を担う主体と位置づけている。したがって、フォークの議論には、「下からのグローバリゼーション」を推し進めるには、TCS がいかにして「国家の再道具化」に成功するかが重要テーマであるという伏線が存在するといえるだろう。

このような文脈で、TCS を主体として重視するコンストラクティビズムやガバナンス論、新たなデモクラシー論といった冷戦後の国際政治学における新潮流を再見すると、そうした論考はいずれも「国家の再道具化」をどう展開するかという課題と無縁ではないという点において、共通項をもっていると考えられる。そこでは、国家と TCS を縦の従属関係とみる頸木が解かれており、国家や国際機関と TCS の協働関係に高い優先順位がつけられている。

〔注〕

1) 岡本仁宏「市民社会論の諸論点について」『法と政治』48巻 2 号、1997年 6 月、440～442頁。
2) 市民社会論をめぐる歴史的解釈、あるいは、西欧・東欧的思想・価値に基づく意義について論じることは、もとより本書の目的ではない。市民および市民社会の起源がある種排他的に議論されることは少なくないが、本書における関心は、国家というフレームワークにとらわれずに連携する市民がもたらす変化の要因、そして今後の可能性にある。日本における市民および市民社会の存在を問いかける書物としては、例えば佐伯啓思『「市民」とは誰か』PHP 新書、1997年を参照。
3) Jean Cohen, "Interpreting the Notion of Civil Society," in Michael Walzer (ed.), *Toward a Global Civil Society*, Berghahn Books, 1995, p. 38.
4) *Ibid*., p. 36.
5) John Keane, *Civil Society: Old Images, New Visions*, Stanford University Press, 1998, pp. 12-31.
6) Michael Ignatieff, "On Civil Society: Why Eastern Europe's Revolutions

Could Succeed," *Foreign Affairs*, March/April 1995, p. 128.

7) Transnational Advocacy Network については、例えば、Margaret E. Keck and Kathryn Sikkink, *Activists beyond Borders*, Cornell University Press, 1998 などを参照。

8) Global Civil Society については、Ronnie D. Lipschutz, "Reconstructing World Politics, Emergence of Global Civil Society," *Millennium*, Vol. 21, No. 3, 1992, pp. 389-420; Volker Rittberger, Christina Schrade, *et al*., "Introduction to Transnational Civil Society Actors and the Quest for Security," in Muthiah Alagappa and Takashi Inoguchi (eds.), *International Security Management and the United Nations*, United Nations University Press, 1999; Richard Falk, *Predatory Globalization : A Critique*, Polity Press, 1999 などを参照。リチャード・フォークは、「国家の内部、トランスナショナルなレベル双方においてボランタリーで、非営利な性質をもった個人および集団の市民イニシャティブによる行為領域をグローバル市民社会と呼ぶ」と定義している。

9) International Civil Society については、例えば、M. J. Peterson, "Transnational Activity, International Society, and World Politics," *Millennium*, Vol. 21, No. 3, 1992, p. 379 を参照。M. J. ピーターソンは、グローバルに対してインターナショナルという言葉を用いるのは、国家や国境が依然として現実に存在するためと述べている。

10) Transnational Social Movement については、Jackie Smith, Charles Chatfield, *et al*. (eds.), *Transnational Social Movements and Global Politics : Solidarity Beyond the State*, Syracuse University Press, 1997 など参照。

11) Falk, *op. cit*., pp. 137-138.

12) 近年の傾向としては、開発論の文脈において途上国、すなわち問題の現場と直結したネットワークの重要性が強調されている。そして、途上国におけるシビルソサエティの著しい増大・成長がみられることから、従来トランスナショナル・シビルソサエティの外に置かれていた国々のシビルソサエティが、深く関与しているケースも見受けられる。例えば、途上国における乱開発、環境破壊をもたらす巨大ダムプロジェクトに対抗するトランスナショナル・シビルソサエティなどである。Sanjeev Khagram, "Toward Democratic Governance for Sustainable Development: Transnational Civil Society Organizing around Big Dams," in Ann Florini (ed.), *The Third Force: The Rise of Transnational Civil Society*, Carnegie Endowment for International Peace, 2000 参照。

13) Smith, *et al., op. cit*., p. 43.

14) 以下、トランスナショナル・シビルソサエティの定義については、筆者も参加したカーネギー国際平和財団と日本国際交流センターが共同で実施したプロジェクトで議論された内容に基づいている。詳細は Florini, *op. cit*. 参照。

15) Sussanne Hoever Rudolph, "Introduction: Religion, States, and TCS," in S. H. Rudolph and J. Piscatori (eds.), *Transnational Religion and Failing States*,

Westview, 1997, p. 1.

16) Ethan A. Nadelmann, "Global Prohibition Regimes: The Evolution of Norms in International Society," *International Organization*, Vol. 44, No. 4, Autumn 1990, p. 493.

17) Betth Fladeland, *Men and Brothers: Anglo-American Antislavery Cooperation*, 1972, p. 258, cited in Steve Charnovits, "Two Centuries of Participation: NGOs and International Governance," *Michigan Journal of International Law*, Vol. 18, No. 2, Winter 1997, p. 192.

18) John Boli and George M. Thomas, "World Culture in the World Polity: A Century of International Non-Governmental Organization," *American Sociological Review*, Vol.62, No. 2, pp. 175-177.

19) 〈http://www.un.org/esa/coordination/ngo/〉を参照。

20) Union of International Associations, "International Organizations by Type (Table 1)," *Yearbook of International Organizations* 〈www.uia.org//uiastats/stybv196.htn〉.

21) *Ibid.*

22) 国連創設時および冷戦期における NGO の位置づけについては、馬橋憲男『国連と NGO──市民参加の歴史と課題』有信堂高文社、1999年、12~59頁参照。

23) ジェームズ・N・ロズナウ、イアーン・ジョンストン（福田健一他訳）『国連　地球社会の選択 1──激動の世界と国連』PHP 研究所、1995年、60頁。

24) 目加田説子「国際機関と NGO──『オブザーバー』から『パートナー』へ」山内直人編『NPO データブック』有斐閣、1999年、156~157頁参照。

25) 上掲。

26) UNDP については、〈http://www.undp.org/cso〉、UNFPA については、〈http://www.unfpa.org/〉などを参照。

27) 馬橋、前掲書、119頁。

28) Rittberger, *et al., op. cit.*, p. 113.

29) ヘルムット・アンハイヤーは、こうした瞬時に、しかも身軽に事態に対応できる NGO の特質を「テント型 NGO」と呼んでいる。

30) Freedom House, *Freedom in The World 1999-2000: The Annual Survey of Political Rights and Civil Liberties* 〈http://www.freedomhouse.org/research/freedomworld/2000〉.

31) 例えば、China Association for NGO Cooperation（CANGO）は、国連開発計画との協力のもと、1990年、92年に International Seminar on NGO Cooperation in China を開催しており、2000年10月には第 3 回国際会議が開催予定である。詳細は CANGO のホームページ〈www.cango.org〉を参照。

32) カロリナ・ヘルナンデス「シビルソサエティと国内社会のガバナンス」（財）日本国際交流センター編『ガバナンスの課題──グローバリゼーション時代のシビルソサエティの役割』（財）日本国際交流センター、1998年、241~249頁。

33) Lester M. Salamon, "The Rise of the Nonprofit Sector," *Foreign Affairs*, Vol. 74, No. 4, July/August 1994, p. 112.

34) 欧米諸国において、政府・政権に対する批判が高まっていることに関する文献は多い。例えば、Joseph Nye, "In Government We Don't Trust," *Foreign Policy*, No. 108, Fall 1997; Russell J. Dalton, "Political Support in Advanced Industrial Democracies," in Pippa Norris (ed.), *Critical Citizens: Global Support for Democratic Governance*, Oxford University Press, 1999, pp. 57-77 を参照。

35) この顕著な事例は、1999年11月末にシアトルで開催されたWTO交渉におけるNGOの活動であった。労働組織も巻き込み、ベトナム戦争以来の暴動に発展した。

36) 「地球規模の連帯革命」についてサラモンは「組織立った民間の、自発的な、文字どおり世界規模の活動の大規模な台頭」と定義している。Salamon, *op. cit.*, pp. 109-122 を参照。

37) この調査結果については、Lester M. Salamon, Helmut, K. Anheier, *et al.* (eds.), *Global Civil Society, Dimensions of the Nonprofit Sector*, The Johns Hopkins Comparative Nonprofit Sector Project, 1999 を参照。

38) Computer Industry Almanac, December 1999 〈www.c-i-a.com/199908;v.htn〉, Internet Domain Surveys, 1981-1999 〈www.nw.com〉 参照。

39) 例えば、1992年のウルグアイラウンド合意文書を世界のNGOに配布するのには1週間半要し、費用も800頁のコピー代と運送費一部に50ドルかかったところが、1997年のMAI（多国間投資協定）では文書をコンピュータにスキャンし、解説を含め3日で世界中に行き渡った。The FA Interview, "Lori's War," *Foreign Policy*, Spring 2000, pp. 33-34.

40) INTRAC, *Direct Funding from a Southern Perspective*, INTRAC NGO Management and Policy Series No. 8, 1998.

41) "New Report Documents Striking Changes in International Grant Making by US Foundations," The Foundation Center 〈http://fdncenter.org/about/news/pr_9801a.htmt〉 参照。

42) AARFC Trust for Philanthropy, 2000, Giving USA 〈http://www.aafrc.org/〉.

43) 鴨武彦・伊藤元重他編『リーディングス国際政治経済システム (1) 主権国家を超えて』有斐閣、1997年、349～375頁。

44) John Gerald Ruggie, "What Makes the World Hang Together? Neo-utilitarianism and the Social Constructivist Challenge," pp. 215-245; Robert Jervis, "Realism in the Study of World Politics," pp. 331-351 in Peter J. Katzenstein, Robert O. Keohane, *et al.* (eds.), *Exploration and Contestation in the Study of World Politics*, MIT Press, 1999 を参照。

45) Lipschuts, *op. cit.*, pp. 389-420.

46) 山本吉宣「国際レジーム論——政府なき統治を求めて」『国際法外交雑誌』95巻1号、1996年、6～8頁。

47) James N. Rosenau and Ernst Otto Czempiel (eds.), *Governance without*

Government : Order and Change in World Politics, Cambridge University Press, 1992, p. 7.

48) David Held, *Democracy and the Global Order : From the Modern State to Cosmopolitan Governance*, Stanford University Press, 1995.

49) *Ibid.*, pp. 278-286.

50) Richard Falk, "The Infancy of Global Civil Society," in Geir Lundestad and Odd Arne Westad (eds.), *Beyond the Cold War : New Dimensions in International Relations*, Oxford University Press, 1993, p. 223.

51) Richard Falk, *On Humane Governance : Toward a New Global Politics*, The Pennsylvania State University Press, 1995, pp. 120-126.

52) そうした試みに一例として、ミレニアム・フォーラム開催があげられる。2000年9月に開催された国連ミレニアム・サミットに向けて、世界のシビルソサエティが建設的な提言を行うよう、アナン国連事務総長が呼びかけた市民会議（2000年5月22～26日、ニューヨーク国連本部にて開催）は、21世紀に向けた包括的な提言をまとめた。

53) Peter J. Spiro, "New Global Communities: Non Governmental Organizations in International Decision-Making Institutions," *The Washington Quarterly*, Vol. 18, No. 1, Winter 1995, p. 2.

54) Falk, *Predatory Globalization*, p. 151.

気候変動枠組み条約・京都議定書と
気候行動ネットワーク

　本章では最初の事例研究として、地球温暖化防止のための気候変動枠組み条約および京都議定書の締結に取り組んだ NGO ネットワークである気候行動ネットワーク（CAN: Climate Action Network）を取り上げる。なお、本論に入る前に、地球温暖化とは何か、それに対応するために成立した多国間条約とはどういったものなのかについて概観しておきたい。

2-1　地球温暖化と多国間条約の概観

　日本の『環境白書』は地球温暖化問題について次のように記述している。「地球は、太陽エネルギーを受けて暖められ、宇宙空間へのエネルギー放出によって冷える。このエネルギー収支が均衡している状態では地球の温度は平均して安定している。しかし、人為的な影響により温室効果ガスの濃度が上昇し、宇宙空間へのエネルギー放出が妨げられると、地表の温度は上昇する。この温度上昇が、気候の変化を引き起こし、生態系をはじめとする人類の生存基盤に多大な影響を及ぼす。これが『地球温暖化』の問題である」[1]。ここで問題になっている人為的な温室効果ガスとは、二酸化炭素、メタン、一酸化二窒素、ハイドロフロロカーボン（HFC）などのことを指す[2]。

　地球温暖化に対応するため成立した多国間条約は、気候変動枠組み条約[3]と、それに基づく京都議定書である。同条約と同議定書は、それぞれ表2-1および

表 2-1 気候変動枠組み条約採択に向けた取組み

1990年	8 月	気候変動に関する政府間パネル（IPCC）第 1 次評価報告書公表
	11月	第 2 回世界気候会議（ジュネーブ）
	12月	第45回国連総会にて、気候変動枠組み条約作成のための政府間交渉委員会（INC）設置決議を採択
1991年	2 月 4 日〜14日	INC 1（ワシントン）
	6 月19日〜28日	INC 2（ジュネーブ）
	9 月 9 日〜20日	INC 3（ナイロビ）
	12月 9 日〜20日	INC 4（ジュネーブ）
1992年	2 月18日〜28日	INC 5（ニューヨーク）
	4 月30日〜 5 月10日	INC 6（ニューヨーク）
	6 月 3 日〜14日	国連環境開発会議にて、気候変動枠組み条約に署名

表 2-2 京都議定書採択に向けた諸会議

1995年	3 月28日〜 4 月 7 日	第 1 回締約国会議（COP 1）（ベルリン）
	8 月 5 日〜21日	第 1 回京都会議準備会合（AGBM 1）（ジュネーブ）
	10月30日〜11月 3 日	AGBM 2（ジュネーブ）
1996年	3 月 5 日〜 8 日	AGBM 3（ジュネーブ）
	7 月 8 日〜19日	AGBM 4（ジュネーブ）
	7 月 8 日〜19日	COP 2（ジュネーブ）
	12月 9 日〜13日	AGBM 5（ジュネーブ）
1997年	3 月 3 日〜 7 日	AGBM 6（ボン）
	7 月31日〜 8 月 7 日	AGBM 7（ボン）
	10月22日〜31日	AGBM 8（ボン）
	12月 1 日〜11日	COP 3 にて京都議定書を採択

表2-2のような交渉経緯を経て成立した。

　気候変動枠組み条約とは、その名称が示すように、人類が初めて着手する気候変動という問題に関する枠組みを構築することを主眼にしており、その取組みの具体的内容については、その後の議定書の採択、改正によって次々と強化していくという方式を採用している。したがって、気候変動枠組み条約では、温室効果ガスの具体的な削減は義務づけず、その部分については後年の追加的合意に任せることにした。このような設定のもとで採択された気候変動枠組み条約のうち、温室効果ガスの削減については、下記の要点が含まれている[4]。

　(1)　条約の究極的目的は、気候システムに危険な影響がもたらされない水準で、大気中の温室効果ガスの濃度を安定化すること（第 2 条 [目的]）。

表 2-3 京都議定書の要点

対象ガス	二酸化炭素、メタン、一酸化二窒素、HFC、PFC、SF 6
基準年	1990年（HFC、PFC、SF 6については1995年としうる）
吸収源の取扱い	限定的な活動（1990年以降の新規の植林、再植林及び森林減少）を対象とした温室効果ガス吸収量を加味。
目標期間	2008〜2012年
削減目標	附属書I締約国全体の対象ガスの人為的な総排出量を、目標期間中に基準年に比べ全体で少なくとも 5 ％削減する。 各附属書I締約国は、目標期間中の対象ガスの人為的な排出量が、個別の割当量を超過しないことを確保する。例えば、 　　日本の割当量：規準年の94％（ 6 ％削減） 　　米国の割当量：規準年の93％（ 7 ％削減） 　　EU の割当量：規準年の92％（ 8 ％削減）
バンキング	目標期間中の割当量に比べて排出量が下回る場合には、その差は、次期以降の目標期間中の割当量に加えることができる。

（出典）　環境庁編『環境白書　平成12年版（総説）』35頁。

(2)　先進諸国[5] は、二酸化炭素及び他の温室効果ガスの排出量を、1990年代の終わりまでに従前のレベルまで回帰させることが、長期の排出傾向を条約の目的に従って修正することに先導的な役割を果たすことを示す（第 4 条［約束］ 2 (a)）。

(3)　先進諸国は条約発効後 6 カ月以内に、温室効果ガスの排出量を一国または共同で1990年レベルに回帰させることをめざして、政策及び措置並びにその結果の予測に関する詳細な情報を提出する。この情報は締約国会議で定期的に審査される。各国は、温暖化ガスの排出・吸収の目録、分析、対応策を締約国会議に報告する。先進諸国は条約発効後 6 カ月以内、途上国は 3 年以内、後発途上国は自ら決めた時期に、最初の報告を行う（同条 2 (b)〜(d)）。

こうした気候変動枠組み条約を足場に、最初の議定書の交渉が始まった。温室効果ガスの排出規制は各国の経済活動や社会生活と密接な関係をもつだけに複雑で困難な交渉となった。難航に難航を重ねた末、1997年12月に京都で開かれた気候変動枠組み条約第 3 回締約国会議（COP 3）[6] で、具体的な削減義務を盛り込んだ京都議定書が採択された。2001年に誕生した米国のブッシュ政権は京都議定書からの離脱を表明したが、欧州連合（EU: European Union）諸国や日本などが京都議定書を批准した。京都議定書のうち、温室効果ガスの具

体的な削減義務に関する要旨は表2-3にまとめたとおりである。重要な点は、気候変動枠組み条約に続いて先進諸国の削減のみが対象になっているうえ、京都議定書では具体的な数字で削減目標が設定され、その実行を義務づけていることである。また、植林などによって増加した二酸化炭素吸収量についても、一定限度内において排出削減量とみなすことも定めている。

2-2　気候変動枠組み条約締結の歴史的経緯

　気候変動枠組み条約は温室効果ガスの具体的な削減を義務づけなかったとはいえ、地球温暖化問題の所在を国際社会が認知し、対応策をとっていくことを確認するという大きな意味があった。にもかかわらず、気候変動枠組み条約は交渉開始から15カ月の短期間で成立した。国連の海洋法条約は10年あまり、オゾン層保護のウィーン条約（枠組み条約）に３年かかったのに比べると、驚くべきスピードで決着し、奇跡とさえいわれたほどである[7]。気候変動枠組み条約に続く京都議定書の交渉は、法的拘束力をもつ温室効果ガス排出規制を含むため、交渉は難航を極めたが、それでも２年余りで妥結した。そのことは、西暦2100年までという超長期を視野に入れて地球温暖化防止に削減目標を数値で示し、不可逆的な一歩を踏み出した点で重要な進展であった[8]。

2-2-1　科学から政治へ

　地球温暖化防止は21世紀にまたがる重要な政治課題であり、地球温暖化問題に関する国際合意は、未来に起こりうる問題に対処するために現在の政治がどこまでコミットしていけるのかという問題と背中合せである。そうした状況において合意された気候変動枠組み条約と京都議定書は、曲がりなりにも国際社会が未来世代のために行動を起こすことを決意した証左であった。この節では、こうした気候変動枠組み条約、京都議定書成立に至る歴史的経緯を概観しておきたい。

　温室効果ガスの濃度は、産業革命以前は長期にわたってほぼ安定していたと

考えられている。ところが、産業革命後の人間活動によって温室効果ガスの濃度は高まり、1997年の世界の二酸化炭素濃度は産業革命当時の280ppmvから363ppmvに、メタン濃度は700ppbvから1740ppbvに上昇した[9]。このような温室効果ガスの濃度上昇に呼応するように、温暖化に関連すると思われる現象が観測・観察されている。地球温暖化と人間活動の関連について科学的な論議が詰められ、その成果が政治的に大きな影響力をもつようになったのは1980年代半ば以降のことである。

　その大きな転機となったのは、1985年10〜11月にオーストリアのフィラハで開催された気候変動に関する科学的知見の整理のための国際会議である。主催は世界気象機関（WMO: World Meteorological Organization）と国際学術連合（ICSU: International Council of Scientific Unions）であった。参加した科学者は決して多くはなかったが、議長を務めたカナダのジム・ブルース、基調報告書をまとめたスウェーデンのバート・ボーリン、シンクタンク系NGOであるストックホルム環境研究所（SEI: Stockholm Environment Institute）のマイケル・オッペンハイマーら、以後の温暖化論争で重要な役割を担う専門家たちが参加していた。注目されたのは、1週間の論議の末、「21世紀前半に起こるであろう海面気温の上昇は人類が経験した、いかなる上昇よりも大きくなる」と科学的な見解を示すとともに、「対策へ踏み出すべきだ」と政治への注文をつけた点である。かつてWMOは1979年に第1回世界気候会議を開き、多くの学者が参集した。しかしながら、「気候変動の原因の可能性として温室効果ガスも考えられる」という慎重な結論しか導き出せなかった。これに比べてフィラハでの科学的結論はかなり踏み込んだものであった。しかも、政治的対応を促した点で、科学者が政治を動かそうという決意のにじみ出た内容となった。こうしたことから、フィラハ国際会議は、気候変動枠組み条約、京都議定書に至る気候変動をめぐる国際的な政治プロセスの開始とも位置づけられている[10]。

　ピーター・ハースは、ある特定の分野で専門的知識を共有している「認識共同体（epistemic community）」が、国際レジームの形成やその政策調整に関して大きな影響を与えると指摘している[11]。フィラハ国際会議に参加したブルース、ボーリン、オッペンハイマーらは、その段階で組織立ったネットワー

クを結成していたわけではなかったが、地球温暖化が現実のものであり、政治的な対応策が必要であるとの価値観を共有した科学者たちであったことは間違いなく、事実上、認識共同体の機能を果たしていた。したがって、フィラハ国際会議は、事実上の認識共同体（de facto epistemic community）が、政治行動を呼びかけた会議であったと位置づけることができるであろう。政策を決定する際、大きな不確実性や予見の困難さが伴う場合、どれほど専門家の間でコンセンサスができているかが重要な判断材料となる。そうした政策に関する多国間条約交渉においては、まず、専門家間のコンセンサスを形成する土台となる認識共同体の存在が重要であり[12]、この事実上の認識共同体の存在意義はきわめて大きかったと判断できる。

　フィラハ国際会議の問題提起を受けて開催されたのが、カナダ政府主催のトロント国際会議「変貌する大気――地球安全保障への影響」（1988年6月27日～30日）であった。フィラハ国際会議は政治的問題にも踏み込んだが、あくまで科学者会議が政治的問題に言及したものであり、政府代表や政治家自身が表明したものではなかった。これに対してトロント国際会議は、科学と政治の間に横たわるギャップを埋めるため、科学者、産業界の代表に加え、40数カ国の政府職員や政治家が集結した[13]。環境と開発に関する世界委員会（WCED: World Commission on Environment and Development）の委員長として『地球の未来を守るために』という報告書[14]をまとめたブルントラント・ノルウェー首相も参加した。1987年に発表されたこの報告書は環境保全と開発の相克を見据えながら、「持続可能な開発」の方策を示し、高い評価を得ていた。

　会議は、気候変動による変化に挑戦すべき時が来たというブルントラント首相の開会スピーチで始まり、気候変動問題をもたらした先進工業国の歴史的責任を明確に打ち出した。そして、2005年までに二酸化炭素の排出を当時のレベルから20％削減することを呼びかける声明を出して閉幕した[15]。声明は、温室効果ガスの排出抑制に関する具体的な目標と期限を含めたレジーム（多国間条約）を形成すべきだとの考えを強調したもので、気候変動枠組み条約に至るレジーム作りはこのときに始まったとの分析もある。翌年の1989年にパリで開かれた先進国首脳会議では、各国政府が環境問題に関心を示し、経済宣言の3分の1を環境に関する事項に費やしたほどであった。そして、主要7カ国は多

国間条約化構想を支持し、地球温暖化が重要な国際政治の課題となっていったのである[16]。

2-2-2　気候変動に関する政府間パネル（IPCC）

　しかしながら、こうした政治的な関心の高まりによって、科学論争が一件落着したわけではなかった。それどころか、改めて科学論争に火をつけることになった。地球温暖化に関する多国間条約の作成では、「人間の経済活動のほとんど何もかもがCO_2の排出を伴うがために、いかなるCO_2排出、削減であれ、何らかの経済活動を抑制・縮減することにならざるをえない」[17] からである。地球温暖化対策を義務づけられると、政策決定者は大きな政治的リスクを負わざるをえなくなる可能性があるため、多国間条約構想が具体的な像を結べば結ぶほど、(1)本当に人間活動によって地球温暖化は発生するのか、(2)もし発生するにしても、どの時期にどの程度の規模で気候変動が生じるのか、(3)気候変動が現実になった場合、生態系や経済社会などにどのような影響をもたらすのか、といった疑問を投げかける声が強まった。

　こうした科学と政治の攻めぎあいが最も顕著だったのは、世界最大の二酸化炭素排出国で、世界全体の約2割を占める米国であった。中でも、地球温暖化をめぐって1989年5月8日に開かれた米上院の科学・技術・宇宙小委員会における政治と科学の衝突は関係者間の利害対立がいかに深刻であったかを伺わせる。

　米国航空宇宙局（NASA: National Aeronautics and Space Administration）の科学者であるジェームズ・ハンセンは、地球温暖化に警告を発し、対策の必要性を強調していた。そのハンセンがこの日の議会証言で持論を展開しようとしたところ、政府職員の議会証言がホワイトハウスの方針から大きくそれていないかどうかを事前に点検する行政管理予算局が、ハンセンの用意した証言用テキストに手を加え、温暖化の危機感をやわらげる工作をした[18]。ホワイトハウスの見解は「地球温暖化については、さまざまな科学的評価がある。十分な科学的データにそって政策決定しないと、非現実的でしかも経済的にも無理な地球温暖化ガス（二酸化炭素など）の削減を強いることになりかねな

い」[19] というものだった。米国は、各種のエネルギー源の中でも二酸化炭素の発生率が高い石炭への依存度が高く、性急な温暖化防止策は米産業に大きな打撃を与えるおそれがあった。このため、保護と経済発展を勘案しながら方策を詰めざるをえないという立場であった。その結果、ハンセン博士の証言の一部に「温暖化防止策は、経済的にも成り立つものであるべきだ」[20] とわざわざ手直しが加えられという事態になったのである。

　科学に対する政治の不信感がくすぶり続けたままでは、国際社会が地球温暖化防止のために共同歩調をとることは困難であった。こうした状況を打開する試みとして、WMO と国連環境計画（UNEP: United Nations Environmental Planning）が中核となり、政策選択を定める多国間条約交渉を念頭に置いて、1988年11月に気候変動に関する政府間パネル（IPCC: Intergovernmental Panel on Climate Change）を新設した[21]。IPCC 設立の目的は、気候変動に関する現状の知識を整理し、政策決定者に伝えることであった。いわば、世界最高レベルの公式な「認識共同体」が形成されたわけで、政治と科学の溝を埋める重要なミッションを負うこととなった。しかし IPCC はあくまで、現状の知識を整理し、政策決定者に伝えることが任務であり、地球温暖化を防ぐ条約交渉をする場ではなかった。そこで、IPCC での作業を条約交渉に結びつける触媒が必要とされた。その触媒の役割を果たしたのが、「人類の現世代と将来世代のために地球気候を保護する」という1998年の国連総会決議であった。国連総会においてマルタが提案したこの決議は、IPCC と WMO、UNEP に対して、気候変動問題に対処するための法的可能性について検討し、勧告をするよう公式に求めた[22]。これにより、IPCC と、IPCC を設置した WMO、UNEP が地球温暖化を防ぐ条約作成過程を導き出すマンデート（任務）を得たことになり、IPCC の討議結果の重みが増すことになったのである。

　このような背景で始動した IPCC は最終的に1990年8月、第1次評価報告書をまとめた。この報告書の主な内容は次のとおりである[23]。

(1)　二酸化炭素やフロンガスなど長寿命ガスの大気中濃度を現在の水準に安定化させるには、人間活動による排出量を6割以上削減する必要がある。

(2)　温室効果ガスが現在のレベルで排出され続けると、地球の平均温度は来世紀末には3度上昇（10年間で約0.3度上昇）する。また、海面上昇は来

世紀にかけて10年間に6センチメートルずつ上昇し、来世紀末には最大で
1メートルの海面上昇が予測される。その場合、長さ36万キロメートルの
海岸に影響を与え、いくつかの島国は居住不可能になる。

(3)　比較的小さい気候変動でも、水資源に大きな影響を与える。

(4)　気候変動には不確実な要素が多いが、地球温暖化防止の対策は直ちに開
始すべきである。その対応戦略には、フロンの廃絶やクリーンで効率の高
いエネルギーの開発、森林の保護・管理などがあげられる。

(5)　先進工業国と発展途上国は、気候変動によって生じる諸問題に、共通し
て立ち向かっていく責任をもつ。

1990年10～11月に開かれたWMO主催第2回世界気候会議は、こうした
IPCC第1次評価報告書を踏まえ、1992年の署名をめざして条約とそれに関す
る法的措置についての交渉を直ちに開始するよう促した[24]。これを受けて
1990年12月、国連総会は気候変動枠組み条約に関する政府間交渉委員会
(INC: Intergovernmental Negotiating Committee) を設置し、INCが92年
の地球サミットまでに交渉を完結することを求める決議を採択した[25]。これ
によって、15カ月という短期間で複雑な利害がからみあう気候変動枠組み条約
をまとめ上げる作業が始まることになった。そして、1992年6月の地球サミッ
ト（環境と開発に関する国連会議）において気候変動枠組み条約が署名され、
1997年には京都議定書が採択されたのである。2002年末現在、京都議定書は
EU、カナダ、日本などが批准したが、最大の二酸化炭素排出国である米国が
未批准のままで、いまだ発効に至っていない。

2-3　気候行動ネットワーク（CAN）

以上、気候変動枠組み条約作成に至る歴史的沿革をみてきた。ここまでは主
として科学者、国家、国際機関をアクターとしてみた場合の動きに焦点を当て
てきたが、この過程において、トランスナショナル・シビルソサエティ
（TCS）が果たした役割はどのようなものだったのかを検証したい。TCSを
牽引する形で活動したNGOネットワークは「気候行動ネットワーク

（CAN）」であり、本節では、CAN が誕生した背景、設立目的、特徴について記述し、次節において具体例から CAN の役割の分析を試みる。

2-3-1 CAN 誕生の背景

　気候変動問題に NGO が初めて参加したのは、1988年6月にカナダのトロントで開催された国際会議「変貌する大気——地球安全保障への影響」である。先進諸国が2005年までに1988年レベルから二酸化炭素排出を20%削減するとの総括文書を採択したこの国際会議には、政府関係者、科学者、産業界の代表に加え、NGO も参加した。だが、トロントの国際会議において、NGO は国境を超えたネットワークを形成して連携し、共通の戦略を練って政策提言して行動したわけではなかった。地球温暖化をめぐる NGO の活動が新段階に達したのは、1989年3月、ドイツに集まった複数の NGO が気候行動ネットワークを設立したときのことである。設立構想はトロント国際会議に出席していた NGO が中心となって進められ、主にオゾン層保護条約作りにかかわってきた米国、欧州、途上国の NGO で、地球温暖化防止に特化したネットワークを結成することになった[26]。

　こうした経緯で CAN が形成された時代背景として、1992年の地球サミットに向けた環境 NGO の台頭があった。1980年代後半は、気候変動だけでなく、オゾン層保護、熱帯雨林の破壊防止、生物多様性の保全など地球規模環境問題に関する国際会議や条約交渉が相次いで開催され、政治的関心も高まっていた。環境のような地球規模問題では、少数の国や国際機関だけが積極的であっても全体のプロセスは進展しない。各国政府が国際的な協調行動を決定し、実行するまでにさまざまな利害がからみあうために時間がかかり、合意に達することは容易ではない。一方、NGO は関心のある環境問題のみを活動対象とするため、国際的に協調することは比較的容易である。そこで、各国政府が早期に対応に乗り出すように南北の NGO が協力し、活発に政治行動をとることにより、影響力を強めていく。これが1980年代後半から目立つようになった国境を超えた NGO の協調の一般的な傾向であり[27]、CAN の誕生にもそうした傾向が作用したと考えられる。

2-3-2　CAN の設立目的

さて、以上のような経緯、背景で誕生した CAN の主な設立目的は、以下の2点である。

(1)　生態的に持続可能なレベルに人為起源の気候変動を抑えるために必要な、政府および個人の行動を促進すること。

(2)　気候変動の国際的な側面に対処するために、情報交換、意見交換、活動などのコーディネーション（調整）に関して国境を超えたシステムを構築すること[28]。

まず(1)については、CAN の有力メンバーである SEI がまとめた報告書によると、「生態的に持続可能なレベルに人為起源の気候変動を抑える」とは、地球温暖化が起きたとしても気候変動の規模と速度を生態系が対応できる程度のものに抑える、ということを意味する[29]。現在でも地球温暖化が進行している兆候があるが、現在のレベルに気候変動をとどめるために大気中の寿命の長いガス（二酸化炭素やフロン）の濃度を現在のレベルに保とうとすると、即座に60％以上の排出削減が必要となる[30]。これをすぐに実現するのは、政治的にも、また経済的・技術的にも不可能に近い。実行可能な方策としては、生態的に持続可能なレベルに人為起源の気候変動を抑えることをめざして、段階的に温室効果ガスの排出を抑えていくアプローチしかない。したがって、「生態的に持続可能なレベルに人為起源の気候変動を抑える」という目標は、人類が地球生命圏を気候変動によって破壊することなしに生存していくための絶対条件を示したもので、その意味で超長期的な達成目標であった。

こうした超長期的目標を実施可能な段階的政策に近づけていくためには、エネルギー消費などの構造転換や環境税、新エネルギー技術への集中投資といった、政府の政策変更が不可欠である。そのためには、政府に問題の所在を認識するよう説得し、政策の決定・実行を促していく必要がある。また、民主主義社会においてこうした政策変更を可能にするには、主権者である国民、そして個人個人がこの問題を認識するよう働きかけることが必要である。こうした事情から、CAN の目的(1)に、「政府および個人の行動を促進すること」が掲げ

られたのである。世界各地のNGOがこうした目的を共有していても、バラバラに存在し行動していては、力が分散し、政府間交渉に影響力を発揮することは困難である。そこで、国境を超えたシステム、すなわちネットワークを構築し、NGO活動による相乗効果の最大化を図る、ということが(2)の主旨となる。

CANの設立目的の2つを達成していくには、CANが個々の国や国際社会において活動基盤を確立し、キャンペーンやロビー活動などで豊かな経験をもつNGOが連携することで相乗効果を生み出すことが重要である[31]。そうした相乗効果としては、具体的には次のようなものがあった。

(1) 専門分野や活動様式が異なるNGOが専門性などを補完しあい、全体として影響力を最大化することができる。

(2) CANの共通ポジションに南北両方の視点を反映させることができる。

(3) 先進国のNGOにとって通常は難しい途上国の意思決定者へのアクセスが、途上国のNGOを通じて可能になる。

(4) CANに参加する各国のNGOを通じて、草の根レベルのNGOにまで情報を共有してもらうことができる。

(5) メディアへの広報活動においても相互補完機能が発揮される。CANのメッセージは多様なNGOを通じて世界各地に発信され、CANへの信用が構築される[32]。

こうした相乗効果を期待して誕生したCANの力量が最初に試されたのは、1990年10〜11月にジュネーブで開催された第2回世界気候会議においてであった。1992年の署名をめざして条約およびそれに関する法的措置についての交渉を直ちに始めるよう勧告したこの会議において、北半球と南半球から集まったNGOが協力しながら条約作りに向けたロビー活動を展開した。その経験から、各NGOが協力して活動すれば、個々別々に動くより効果的であることを明確に自覚するようになった[33]。それは翌1991年から始まる気候変動枠組み条約交渉に向けた予行演習のような連携行動となった。

2-3-3 CANの特徴

1997年の段階でCANに参加しているのは、73カ国の約250のNGOである。

これだけのNGOの活動が相乗効果を発揮するためには、多様で多元的な活動が必要である。そこでCANは、以下のような組織立てによって活動に取り組んだ。

《非トップダウン型ネットワーク》

　CANは官僚機構のような厳格な組織ではなく、少数のリーダーによる意思決定をトップダウンで実施に移していくというような運用形態はとらなかった。世界の7つの地域（アフリカ、南アジア、東南アジア、中欧・東欧、西欧、ラテンアメリカ、北アメリカ）にフォーカルポイント（地域連絡事務所）を置き、それぞれのフォーカルポイントがコーディネーターを選出し、CAN全体の調整機関としてコーディネーター・ミーティングを開催する。このコーディネーター・ミーティングでは基本的な事項が検討され、活動スケジュールなどが決められる[34]。こうした形でフォーカルポイントを重視したのは、気候変動という地球規模の環境問題に取り組むとき、地域や国レベルの格差を尊重することの重要性が認識されていたからである。

　CANは、地球温暖化の防止という広大な目標を掲げているが、南側の諸国は開発・貧困対策といった切実な問題に直面している。そうしたすでに起きている現実的問題を抜きに地球温暖化防止対策を掲げても、南北のNGO間に溝が生じる。このためCANはフォーカルポイントを重視し、気候変動という地球規模の環境問題が地域や国レベルの問題とどういうつながりをもち、南北差を超えて連携していくことがどのような効果をもたらしうるのかといった点を考慮しながら活動方針を立てた。例えば、地球温暖化が異なる地域にどのような影響を及ぼすかを分析し、それが開発途上国の発展にどのような問題をもたらすかなどについて積極的に討議した[35]。そうした過程を通じ、地球温暖化防止と持続可能な発展は密接不可分の関係にあることへの共通理解が深まり、幅広いNGOネットワークの形成の意義を確認することが可能となった。

　CANのネットワークが最も相乗効果を発揮したのは、国際会議や外交交渉が開かれる際の集中的な会合やさまざまな活動であろう。CANは多くの国際会議が始まる前に、メンバーによる戦略会議を開催し、国際会議に向けての各国の立場や、主要テーマにおけるNGOのポジションなどについて情報や意見

の交換を行った。また、主要な交渉会議では、CAN の NGO が幅広く参加できる会合を頻繁に開き、情報や意見の交換、主要テーマに関する立場の決定、ニュースレター eco の内容の討議などが行われた。条約交渉の会議では、世界各地から100人近いメンバーが集い、議論を続けた。

　こうした会合では、意見の相違や方針の対立などが表面化することもある。しかし、CAN では基本的に多数決で決着させることはなく、合意はコンセンサス方式が原則であった。したがって、意見が一致しない点は留保され、一致できる点を基盤にして行動する、一致しない部分は、粘り強く意見交換する、という組織文化をビルトインさせていった。CAN 内における議論は、NGO の出身国や地域の情勢が反映する結果、政府間交渉さながらに熾烈であった一方、そうした真剣な意見交換がロビー活動において活かされることになったのである[36]。また、CAN は直接会う機会を待たずに、電子メールやファックスなどで交渉の論点などについての意見を交換し、各国の動きについて情報交換することによって、交渉会議などに備えていた[37]。CAN はこうした形で情報を収集し、意見を集約することで、参加する NGO の力を束ね、相乗効果の最大化を図っていったのである。

《活動形態》

　このように相乗効果の最大化を図った CAN の活動形態とは、どのようなものであったのだろうか。おおむね、以下のようなカテゴリーに分類することができるだろう[38]。

(1)　意思決定への抗議活動…座り込み、デモ行進、署名集め、妨害行為など。

(2)　政策提言活動…ニュースレター eco や独自の報告書の発行。自分たちの立場を表明する書面や声明、独自の科学的データなどの配布。口頭による見解の表明。公式会議と並行した NGO 会議やワークショップ、説明会、円卓会議、記者会見などの開催。

(3)　ロビー活動…個々の政策形成者に、口頭で見解を伝えたり、書面の声明や具体的提案、条約草案、法的・技術的助言を伝える。情報交換を通じて取引に出たり、他国の代表団との接触を買って出たりして、影響力を発揮する。

　CANは、座り込みや署名活動といった旧来の市民活動が用いてきた手法によって意思決定過程への影響力を試みた。妨害行為を含む抗議活動はときに世論の反発を誘発することもあったが、メディアの関心を集め、問題を直接世論に問いかける機会を作り出した面もある。グリーンピースや地球の友といった草の根団体が行ってきた啓蒙活動は、気候問題というきわめて高度な専門分野について各国の市民に開眼してもらう機会を提供し、世論喚起のための有効な手段となった。旧来、多くの草の根団体は主に会員の会費・寄付金に活動財源の大半を依存し、活動の手足も会員に依拠するところが多かった。しかし、情報化時代を迎えて諸団体は、一般市民への啓蒙を通じてこそ活動の普遍を促進し、支持を拡大できる有効な手段であることに気づき、抗議行動による意思表示、世論への呼びかけを強めるようになった。こうした活動の質的転換が、活動形態として(1)を重視する背景であった[39]。

　一方、政策提言活動で際立った役割を果たしたのは、世界資源研究所（WRI: World Resources Institute）やワールドウォッチ研究所（WWI: World Watch Institure）、国際環境法・開発財団、SEI、ブッパタール気候・環境・エネルギー研究所など、シンクタンク系のNGOである[40]。科学的分析に関してはSEIが大きな役割を果たした。SEIは気候変動枠組み条約交渉が終盤を迎えた1992年には『気候変動に直面して（Confronting Climate Change）』を出版し、気候変動に関する最新の科学分析を掲載するとともに、気候変動が海面水位、食糧生産、淡水資源などにもたらす影響力について解説し、地球温暖化問題を包括的に考える材料を提供した。政策提言においては、政府、国際機関、企業などの意思決定者に数々の提言を行ってきた世界資源研究所の役割は際立っている。世界資源研究所は、ガス・スペスやジェシカ・マシューズ[41]が1982年に創設した団体で、理事のなかにはUNEP事務局長だったムスタファ・トルバや元世界銀行総裁のロバート・マクナマラも名を連ねていた。世界資源研究所の政策研究の目的は、人間生活、経済活動、国際間の安定が依存する自然資源・環境を損ねることなく、いかにして人間の基本的要求を満たしながら経済成長を進めていくか、という根本的な問いに取り組むことであった[42]。

　CANの設立目的の(1)である「生態的に持続可能なレベルに人為起源の気候

変動を抑えるために必要な、政府および個人の行動を促進すること」を具体化するため、CANに参加しているシンクタンク系NGOは、国際政治における新たな課題設定（問題の再構成）にも積極的に取り組んだ。その代表例が、気候変動を含む地球環境問題を新たな安全保障問題と位置づけ、冷戦期に顕著だった核兵器を頂点とする軍事的安全保障観からのシフトを強調する試みであった。CANが設立された1989年は冷戦の末期であり、東西の緊張緩和が進行していた時期であった。核軍縮では1987年12月に、史上初めて核ミサイルの削減を義務づける中距離核戦力（INF: Intermediate-range Nuclear Force）全廃条約が署名され、より大型の戦略核兵器に関する削減交渉も進行していた。そうしたなか、世界資源研究所の副所長を務めていたマシューズは、CANが結成された1989年春、*Foreign Affairs* に「安全保障の再定義（Redefining Security）」と題した論文を発表した。このなかで、「核兵器が軍事的、地政学的、心理学的にも世界を支配する力になったように、今後数十年間は、環境異変が世界を動かす力になるだろう」[43] と強調した。こうした主張はその後のCANの活動において、しばしば登場することになった。その背景には、核戦争の回避が国際政治上の重要課題であったのと同様に、地球温暖化の回避にも重大な関心を寄せ、国際政治の優先課題として取り上げるような期待が込められていた。こうした戦略は一定の成果をあげ、科学的知見による問題提起や、気候変動による経済的利害とともに、「環境がもたらす脅威という概念」が気候変動枠組み条約に向けた「政治的エネルギー」を生み出したとの評価さえ得るようになったのである[44]。

　このような安全保障に関する新たな課題設定は、国家安全保障を軸にした伝統的な安全保障パラダイムを相対化し、代替的な安全保障パラダイムとして地球環境の安全保障を提唱するものである。そうした試みは、軍事と安全保障をテーマにしたパルメ委員会が1982年と89年の報告書で提示した地球規模の脅威に関する「共通の安全保障」の概念の流れを汲むものである[45]。冷戦が終わりに近づくにつれ、伝統的な安全保障パラダイムを相対化する機会が広がり、NGOが安全保障観のシフトを強調できる土壌となったのである[46]。そうした意味において、冷戦の終末期と地球温暖化問題をめぐる国際政治の黎明が重なったことが、CANを中核としたTCSを台頭させる温床となったと判断する

こともできる。

　さて、意思決定に影響を与える活動のうち、もう1つの重要な要素であるロビー活動の領域においてCANは、(1)会議場のロビーで政府関係者たちに直接NGOの立場を説明する、(2)議長の許可を得て会議でCANの代表が発言する、(3)政府代表団との意見交換会を開催し、NGOのポジションペーパーを配布して理解を求める、といった手法によって影響力を行使した。場合によっては、特定の国に対してCAN全体でロビー活動を集中させることもあった。ロビー活動で主要な役割を果たしたのは、議会や政府のロビー活動でノウハウを蓄積していた米国のNGOで、その代表例は環境防衛基金や自然資源防衛評議会であった[47]。これらのNGOには科学的、法的知識が豊かな専門家が加わっており、政府代表団の説得活動を積極的に展開した。

　ロビー活動を進めるうえで重要な武器となったのが、CANのニュースレター *eco* である。*eco* は、1972年にストックホルムで開催された国連人間環境会議を機に環境NGOが発行を始めたニュースレターで、地球温暖化防止の条約交渉においてはCANが責任発行するようになった。*eco* は条約交渉会議に参加する政府代表やマスメディアを主たるターゲットに、隔日あるいは毎日発行された[48]。その中身は、先に触れたように、CANのNGOが幅広く参加できるミーティングで吟味されたうえで編集される。先述の分類で *eco* の発行は政策提言型活動に入っているが、それは、*eco* にはCANの主張、提案も掲載されているからである。そして *eco* は、ロビー活動に長けたNGOが説得や説明を進めるうえでの重要な基本資料となったのである。

　eco の最大の強みは、CANの情報網で集めた多角的な情報を駆使していることにある。CANの主要メンバーの多くは長年にわたって気候変動問題やその他の環境問題にかかわってきたことから、一連の国際会議や条約交渉会議をモニターしており、政府代表団より事情に精通し、より広い人脈をもっている場合が少なくない。条約交渉会議の期間中、多くの政府関係者は毎朝のように、*eco* を通じて前日までの交渉の進展を点検した。主要な先進国は20人から30人規模の政府代表団を条約交渉会議に送り込むが、開発途上国では数人しか派遣しないことが少なくない。わずか数人で、複雑な交渉の全容を把握するための情報収集・分析は困難で、*eco* が交渉の流れや全体状況を理解するうえで貢献

44

したと判断できる[49]。

　ecoほどの規模でニュースレターを条約交渉の場で配布し、政府代表団に直接問いかけ、また代表団にとっても重要な情報源となったのは、CANが初めてのケースである。問題に対する専門的知識のみならず、政府代表団の立場や裏取引といった事情に精通していたからこそ、それが可能となったのである。そして、こうしたNGOによるニュースレターの活用は、次章の対人地雷全面禁止交渉や第4章の国際刑事裁判所設立交渉の場においても積極的に採り入れられていったのである。

2-4　気候変動枠組み条約・京都議定書交渉とCAN

　前節までで、CANの誕生の背景、設立目的、特徴について論述してきた。この節においては気候変動枠組み条約と京都議定書の作成過程において、CANが果たした役割について具体的に検証することにする。

　気候変動枠組み条約、京都議定書の作成において、NGOの貢献を一般的に評価する見方は数多く存在する。例えば、バス・アーツは1990年から92年の気候変動枠組み条約交渉におけるNGOの「政治的影響力」を分析し、興味深い結果をまとめている。アーツは、気候変動枠組み条約交渉過程にかかわったNGOと政府代表団のメンバーに、「もし交渉過程にNGOがいなかったとすれば、気候変動枠組み条約の内容はどう変わっていたか」という反実仮想的な質問をし、NGOの存在と条約の相関性を問いかけている。結果は、表2-4に

表 2-4　NGO の政治的影響力

	NGO の回答者	政府の回答者
条約の内容は同じだった	1	2
条約の内容は違っていた	8	7
条約は存在しなかった	1	—
わからない	1	1
回答者数	11	10

（出典）　Bernardus Johannes Maria Arts, *The Political Influence of Global NGOs*, International Books, 1998, p. 111.

示すとおりである。

　ここで注目されるのは、政府関係者の10人中7人が、もし交渉過程にNGOが介在しなかったとすれば、気候変動枠組み条約の内容は違っていたとの見方を示し、NGOの貢献を評価していることである。この7人のなかには、「(NGOによる) 環境運動の存在や圧力は、常に重要な役割を果たした」[50]とのコメントを記した回答者もあった。こうした総論的な質問には曖昧さや回答の理由の不明確さがつきまとうが、少なくとも当事者の事後感覚としてNGOの役割を評価していることを浮かび上がらせている。アーツは気候変動枠組み条約の交渉過程に参画した主要なNGOとして、CANとWWF (World Wide Fund for Nature、世界自然保護基金)、グリーンピースをあげている。WWFとグリーンピースは独自に積極的な活動を展開する一方、CANのメンバーであるため、ここで定義されるNGOとは、ほぼCANを意味するものと解釈できる。

　マスメディアもおおむねNGOの活動を評価している。例えば、京都議定書が採択されたときの『日本経済新聞』社説 (1998年1月4日) は「合意を成立させた大きな要因の一つに環境NGO…(中略)…の活躍があった。自然科学、経済、法律などの専門家、実務家、一般市民からなる世界各国のNGO約4000人が会場内外に集まった。彼らは、会社益、国益を超えた地球益という共通の価値観で結束し、各国政府交渉者に大幅削減を辛抱強く働きかけた。交渉当事者もそうした世論を無視できなかった」[51]と論説している。

　こうした総論的な評価は総合評価であり、NGOの存在感を示す材料として一定の意味はあるものの、CANは気候変動枠組み条約、京都議定書の形成にどう参画し、交渉過程のどのような局面で、どのような変化をもたらす要因となったのかを検討するためには、具体的な分析が必要である。そこで気候変動枠組み条約については、事例1で条約の目的、事例2で温室効果ガスの削減目標を題材にして検証する。そして、京都議定書に関しては、事例3でベルリン・マンデートの採択過程を題材に考察することにする。

2-4-1　事例 1：条約の目的

　気候変動枠組み条約の第 2 条は「気候システムに対して危険な人為的干渉を及ぼすことのない水準において大気中の温室効果ガスの濃度を安定化させることを究極的な目標とする」と定めている。第 2 条は、どういった水準が気候システムに対して危険な人為的干渉を及ぼすことのない水準なのかについては明記していないが、二酸化炭素やフロンガスなど長寿命ガスの大気中濃度を現在の水準に安定化させるには、人間活動による排出量を 6 割以上削減する必要があるという IPCC の分析[52]を参考にし、長期的な対応を求めた条項である。第 2 条に盛り込まれた文言を最初に提案したのは欧州共同体（EC: European Community）で、INC 3 においてのことであった。その内容は最終的な条文とほぼ同じで[53]、人間の活動によって気候システムに対して危険な干渉を及ぼすことのない水準に、大気中の温室効果ガスの濃度を安定化させることを条約の目標としていた[54]。

　CAN は、設立目的の 1 つに、「生態的に持続可能なレベルに人為起源の気候変動を抑えるために必要な、政府および個人の行動を促進すること」をあげていた。これを数字で表すと、地球全体の平均気温の上昇を10年に摂氏0.1度以内とし、2100年までの平均気温と海面の上昇をそれぞれ摂氏 1 度、20センチメートルに抑えることが「生態系にとって限界の値」と理解されてきた[55]。このペースの範囲内の温暖化であるならば、生態系が適応できると考えたからであった。こうした CAN の目的は、表現こそ異なるが、第 2 条の「気候システムに対して危険な人為的干渉を及ぼすことのない水準において大気中の温室効果ガスの濃度を安定化させること」と符合するものであった。このため、CAN は EC 提案を歓迎し、*eco* も EC が条約の具体的な目的について提案したのは初めてであり、著しい前進と評価した[56]。だが、EC 案には反対が強く、未決の鉤括弧がつけられたまま継続協議となった。米国などが、「気候システムに対して危険な人為的干渉を及ぼすことのない水準において大気中の温室効果ガスの濃度を安定化させること」は、将来の経済活動の手を縛りすぎるとの判断から、抵抗したためである[57]。こうした状況下で「生態系にとって限界

の値」を、温室効果ガス削減目標設定の重要な指標と考えていた CAN は、
eco などを通じて EC 案で合意するよう働きかけた[58]。そして政府間交渉会議
は紆余曲折を経た後、交渉の最終日に EC 案に沿って合意することで決着した。

　さて問題は、この第2条に関して CAN は、交渉過程においてどのような変
化をもたらしたのかである。EC 案の原型は、1989年にオランダ・ノールトベ
イクで開催された「大気汚染と気候変動に関する環境大臣会議」、そして1990
年にジュネーブで開催された第2回世界気候会議の宣言にさかのぼる。しかし、
これらの宣言の起草作業には NGO が参加していたわけではない。気候変動枠
組み条約の政府間交渉会議に提出された EC 案の起草作業も EC 内部で行った
もので、NGO が直接的に参加していたわけではなかった。したがって、
NGO の主導で第2条を盛り込むことに成功したとは判断しがたい。こうした
ことからアーツは、「結果を決める影響力」は示さなかったものと考えられ、
NGO の活動がなくても第2条は採択されただろうと分析している[59]。しかし
ながら、「結果を決める影響力」の分析だけでは十分ではない。同時に、「交渉
過程の議論への影響力」についても分析する必要がある。それは、「交渉過程
の議論への影響力」で NGO が貢献することは、間接的ながら結果に貢献して
いると判断できるからであり、交渉当事者ではない CAN は結果よりむしろ過
程に影響を与えていると考えられるからである。

　「生態系にとって限界の値」の範囲内に気候変動を抑えることは、CAN の
設立目的であり、重要な課題でもあった。しかし、気候変動枠組み条約、京都
議定書の交渉会議においては、CAN はオブザーバー参加しか認められておら
ず、セッションの最後に短時間だけ発言を許されるにすぎなかった。無論、独
自の条約草案を公式に提案するような権限も与えられていなかった。政府代表
団に NGO のメンバーが加わっている国もあったが、その場合は政府の立場を
考慮しながら発言、行動していく必要があり、NGO の提案を自分だけの判断
で公式に提出するような権限は与えられていなかった。そうした制約のなかで
CAN ができたことは、交渉会場外における活動であった。すなわち、ロビー
活動や eco を通じた問題の説明、CAN の見解の説明である。交渉の合間には、
政府代表団に情報の公開を求め、政府と NGO 間に横たわる問題について意見
交換し、その溝を埋める努力をした。こうした間接的な参画こそが、気候変動

枠組み条約交渉において CAN がその存在意義を発揮することに直結したのである。

第2条に関して CAN は、EC 案が示した条約の目標を明記することが必要との認識を広め、問題の重要性を政府代表団に説明し、交渉が後戻りしないようロビー活動を続けた。こうしたことから、「第2条については長い時間をかけて議論した。NGO は重要な役割を果たした。問題を（よく理解していない）政府代表団に説明するうえで、NGO が役立ったこともあった。例えば、すべての政府代表団員が、温室効果ガスの排出と濃度の違いについて明確に理解していたわけではなかった。NGO の仕事を通じて、そうした問題を意識するようになった政府代表団員もいた」[60]と、政府代表団のなかにも NGO を評価する声がある。また、1990年から97年まで気候変動枠組み条約と京都議定書の交渉を CAN の一員としてかかわってきた松本泰子は、「NGO は、この値（生態系にとって限界の値）を削減目標値設定の重要な指標の1つにすることを条約交渉当初から訴え続け、政治的駆け引きに流れる数値の論議を牽制した」[61]と記している。

以上のような諸点を考慮すると、特定の条文作成において CAN の主張をそのまま反映させることができなかったという「結果」だけで CAN の影響力を見定めるのは短慮といわざるをえない。交渉への CAN の参画が間接的なものであったとしても、「交渉過程」における存在価値をすべて相殺するものではないと判断される。先述のようにアーツは、NGO が「結果を決める影響力」は示さなかったとの見方から、NGO の活動がなくても第2条は採択されただろうと分析している。だがアーツはその一方で、「交渉過程の議論への影響力」という文脈から考察すると、「一定の影響を及ぼした」[62]との認識を示している。こうした判断は、少なくとも交渉過程における CAN の間接的影響力を評価したものと考えられる。

2-4-2　事例2：温室効果ガスの削減目標

第2条は、気候変動枠組み条約の目的について、「気候システムに対して危険な人為的干渉を及ぼすことのない水準において大気中の温室効果ガスの濃度

を安定化させることを究極的な目標とする」と定めたが、どのような諸国が、どういったタイムスケジュールで進めていくべきかに関しては言及していない。IPCCの第1次評価報告書によると、温室効果ガスの濃度を現状レベルに安定化させるためには、即座に排出量を60％削減する必要があるが、それは現実的な値ではない。そこで、気候変動枠組み条約において、どのような一歩を踏み出すかが大きな焦点となった。

　削減目標は条約の約束を定めた第4条で取り上げられているが、条約交渉では各国の利害が激しく対立した。条約の「原則」（第3条）で、先進諸国がまず行動することの必要性が触れられているが、どのような形で条約上の約束にするのかについて意見が大きく分かれた。第4回INCの段階でも、排出量の安定について、

(1)　安定化に最善を尽くす（排出抑制に消極的だった米国の立場に近い）、

(2)　おおむね2000年までに1990年レベルで二酸化炭素排出の安定化を図る（欧州共同体諸国や日本の主張）、

(3)　1人当たりの排出量を安定化し、削減することを宣言し、実行する（インドや中国など途上国の主張）、

と各国の立場には幅があった[63]。その後の交渉では、(3)は論外となり、(2)を盛り込むかどうかで政治的な綱引きが展開された。特に、(2)を主唱していたECに抵抗する米国との意見調整が最大の課題となった[64]。ECの提案は1990年10月に発表されたが、その背景には同年10～11月に開催された第2回世界気候会議に向けて、地球温暖化対策必要論に弾みをつけるという政治的ねらいもあった[65]。一方、CANの主張は、(1)OECD諸国は、2000年までに二酸化炭素排出量を1988年の水準以下に抑える、(2)OECD以外の工業国は、2005年までに二酸化炭素の排出量を1988年水準から20％削減すべき、というものであった[66]。おおむね2000年までに1990年レベルで二酸化炭素排出の安定化を図るというEC案より厳しい抑制を求めるものであった。

　地球温暖化による海面上昇で国土の多くが水没する危険のある小さな島国で作る小島嶼国連合（AOSIS: Alliance of Small Island States）は、INCに対し厳しい数値目標を議定書に盛り込むよう強く求めた。INCにおいて提案権をもたないCANはAOSISと共同歩調を強め、2005年までに二酸化炭素の排

出量を1988年水準から20%削減すべきだという主張の実現を求めて活動した[67]。AOSISは地球温暖化が進行した場合に海面上昇に苦しむ諸国で、地球温暖化は「国家の存亡にかかわる問題」[68]であるだけに、潜在的被害者の立場から交渉において温室効果ガスの厳しい削減を主張する正統性をもっていた。CANは、そうしたAOSISと目標を共有しながら共同歩調をとることによって、気候変動をめぐる交渉に影響力の行使を試みたのである。

　一方、こうしたCANの試みに真っ向から反対したのが、地球温暖化対策に消極的な産業界の利益を代弁するために作られたNGOであった。なかでも最有力なNGOは、石炭などの化石エネルギー消費で利益を得る業界や製造業・運輸業界を中心に形成された地球気候連合（GCC: Global Climate Coalition）である。GCCは豊富な資金力を背景に、欧米や日本の行政府・立法府にロビー活動を展開し、拙速な気候行動防止対策に踏み出さないよう圧力をかけた。具体的には、国際的評価が定まっていた温暖化に関する科学調査に異論を唱え、温暖化防止対策は経済・産業に多大な影響を及ぼし米国市民の利益を害するといった主張を展開した。CANに比べて政治家へのアクセス機会や影響力が大きいGCCについて米国政府の元交渉担当官は、「国のGDP（国内総生産）の大きな部分を占めている企業を代表するGCCが声をあげると、間違いなく注意を引く」[69]と語っている。GCCもCANと同様、非政府アクターとして交渉に影響力を行使したのである。

　このように、相反する価値観を有する非政府アクターが交錯するなかで、数値目標をめぐる攻めぎあいは、どのように決着したのか。交渉は1992年5月にニューヨークで開催された最後のINC（INC 5の再開会合）にもつれ込んだ。AOSIS案＝CAN案が実現する見通しはなく、おおむね2000年までに1990年レベルで二酸化炭素排出の安定化を図るべきだと主張するECと、慎重な態度をとり続ける米国との利害調整が最大の焦点となった。この問題を扱っていたのは、INC内に設けられた第1作業部会で、共同議長の一人だった日本の赤尾信敏大使は、ECと米国の溝を埋めるため、「おおむね2000年までに1990年レベルで安定化をめざした政策と措置をコミット（約束）する」[70]という妥協案を提示した。

　最終的に、条約の約束を定めた第4条2項は、温室効果ガスの削減目標につ

いて次のように規定した[71]。

> 第 4 条（約束）2 項　附属書 I に掲げる先進締約国は、特に、次に定めるところに従って約束する。
>
> (a)　附属書 I の締約国は、温室効果ガスの人為的な排出抑制及び吸収源の保護・増大によって、気候変動を緩和する政策を採用し、これに沿った措置をとる。これらの政策及び措置は、温室効果ガスの人為的な排出の長期的な傾向をこの条約の目的に沿って修正することについて、先進国が率先してこれを行っていることを示すことになる。二酸化炭素その他の温室効果ガス（モントリオール議定書によって規制されているものを除く）の人為的な排出の量を1990年代の終わりまでに従前の水準に戻すことは、このような修正に寄与するものであることが認識される。
>
> (b)　各国は、条約は発効後 6 箇月以内に、又その後は定期的に、二酸化炭素及びその他の温室効果ガスの人為的排出量を個別に又は共同して1990年レベルに戻すとの目的をもって、上記政策及び措置をとった結果として予測される温室効果ガスの発生源からの排出及び吸収源による除去に関する詳細な情報を通報する。締約国会議はこれを審査する。
>
> (c)　第 1 回締約国会議において、(a)及び(b)の規定の妥当性について検討する。その 2 回目の検討は1998年10月末までに行うものとし、その後は一定の間隔で、この条約の目的が達成されるまで行われる。

　ここで特徴的なのは、(1)対象となるガスを二酸化炭素だけでなく温室効果ガスに広げた、(2)政策と措置をコミット（約束）するという形にし、数値目標への直接のコミットを避けた、という 2 点で米国の立場に配慮した点である。世界最大の二酸化炭素排出国である米国を加えない限り、気候変動枠組み条約の意義が半減するとの懸念から、妥協が図られたのであった。

　では、二酸化炭素排出をおおむね2000年までに1990年レベルで安定化するという EC の要請はどう取り入れられたのであろうか。実は、この第 4 条 2 項には、2000年という期限に関する明確な言及がない。第 4 条 2 項(a)は、温室効果ガスの人為的な排出の量を1990年代の終わりまでに従前の水準に戻すことが、

長期的な温室効果ガスの人為的な排出傾向の修正に寄与するものであると認識されると記したが、これは認識の表明であって、政策・措置を確約しているものではない。そこで、第4条2項(b)との関連が重要になる。第4条2項(b)は、温室効果ガスの人為的排出量を1990年レベルに戻すことを目的にしながら、政策・措置ならびに、政策・措置によって予測される温室効果ガスの排出削減、吸収源による除去に関する詳細な情報を通報することを約束させている。つまり、第1段階として4条2項(a)のような認識をもつことを約束したうえで、第2段階として、第4条2項(b)において、温室効果ガスの人為的排出量を1990年レベルに戻す目的で政策・措置を作り、予測される成果を報告することを約束するという構造になっているのである。換骨奪胎した形ではあるが、かろうじて、「二酸化炭素排出をおおむね2000年までに1990年レベルで安定化する」というECの要請を反映した内容と理解された。不明確ではあるが、交渉の経緯から、2000年までに1990年水準に戻すことが念頭にあると考えられていた[72]。

さて、この第4条に関する交渉過程においてCANは、どのような変化をもたらしたのであろうか。単純に結果からみる限り、CANの主張は退けられ、反映されなかった。CAN自身 eco のなかで、第4条について「本当に、どうしようもない!」との見出しで厳しく批判した[73]。しかし、バス・アーツは「NGOは、（削減目標や期限について何も触れていない）全く空虚な条約しかできないといった最悪の事態を防ぐ動きの一翼を担った」（括弧内は筆者が補足挿入）[74]と分析している。なぜ、このような評価が示されるのか。CANはどのような役割を果たしたのだろうか。

第1にCANは、削減目標や期限の設定を気候変動枠組み条約の要石と考え、それらの実現のために多大なエネルギーを投入し、積極的なロビー活動を展開した。結果的には、CANが望んでいたものに比べて非常に弱い「約束」しか盛り込まれなかったが、削減目標や期限について何も触れていない「空虚な条約しかできないという最悪の事態」の回避には貢献した。CANは、何らかの形で削減目標や期限を盛り込まなければならないという政治環境を作り出し、交渉において政治的に重要な立場にあった諸国に影響を与えたと考えられる。CANが、そのような影響力をもてた要因として、まずCANはECに加盟す

る諸国（主に英国、フランス、ドイツ）の政府や政治家に働きかけ、EC提案
をできるだけ堅持するよう促した点があげられる。ある欧州の外交官は「西欧
からの政府代表団は、例えば、排出（安定化）目標、さらには排出削減目標の
設定をめぐって、環境NGOから強い影響を受けていた。そうした取組みの背
後にNGOがいたと確信している」（括弧内は筆者挿入）[75]と振り返り、CAN
によるロビー活動の成果の一端を明かしている。

　2番目には、AOSISとの連携が注目される。先述のとおりAOSISは地球
温暖化が進行した場合に海面上昇で被害をこうむる諸国であり、温室効果ガス
の厳しい削減を主張していたことから、CANはAOSISと共同歩調をとり、
政治的影響力を強めようとしたのである[76]。他の途上国と異なり、AOSISは
INC過程に積極的に参加していたことから、CANはAOSISに専門家を助言
者として提供し、全面的にバックアップしたのである[77]。CANは、各INC
において意見表明する機会を与えられていたが、INC1からINC5まで繰り返
し海面上昇を問題化した。特にINC1ではバングラデシュのNGOが、先進諸
国がAOSISで暮らす人々の200倍ものエネルギーを消費している事実を指摘
し、温室効果ガスの人為的排出量をIPCCが示した水準まで戻すよう求めた。
INC2においても英国のNGOが、海面上昇によってすでに700万人が被害に
あっている現状を訴えた[78]。こうしてAOSISをバックアップする主張を展開
することを通じて、約束に関する条項を強化するよう働きかけたのである。

　3番目には、途上国との関係が重要であった。CANは途上国に対して削減
目標や期限の設定が必要であることを説く一方で、気候変動枠組み条約におい
てその義務を負うのは先進諸国だけにするという立場を示し、多くの途上国の
支持を得た。途上国は、地球温暖化の原因は先進諸国による産業活動が主因で
あるとの考えに立ち、まず先進諸国が温室効果ガスの排出規制に乗り出すべき
だと強調していた[79]。そうした途上国の立場を理解し、先進諸国の決断に的
を絞ったことで途上国の間で共感を得ることができたのである。

　4番目の要素としては、CANが、地球サミットを前に環境問題に関心を深
めていた世論の圧力を、INC交渉に生かしたことである。地球サミットでの
署名が予定されていた気候変動枠組み条約は、地球サミットのシンボルともい
うべき存在だった。そうした世論を気遣う政治指導者たちは、気候変動枠組み

条約作りで失態をさらけ出すわけにはいかなかった。CANはしばしばこの点を指摘して、交渉に圧力をかけた。地球サミットに向けて国際世論が盛り上がるなか、地球サミットまでという時間的制約が最終的に条約案をまとめ上げる大きな要因にもなったことは間違いない。

CANは第4条に関し、当初の目標（2005年までに二酸化炭素の排出量を1989年水準から20％削減することを条文に盛り込むこと）は達成できなかったものの、間接的に結果（削減目標や期限について何も触れていない空虚な条約しかできないという最悪の事態の回避）に影響を与えたのであり、また米国も「当初求めていた条文以上の内容に縛られることになった」[80] のである。妥協案を提示した赤尾信敏大使も後年、次のように回想し、NGOの影響力の存在を指摘している。

「私は、OECD（経済協力開発機構）諸国の会合などにおいて、もし各国が（排出量の）『安定化』実現に自信がなく、例外規定ばかり要求するのであれば、それを公の交渉の場で率直に認め、『安定化』条項は、…（中略）…努力規定にするなどの可能性を真剣に考えるべきであると指摘しました。しかし、大部分の先進国代表ないし本国政府は厳しいNGOなどの監視の下で、そのような振る舞いはできなかったようです。」（括弧内は筆者挿入）[81]

こうした現場感覚は、NGOは当初の目標は達成できなかったものの、間接的に結果に影響を与えたというアーツの見解と一致している。こうしたことから、第4条に関しては、「交渉過程の議論への影響力」、そして一定の「結果を決める影響力」が示され、第2条の事例以上にCANの影響力が明確であったと結論づけられよう。

2-4-3　事例3：ベルリン・マンデートおよび京都議定書

気候変動枠組み条約は前述のように、約束を定めた第4条において、おおむね2000年までに1990年レベルに戻すことをめざす政策と措置を「約束」するという条文を盛り込んだ。だが、それはあくまで20世紀における「約束」であっ

て、21世紀に関しては第 2 条で「気候システムに対して危険な人為的干渉を及ぼすことのない水準において大気中の温室効果ガスの濃度を安定化させることを究極的な目標とする」と記しているだけである。このため、気候変動枠組み条約に基づく京都議定書においては、第 2 条の目標を念頭に置きながら、21世紀初頭の具体的な「約束」に関して決定することになっていた。それは、気候変動枠組み条約第 4 条 2 項(d)において、(1)第 1 回締約国会議において、上記のような主旨の規定の妥当性について検討する、(2)その 2 回目の検討は1998年10月末までに行うものとし、その後は一定の間隔で、この条約の目的が達成されるまで行われる、と定められていることを受けたものである。

　京都議定書作成において転機になったのが、1995年にベルリンで開催された気候変動枠組み条約の第 1 回締約国会議（COP 1）で採択されたベルリン・マンデートである。ベルリン・マンデートは、以下の 2 点に合意した文書であった[82]。

(1)　2000年以降の取組みにつき、COP 1以降できるだけ速やかに交渉し、COP 3（第 3 回締約国会議、1997年）までに政策・措置を検討する。

(2)　2005年、2010年、2020年といった時期が特定され、数量化された抑制または削減を含む議定書または他の法的文書の採択をめざす。

　ここで想定された法的文書が、京都で開催された COP 3で採択された京都議定書であり、ベルリン・マンデートは京都議定書へのレールを敷いた重要な合意であった。そこで本項では、このベルリン・マンデートに関する交渉過程において、CAN がどのような変化をインプットしたのかを検証する。

　まず、COP 1の経過を振り返っておきたい。COP 1において CAN は、AOSIS が主張する「2005年までに1990年水準より25％削減」という案を支持し、その提案を議定書に盛り込むことをめざす戦略を立てた。気候変動枠組み条約第 4 条が定めた「約束」では不十分であり、早期に削減を実施していく数値目標が不可欠との考えに立っていたからである[83]。実は CAN は、COP 1の 1 カ月前に開催された政府間交渉委員会（INC 11）において、AOSIS と一緒に議定書案を取りまとめた。その案は採用されなかったが、そこにはすでに「2005年までに1990年水準より20％削減」という数字が入っていた[84]。したがって CAN は COP 1において改めて、AOSIS 議定書に盛り込んだ主張を展開

したのである。

　しかしCOP 1では開会早々から、さまざまな利害が交錯し、交渉は難航の様相をみせた。多くの先進諸国やAOSISなどは、2000年以降に備えた何らかの合意が必要という点では一致していたが、その内容に関しては大きな溝があった。AOSISは上記のような厳しい立場を示していたが、日本、米国、カナダ、オーストラリア、ニュージーランドといった欧州以外の先進5カ国のグループ（以下、JUSCANZと略す）は、拘束力のある形で目標値や目標年次を具体的に明記するような議定書には反対であった。EU[85]はAOSISとJUSCANZの中間に位置し、具体的な数値こそ明記しなかったが、抑制・削減の目標値と目標年次を盛り込んだ議定書を1997年に採択するよう主張した。また、先進諸国は、開発途上国に対しても排出規制が必要であるとの認識をほぼ共通してもっていた。これに対して、中国、ロシア、産油国などで構成される「グループ77および中国」（途上国グループ）は、OECD諸国の多くが二酸化炭素排出の安定化すら達成できる見込みがない段階で、途上国の「約束」をも含む2000年以降の問題を議論するのは時期尚早と抵抗していた[86]。

　こうした膠着状態の打開に貢献したのが、「グリーングループ」の動きである。COP 1の中盤になって、途上国グループのうち、インドや中国など産油国以外の途上国が、それまでの態度を翻し、先進国の具体的な目標値や目標年次を定める議定書作りに積極的に乗り出した。イニシアティブをとったのはインドで、インドの説得を受けて中国も議定書作りに加わり、かたくなに態度を変えない産油国と別行動をとることになった。インドなどは、(1)先進諸国は削減目標を明示すること、(2)途上国には追加的な約束は課さないこと、を求めた「グリーンペーパー」を作成し、最終的には「グリーングループ」による共同提案に発展していった。

　この過程においてEUの姿勢にも変化が生じた。EUは当初、「途上国にも排出量の目標を設けるべき」と主張していたが、インドなどが妥協策に動くのをみて、この主張を撤回した。そしてEUは、「グリーングループ」と連携するようになり、腰の重いJUSCANZなどを説得にかかった。それでも交渉は難航したが、最終局面で主催国ドイツのメルケル議長が個別折衝に入り、ベルリン・マンデートをまとめ上げていった[87]。

表 2-5　CAN 傘下の団体数

	1992年	1997年
総団体数	108	253
国際団体	5	4
アフリカ	5	36
アジア	8	53
東アジア	（1）	（5）
南アジア	（5）	（27）
東南アジア	（2）	（21）
中南米	5	11
南太平洋	2	4
欧州	57	94
中欧・東欧	（16）	（21）
西欧	（41）	（73）
北米	26	51

（注）　アフリカ、アジア、中南米、中・東欧の団体は
1992年（第2版）に初めて登場した。
（出典）　1992年は黒坂美和子「南のNGO」『環境法研
究』22号、1995年2月、112〜121頁。1997年は
CAN, *International NGO Directory 1998*.

　さて、このようなベルリン・マンデートに関する交渉過程において、CAN
はどのような変化をもたらしたのだろうか。CAN は COP 1の開始にあたり、
「2005年までに1990年水準より25％削減」と主張していた。この主張からする
と、ベルリン・マンデートは不十分であり、*eco* は COP 1の交渉では大気中の
二酸化炭素濃度の高まりを抑えられないと批判した[88]。だが、気候変動枠組
み条約第4条の事例と同様に、削減目標や期限について何も触れていない空虚
な結果しか生み出せないという「最悪の事態の回避」に、CAN が貢献したと
考えられる。CAN が具体的に鍵となる役割を果たしたのは、南北対立の溝を
埋める局面でのことであった。CAN には、表2-5のように多くの途上国の
NGO が参加していた。特に1992年に気候変動枠組み条約が成立して以降、途
上国でもアジアとアフリカの NGO 参加が著しく増加した。その結果、NGO
の情報収集網によって各途上国の利害や考えを把握することが可能となった。
それは、途上国側に歩みよりを促す糸口をみつけ、南北間の利害調整を図る土
台を築くのに役立つものだった。
　例えば *eco* は、たびたびインドの特集を組んだ。その編集にあたっては、

インドの NGO である環境・科学センター（Center for Science and Environment）の貢献が大きかった。「グリーンペーパー」作成ではインド、フィリピンが積極的な働きを示したが、インド政府が立場を変化させた背景には環境・科学センターのロビー活動があったとみられている。フィリピン政府への働きかけには、CAN 東南アジアの法律家であるアントニオ・ラビーニャの存在が大きかった。ラビーニャは、CAN の一員であると同時に、フィリピン政府代表団にも加わっていたからである。ラビーニャはまた、豊富な知識と経験を生かして、「グリーンペーパー」作成にも貢献した[89]。こうした NGO と政府との協力について、インド政府交渉団長は「NGO と政府代表団が協力した貴重な例だった」[90] と評価した。

COP 1では、NGO 活動に新たな特徴も生じた。ドイツの NGO が COP 1開催に合わせて、国内ネットワークであるクリマフォーラム[91] を発足させたのである。クリマフォーラムは CAN と密接に連携しながら、議長国であるドイツ政府への強力な圧力団体となった。また、クリマフォーラムはメディア対策を重視し、ジャーナリストを専任担当官にあて、ドイツ国内の約1000人の報道陣や、約3000人の海外のジャーナリストに資料を配布した。メディアを対象にしたセミナーも開催し、COP 1における論議の重要性を訴えた[92]。こうした NGO の活動はメディアの世論喚起機能とあいまって、各国政府の言動を「世界が見守っている」という感覚を政府交渉団に植えつけたと判断できるだろう。

以上記したように、ベルリン・マンデート決着に向けたこうした交渉過程において「グリーングループ」の形成が大きな転機となったが、CAN が果たした役割はいかに評価されるだろうか。ベルリン・マンデートをめぐる NGO の影響力を問われた政府代表団の一人は次のようにコメントしている。

「（交渉過程への）参加という意味においても、並行して開かれた（NGO による）フォーラムにおいても、NGO はとてもよくやった。COP が確かに業績を残せたといえるのも、NGO があればこそであった。ベルリン（での会議）が始まる前は、（気候変動枠組み条約）第４条２項のコミットメントの強化に関する問題を解決するのは、とても厄介だと考えられていた。しかしながら、NGO の存在、（NGO の）文書、書類、（それらを通じた）メディアの注

目は、前進に向けて一定の手助けとなった。」（括弧内は筆者挿入）[93]

　松本泰子は、「削減に熱心でない国も抱える EU がかろうじてグリーングル
ープへの支援を保ちえたのも、欧州の NGO が欧州の主要国でもつ大きな影響
力があったからこそだといえる」と分析している[94]。

　アーツは、「（NGO は）議定書を交渉していく意思のある南北双方の諸国の
橋渡しをし、邪魔しようとしていた存在（OPEC 諸国、ロシア、石炭業界の
ロビー団体）を孤立に追い込んだ」（括弧内は筆者挿入）と CAN の活動を評
価している[95]。ベルリン・マンデートにおいては、気候変動枠組み条約の第
2条、第4条のケースより明確に、CAN による「交渉過程の議論への影響
力」が発揮された。全般的、一般的なロビー活動だけではなく、「グリーンペ
ーパー」の支援、EU と「グリーングループ」の協調の後押しという戦略的で
具体的なロビー活動を実行し、奏効したからである。

　アーツは COP 1 の最終結果であるベルリン・マンデートそのものについて
は、外交交渉の成果であって、NGO の役割は間接的であったと分析している。
これは、CAN の「結果を決める影響力」を限定的に捉える考え方である。し
かしながらバス・アーツは、気候変動枠組み条約第4条のケースと同様に、ベ
ルリン・マンデートにおいても、削減目標や期限について何も触れないという
「最悪の事態の回避」に貢献したとも指摘している。その意味で、気候変動枠
組み条約第4条の事例と同等に、一定の「結果を決める影響力」も示したと判
断できるだろう。

　ベルリン・マンデートから1年8カ月経った、1997年12月の京都で開催され
た気候変動枠組み条約第3回締約国会議（COP 3）の最大の焦点は、ベルリ
ン・マンデートを受けて、どのような温室効果ガス削減の数値目標と、実施期
限を法的拘束力のある形で設定するかにあった。難航に難航を重ねた末、採択
された京都議定書では、温室効果ガスの削減目標や期限について先述のような
合意ができた。ベルリン・マンデート採択から COP 3 における最終決着に至
る交渉過程において、CAN は引き続き、2005年までに1990年水準より25％削
減の実現を求め続けた。「結果」である京都議定書をみる限り、CAN の目的
は達成されなかった。しかしながら、この過程においても、CAN が果たした

役割は「結果を決める影響力」以上に「最悪の事態の回避」にあったと判断すべきであろう。日本政府代表団の田邊敏明大使は自著のなかで、NGOについて次のように記している。

「環境NGO内においても、数値目標レベルに不満の故、京都会議を失敗させてもよいとの強い考えはなかったと思う。例えば、京都会議議長国たる日本に対して理想的な高い数値目標を求めるWWF（世界自然保護基金）、グリーンピースあるいはCAN（気候行動ネットワーク）の関係者と侃侃諤諤の議論をした際、筆者は彼らに対して、『EUの主張するような15%削減という高い数値目標が実現できないのならば、京都会議は開催されない方がよいと考えるのか、あるいは彼らにとっては不満かもしれないが、京都会議において、ともかく、各国が確実に実現できるような数値目標で合意し、温暖化防止に向けてまず第一歩を着実に踏み出すべきだと考えるのか、そのいずれを選択するのか』と質した。彼らは後者を選択すると答えた。すなわち、彼らにとって数値目標が結果的に不満足なものとなるにせよ、京都会議で実質的合意を繰り延べることはせず、ともかく何らかの形で法的拘束力を有する数値目標の設定に合意し、もって京都会議を成功させることが必要なことは彼らも十分認識していたと言える。彼らがかかる認識を有するにいたった背景には、京都会議に向けて膨大なエネルギー、熱意、モメンタム（勢い）が蓄積されてきたが、数値目標のレベルを不満として、法的拘束力を有する数値目標を設定する京都議定書が採択できなくなると、今まで蓄積されたエネルギー、熱意、モメンタムが一気に失われる。これらを取り戻すためには少なくとも数年を必要とし、しかも数年を費やしても必ず取り戻せるとの保証もない。そうなると温暖化防止に向けた取り組みが大きく阻害され、取り返しのつかない損失になるとの危惧があった。そして、この危惧感は京都会議に参加した各国にも共有されたものであったと考える。」[96]

　田邊は、何らかの合意を形成するうえで、NGOの意見を参考にしていたことを示唆しており、一定の「結果を決める影響力」を示していたと判断できるだろう。また、CANは本来求めている数値目標を実現できなかったとしても、

第4条と同様に、政治的気運を失速させることによって、何ら合意が達成されないことを危惧し、「最悪の事態の回避」に努めたのである。CAN の攻勢で、二酸化炭素の排出量削減を少なめに抑えようとする日本案が廃案になったのが、その一例である。

　COP 3に備えて1997年8月に第7回ベルリン・マンデートに関する交渉会合（AGBM: Ad-hoc Group on the Berlin Mandate）がボンで開催された際、先進諸国の二酸化炭素削減目標に関して、(1)一人当たりの二酸化炭素年間排出量を3トン（炭素換算）以下にする、(2)総排出量を1990年以下にする、という二者択一提案を日本政府が米国に打診した――と報道された[97]。EU が提案していた「先進諸国は温室効果ガスを1990年水準より一律15%削減すべき」[98] という提案に対抗して、国の事情によって柔軟に対応できる仕組みを作ろうとする試みだった。日本政府としては秘密裏に米国の感触を得たかったわけだが、この動きを日本の新聞にスクープされ、CAN の反発を招いた。CAN は緊急に対応策を協議して eco の号外を印刷し、政府代表団に配布した。そのなかで、新聞報道による計算方法から先進諸国の各国別の排出量予測をはじき出し、先進国全体の2010年における排出量は1990年比で11%も増加すると批判した[99]。その後の議論で、この新聞報道には一部誤解があり、(1)(2)のどちらを選んでも1990年水準を超えないことが判明した。しかし、問題の本質は日本案にはベルリン・マンデートが促した目標数値が記されていないことであった。結局、日本案は批判の的になり、立ち消えへと追い込まれる事態となったが、この事例はまさに、CAN が、「交渉過程の議論への影響力」を発揮した事例である。

　以上、CAN は気候変動枠組み条約、京都議定書の形成にどう参画し、交渉過程のどのような局面で、どのような変化をもたらす要因となったのかに関して、総論、各論の両面から分析を試みた。このなかで浮かび上がるのは、検証を試みたどの事例においても、CAN は「交渉結果」以上に「交渉過程」に対して変化をもたらしてきたことである。先述のとおり、気候変動枠組み条約および京都議定書の交渉過程において NGO はオブザーバー参加しか認められておらず、セッションの最後に短時間だけ発言を許されるにすぎなかった。独自の条約草案を公式に提案するよう権限は与えられていなかった。したがって

CAN の活動は、交渉会場外における *eco* などを通じた問題提起、背景説明、代表団の説得といった間接的な手法が中心となった。

　こうした状況下において、フィラハ国際会議から地球温暖化問題に NGO の立場で取り組んだマイケル・オッペンハイマーらは、「地球温暖化に創造的かつ速やかな対応策を見つけるうえで、CAN は政府と NGO の間の相互作用における建設的なモデルであることを証明した」[100] と総括している。これは、TCS が新たな役割を担いつつあることを自覚し、そして自認する自己評価であるが、ここで注目されるのは「建設的なモデル」としての CAN の意義である。情報公開や政策提言、ロビー活動などを通じて TCS の目的実現を図る「政府と NGO の間の相互作用」は NGO の活動史に大きな足跡を残し、こうした「建設的なモデル」はそれ以後誕生する NGO ネットワークにも引き継がれるものとなるのである。

〔注〕
1)　環境庁編『環境白書　平成12年版（総説）』ぎょうせい、2000年、1頁。
2)　温室効果ガスの解説については、Sebastian Oberthur and Hermann E. Ott, *The Kyoto Protocol : International Climate Policy for the 21st Century*, Springer-Verlag, 1999, pp. 6-9 を参照。
3)　正式名称は、気候変動に関する国際連合枠組み条約（United Nations Framework Convention on Climate Change）。1992年6月14日署名、94年3月21日発効。
4)　要約に関しては、小田滋・石本泰雄編『解説条約集［第8版］』（三省堂、1999年）に掲載された気候変動枠組み条約を参照。
5)　ここにおける先進諸国とは、主に経済協力開発機構（OECD）加盟国を指す。附属書Ⅰには、旧ソ連・東欧などの OECD 外の国々が多数含まれているが、第4条6項では市場経済への移行の過程にある締約国については弾力的適用が認められているため、これらの国々に関しては OECD 諸国と同様の義務は事実上課されていない。
6)　第3回締約国会議は、1997年12月1日〜11日に京都で開催された。第1回締約国会議は1995年3月28日〜4月7日までベルリンで開催され、128カ国の締約国および未加盟国のオブザーバーを含めた170カ国の政府代表団に加え、NGO とマスコミ関係者を合わせて約3000人が参加した。また、第2回締約国会議は1996年7月9日〜18日にジュネーブで開催された。
7)　赤尾信敏『地球は訴える——体験的環境外交論』世界の動き社、1993年、95〜96頁。
8)　田邊敏明『地球温暖化と環境外交——京都会議の攻防とその後の展開』時事通信

社、1999年、234頁。

9)　ppmv は100万分の 1 で、ppbv は10億分の 1 。いずれも大気中の容積比で濃度を表す。

10)　竹内敬二『地球温暖化の政治学』朝日新聞社、1998年、 4 ～ 5 頁。

11)　Peter Haas, "Introduction: Epistemic Communities and International Policy Coordination," *International Organization*, Vol. 46, No. 1, Winter 1992, pp. 1-35.

12)　Fen Osler Hampson and Michael Hart, *Multilateral Negotiations : Lessons from Arms Control, Trade, and the Environment*, Johns Hopkins University Press, 1995, pp. 37-40.

13)　David Bodansky, "Prologue to the Climate Change Convention," in Irving M. Mintzer and J. A. Leonard (eds.), *Negotiating Climate Change : The Inside Story of the Rio Convention*, Cambridge University Press, 1994, p. 49.

14)　『地球の未来を守るために（*Our Common Future*）』は、世界各国の21名の委員から構成された WCED がまとめたもので、1988年の国連総会では、各国の政府機関、国連機関、国際金融機関が「持続可能な開発」を考慮して政策決定するべきだとする内容の決議を採択した（Report of the World Commission on Environment and Development, A/RES/42/187）。また、同報告書はその後、1992年地球サミットで採択された行動計画「アジェンダ21」の基本ともなった。

15)　Declaration of the Conference, "The Changing Atmosphere: Implications for Global Security," sponsored by the government of Canada, Toronto, June 27-30, 1988.

16)　ガレス・ポーター、ジャネット・ウェルシュ・ブラウン、細田衛士監訳『入門地球環境政治』有斐閣、1998年、115～116頁。

17)　佐和隆光『地球温暖化を防ぐ』岩波書店、1997年、 6 頁。

18)　ハンセンは、その前年、北米が異常気象に見舞われ未曾有の被害が出た際も議会で証言しているが（1988年 6 月23日）、そのときには「異常気候は99.9%群発的なものではない。もはや科学報告の信憑性について議論している場合ではない」と警鐘を鳴らし、全米メディアの一面に取り上げられていた。Shardul Agrawala and Steinar Andersen, "Indispensability and Indefensibility? The United States in the Climate Treaty Negotiations," *Global Governance*, Vol. 5, No. 4, Oct.-Dec. 1999, p. 459.

19)　『朝日新聞』1989年 5 月16日。

20)　上掲。

21)　第 1 次評価報告書は1990年 8 月、第 2 次評価報告書は95年12月、第 3 次評価報告書は2001年 9 月に、それぞれ公表された。

22)　Protection of Global Climate for Present and Future Generations of Mankind, A/RES/43/53, 70th plenary meeting, December 6, 1988.

23)　霞が関地球温暖化問題研究会編訳『IPCC 地球温暖化レポート――気候変動枠に関する政府間パネル報告書サマリー』中央法規出版、1991年、35～224頁。

24) Hampson and Hart, *op. cit.*, pp. 308-309.

25) Protection of Global Climate for Present and Future Generations of Mankind, A/RES/45/212, 71st plenary meeting, December 21, 1990.

26) 松本泰子「気候行動に関する政府間交渉と環境 NGO ──意思決定への影響と今後の課題」環境経済・政策学会編『地球温暖化への挑戦』東洋経済新報社、1999年、202頁。

27) 黒坂三和子「地球環境問題と NGO の役割」『環境法研究』19号、1991年、119〜120頁。

28) CAN, *International NGO Directory 1998*, p. v.

29) CAN, "Second World Climate Conference," *eco*, Scientific Issue, November 1, 1990.

30) 霞が関地球温暖化問題研究会編訳、前掲書、158頁。

31) 松本、前掲論文、204〜205頁。

32) 上掲、203〜204頁を参照。

33) Atiq Rahman and Annie Roncerel, "A View from the Ground up," in Mintzer and Leonard (eds.), *op. cit.*, p. 242.

34) CAN, 1998, *op. cit.*, p. v.

35) Navroz K. Dubash and Michael Oppenheimer, "Modifying the Mandate of Existing Institutions: NGOs," in Mintzer and Leonard (eds.), *op. cit.*, pp. 265-279 を参照。

36) Interview with Lynne Clark, CAN Europe, Brussels, June 6, 2000.

37) 早川光俊「国際会議における NGO の戦略」山村恒年編『環境 NGO』信山社出版、1998年、85〜87頁。

38) Bernardus Johannes Maria Arts (Bas Arts), *The Political Influence of Global NGOs: Case Studies on the Climate and Biodiversity Conventions*, International Books, 1998, p. 109.

39) Interview with Mark Vallianatos, International Policy Analyst, Friends of the Earth, Washington, D. C., June 2, 2000.

40) Oberthur and Hermann, *op. cit.*, p. 31.

41) スペスは世界資源研究所所長を務めた後、UNEP 総裁に転任。現在、エール大学教授。マシューズは世界資源研究所副所長の後、米国外交問題評議会上級研究員を務め、現在はカーネギー国際平和財団理事長。

42) 黒坂、前掲論文、117頁。

43) Jessica Tuchman Mathews, "Redefining Security," *Foreign Affairs*, Spring 1989.

44) Boehmer-Christiansen, "Global Climate Protection Policy: The Limits of Scientific Advice: Part 2," *Global Environmental Change*, No. 4, 1994, p. 187.

45) Palme Commission on Disarmament and Security Issues, *A World at Peace: Common Security in the Twenty-first Century*, Stockholm, PCDSI, 1989.

46)　ポーター・ブラウン、前掲書、34〜36頁。

47)　松本、前掲論文、204頁。

48)　早川、前掲論文、87頁。

49)　上掲、88頁。

50)　Bas Arts, *op. cit.*, p. 111.

51)　『日本経済新聞』1998年1月4日。

52)　霞が関地球温暖化問題研究会編訳、前掲書、158頁。

53)　Pier Vellinga and Michael Grubb (eds.), "Report of a workshop held at the Royal Institute of International Affairs October 1992," *Royal Institute of International Affairs*, London, 1993, pp. 24-25.

54)　CAN, Climate Talks Nairobi, *eco*, September 12, 1991.

55)　CAN, Climate Talks Nairobi, *eco*, September 13, 1991.

56)　CAN, Climate Talks Nairobi, *eco*, September 12, 1991.

57)　最終的に米国の反対によって、気候変動枠組み条約の内容が薄められた様子は、Agrawala and Andersen, *op. cit.*, pp. 457-482 および Willian A. Nitze, "A Failure of Presidential Leadership," in Mintzer and Leonard (eds.), *op. cit.*, pp. 187-200 に詳しい。

58)　CAN, Climate Talks Nairobi, *eco*, September 12, 1991.

59)　Bas Arts, *op. cit.*, p. 117.

60)　*Ibid*., p. 116.

61)　松本、前掲論文、210頁。

62)　Bas Arts, *op. cit.*, pp. 114-115, 125.

63)　Chandrashekhar Dasgupta, "The Climate Change Negotiations," in Mintzer and Leonard (eds.), *op. cit.*, pp. 136-139. ダスグプタは INC 過程のインド政府代表団長だった。

64)　Michael Grubb, *et al., Implementing the European CO$_2$ Commitment*, 2nd ed., The Royal Institute of International Affairs, 1997, p. 19.

65)　Vellinga and Grubb (eds.), *op. cit.*, p. 11.

66)　CAN, *eco*, Statement by Environmental Non-governmental Organizations Present at the Intergovernmental Negotiations on a Climate Change Convention February 5, 1991.

67)　Peter Newell, *Climate for Change: Non-state actor and the Global Politics of the Greenhouse*, Cambridge University Press, 2000, p. 13.

68)　Bo Kjellen, "A Personal Assessment," in Mintzer and Leonard (eds.), *op. cit.*, p. 172.

69)　Newell, *op. cit.*, pp. 96-126. 産業界の NGO 活動については、Agrawala and Andersen, *op. cit.* を参照。

70)　竹内、前掲書、67頁。

71)　小田・石本、前掲書を参照。

72) 赤尾、前掲書、109～112頁。

73) CAN, Climate Negotiations New York Spring '92, *eco*, May 8, 1992.

74) Bas Arts, *op. cit.*, p. 128.

75) *Ibid*., p. 125.

76) Newell, *op. cit.*, p. 13.

77) *Ibid*., p. 265.

78) Rahman and Roncerel, *op. cit.*, pp. 254-255.

79) Dasgupta, *op. cit.*, pp. 129-148 参照。

80) Kjellen, *op. cit.*, pp. 165-166.

81) 赤尾、前掲書、115～116頁。

82) Oberthur and Hermann, *op. cit.*, pp. 46-48.

83) CAN, Climate Negotiations Berlin March '95, *eco*, March 28, 1995.

84) Oberthur and Hermann, *op. cit.*, pp. 44-45.

85) 欧州共同体（EC）は1993年11月に発効したマーストリヒト条約によって統合を進め、欧州連合（EU）となった。

86) 主要国の主張については、田邊、前掲書の55～56頁を参照。

87) 上掲、第3章参照。

88) CAN, The CAN Climate Negotiations Newsletter, *eco*, April 7, 1995.

89) 松本、前掲論文、206～207頁。

90) Oberthur and Hermann, *op. cit.*, p. 46.

91) クリマはドイツ語で気候を意味する。

92) クリマフォーラムはまた、多くの環境NGOが署名した「ベルリン気候サミットに向けた10項目の要求事項」や10万人規模の自転車デモなどを通じて一般市民を巻き込む運動を展開し、ドイツ政府の前向きな姿勢を支えた。山村恒年・早川光俊「地球温暖化に取り組むNGO」山村編、前掲書、66～67頁。

93) Bas Arts, *op. cit.*, p. 150.

94) 松本、前掲論文、208頁。

95) Bas Arts, *op. cit.*, p. 153.

96) 田邊、前掲書、235～236頁。なお、原文ではCANが「環境行動ネットワーク」となっているが、ここでは通称に従い、「気候行動ネットワーク」とした。

97) 『読売新聞』1997年8月2日夕刊。

98) 1997年3月のEU環境相理事会で決定したEU提案。Oberthur and Hermann, *op. cit.*, p. 67.

99) CAN, The CAN Climate Negotiations Newsletter, *eco*, 5 Special Edition, August 2, 1997.

100) Dubash and Oppenheimer, *op. cit.*, p. 278.

第 3 章

対人地雷全面禁止条約と
地雷禁止国際キャンペーン

　1997年12月3日、対人地雷全面禁止条約がカナダの首都オタワで122カ国によって署名され、1年3カ月後の1999年3月1日に発効した。同条約は、数カ国の政府と地雷禁止国際キャンペーン（ICBL: International Campaign to Ban Landmines）を中心とするトランスナショナル・シビルソサエティ（TCS）の協働作業（通称オタワ・プロセス）によって、国連の枠組み外で実現したことから、国際交渉のあり方に多くの示唆を与えたと評価されている。

　ICBL を考察するにあたって、特に2つの点に注目したい。1つは ICBL という国際的ネットワークにおいて、各国内のシビルソサエティが果たした役割がどのように TCS という形態に収斂していったのかという過程である。それは、第1章で検証したように、冷戦終結以降、世界的規模で拡大しつつある各国内のシビルソサエティがどのように世界的規模の活動にかかわっていけるのかという可能性を探るうえで示唆的であるからである。地雷[1] という兵器がもたらす惨事は、先進諸国では縁遠い存在と認識される一方、90カ国で生産・備蓄されていた状況下で、環境や人権侵害などと同様に地球規模問題として認識されたことが ICBL の活動にも影響していたと考えられる。

　2つ目は、対人地雷全面禁止条約が成立した背景には、中堅国家と TCS の緊密な連携があったという点である。「オタワ・プロセス」と呼ばれるこの協働関係がいかに構築・機能したのかという点を詳細に検証することが、今後の国際政治において TCS が果たしうる役割を分析する手がかりとなるだろう。この問題意識が特に重要な理由として、他の TCS がオタワ・プロセスを範に

すでに始動していることがあげられる。次章で検証する国際刑事裁判所を求める NGO 連合（CICC）をはじめ、小火器、児童兵士、核軍縮などの分野ですでに、オタワ・プロセスを参考にした試みが始まっている。

3-1　対人地雷全面禁止条約成立に至る歴史的経緯

対人地雷全面禁止条約は、既存の国際交渉の場では実現せず、カナダ政府主導によるオタワ・プロセスによって成立した異例の国際条約である。なぜ対人地雷という兵器を全面禁止するという気運が国際的に盛り上がり、既存の場以外での条約交渉という流れになったのか。まず、その経緯から振り返る。

3-1-1　対人地雷の非人道性

特定の兵器を全面禁止する前例としては、化学兵器および生物兵器があるが、それらと同様に、対人地雷が非人道的兵器と呼ばれるゆえんについて概説しておく。

対人地雷が初めて使用されたのは、第 1 次世界大戦においてであったといわれている。第 2 次世界大戦中にも大量に使用され、その後、朝鮮戦争やベトナム戦争などで使用され続けた。1970 年代以降、カンボジア、アフガニスタン、アンゴラ、モザンビーク、そして直近ではボスニア・ヘルツェゴビナやコソボなど、対人地雷は主に内戦で使われた。

米国務省の試算によると、世界 65 カ国に埋設されている対人地雷の数は約6000 万個に及ぶ[2]。年間では 2 万 4000 人の被害者が出ており、その多くが女性や子どもを含む非戦闘員である[3]。地雷は、1 個 3 ドル程度の簡易なものから、一定の期間後に爆発力を失う自滅・自己破壊装置付き（不活性化地雷）の 300ドル前後のものまで値段には幅がある。また、踏まれた時の圧力（通常 5 キロ程度）によって爆発する爆風式地雷から、起爆装置につなげられた罠線によって地上 1 ～ 2 メートルの高さで爆発して金属破片をまき散らす破片式地雷、戦闘機やミサイルから散布される空中散布型まで、その種類も多岐にわたる[4]。

1990年代初頭、世界では48カ国の100を超える企業や政府関連企業が340種類に及ぶ対人地雷を製造していた[5]。

　地雷1つは安価でも、除去には多大な費用がかかる。内戦で使用されるようになってからは、地雷は主に人々の生活の場に多く敷設されるようになり、完全除去には手作業で1つ1つ掘り起こしていかなくてはならない[6]。そうした事情から、地雷1個を除去するのに300〜1000ドルかかるという試算もある[7]。さらに、反政府組織や非国家主体（NSA: Non-State Actors）が改造地雷を多用するようになり、既存の分類では識別不可能な地雷の除去作業は困難を極めるようになった[8]。

　対人地雷の最大の特徴は、その「受動性」と「遅動性」に象徴される「非人道性」にある。地雷の「受動性」とは、起爆させるのは、使用者ではなく被害者であることを指す。つまり、地雷はいったん敷設されてしまえば、使用者は目標を選択できず、地雷は友軍も敵軍も、戦闘員も一般市民も区別できない。そして、地雷はその「遅動性」から、敷設後も長期間にわたって潜在的な効力を発揮し続ける。戦闘終了後も被害を生み続けるゆえんである。実際に今日でもベルギーやポーランドなど、第2次世界大戦当時、激しい戦闘が繰り広げられた地域で当時の不発地雷が発見されている。

　こうした「受動性」および「遅動性」から、地雷は「遅動性の大量破壊兵器（a weapon of mass destruction in slow motion）」とも呼ばれており[9]、過去50年間で「核兵器と化学兵器による死傷者の数を上回る被害」[10]を巻き起こしていると指摘されている。

3-1-2　対人地雷を規制する国際条約

　対人地雷を制限した国際条約として、代表的なものにジュネーブ条約および「特定通常兵器使用禁止・制限条約」の第2議定書がある。この小節では、対人地雷全面禁止条約成立以前から存在していた国際法的枠組みを簡単に振り返る。

　まず1949年に、一般市民の保護や無差別攻撃の禁止をうたったジュネーブ4条約からなる国際人道法が発効している。1978年12月に発効した同条約第1追

加議定書では、その戦争方法および手段の基本原則として「いかなる武力紛争においても、紛争当事国が戦争の方法又は手段を選択する権利は、無制限ではない。余分の危害又は不必要な苦痛を生ぜしめる性質をもつ兵器、投射物及び物質、並びに、そのような戦争の方法を用いることは、禁止する」（ジュネーブ条約第1追加議定書第35条1-2項）[11] としている。また、文民および一般住民の保護については、特定の「軍事目標と文民又は民用物に区別なしに打撃を加える性質を有する」無差別攻撃、そして「予期される具体的かつ直接的な軍事的利益に比して過度の付随的な文民の生命の損失、文民に対する危害、民用物に対する損害、又はそれらの組み合わせを生ぜしめると予想できる」無差別攻撃は禁止されている（同議定書第51条）。このように、ジュネーブ条約第1追加議定書は、地雷のように不必要な苦痛を与える兵器の使用、そして戦闘員と民間人を区別しない無差別攻撃を禁止している。しかし、ジュネーブ条約は対人地雷のみに的を絞った条約ではなく、罰則規定のない人道法の実効性には限界があった。

　そのため、対人地雷を含む特定通常兵器の禁止・制限を切り離して扱う条約として、「過度に傷害を与え又は無差別に効果を及ぼすことがあると認められる通常兵器の使用の禁止又は制限に関する条約」、通称「特定通常兵器使用禁止・制限条約（CCW: Convention on Conventional Weapons）」が、1980年10月10日に締結された[12]。

　同条約の第2議定書（地雷、ブービー・トラップ及び他の類似の装置の使用の禁止又は制限に関する議定書）では、地雷が民間人に無差別に使用されることを禁じている。しかし、以下のような欠陥が指摘されていた[13]。

(1)　国際的な戦争が対象で、地雷が最も深刻な国内紛争や内戦には適応されない。

(2)　プラスチック製地雷など探知困難な地雷を禁止していない。

(3)　地雷の譲渡や移転に関する管理条項がない。

(4)　条約の履行および監視手段がない。

　先述のように、対人地雷が多用されるようになった1970年代以降、地雷は主に内戦で使用されてきた。また、カンボジアやアフガニスタンでは探知困難なプラスチック製地雷が多用されてきた。つまり、CCWの第2議定書は、対人

表 3-1　CCW 第 2 議定書改正に向けた外交会議開催スケジュール

1993年	12月16日	第48回国連総会にて CCW 再検討会議開催決議を採択
1994年	2月28日～3月4日	CCW 再検討会議開催に向けた第 1 回準備委員会（ジュネーブ）
	5月16日～27日	CCW 再検討会議開催に向けた第 2 回準備委員会（ジュネーブ）
	8月8日～19日	CCW 再検討会議開催に向けた第 3 回準備委員会（ジュネーブ）
1995年	1月9日～20日	CCW 再検討会議開催に向けた第 4 回準備委員会（ジュネーブ）
	9月25日～10月13日	CCW 再検討会議（ウィーン）
1996年	1月15日～19日	CCW 再検討会議専門家会議（ジュネーブ）
	4月22日～5月3日	CCW 再検討会議（ジュネーブ）にて、CCW 改正第 2 議定書採択

地雷の問題が深刻化した1980年代以降の実情には十分に対応できない状況に陥っていた。

　そうした構造的欠陥が残るなか、冷戦終焉とともに地雷による被害が一段とあらわになった。冷戦時代は注視されなかった途上国の内戦で使用され続けた地雷がもたらす惨事の現実である。地雷は内戦が一応の終結をみた後も難民の帰還、再定住に対する障害となっているだけでなく、旧紛争地域の社会・経済生活の再建にとっても大きな阻害要因となっているのである。

3-1-3　CCW 再検討会議

　1990年代に入ると、地雷が引き起こす惨事を目の当たりにした NGO や一部の国際機関を中心に、対人地雷を全面禁止することによって被害を食い止めようとする動きが活発化した。CCW 第 2 議定書は再検討会議の場において条約や付属議定書の改正を行うことが認められていたことから（CCW 第 8 条（検討及び改正）1 項(a)、2 項(a)）、第 2 議定書の改正が始動することになった（表3-1）。

　1993年の国連総会は、フランス政府などの要請を受けて、CCW 再検討会議の開催を決定した[14]。その後、計 4 回の専門家委員会を経て1995年 9 月25日から10月13日まで、CCW 再検討会議がウィーンで開催された。84カ国（うち

40カ国はオブザーバー）の政府代表団が参加し、UNICEF（United Nations Children's Fund、ユニセフ）やUNHCR（United Nations High Commissioner for Refugees、国連難民高等弁務官事務所）など9つの国際機関がオブザーバー参加した[15]。

　ウィーンでの再検討会議交渉は難航した。全面禁止推進派諸国と消極的な国々の利害が対立したからである。ノルウェー、デンマーク、メキシコ、アイルランド、オーストリアなどが全面禁止支持を表明した一方、英国やインド、オーストラリアなどが反対、もしくは消極的だった。英国は「地雷は合法的防衛兵器」と主張し、インドは「第三者に監視されるのは反対」と監視強化に反対した。また、米国や英国が従来の安価な地雷を一定の期間後に自滅する「自己破壊・不活性化地雷」に置き換えることによって、地雷問題を「技術」によって解決すべきだと主張した[16]。しかし、安価なものなら1個数ドル程度で入手できる従来型の地雷と異なり、「自己破壊・不活性化地雷」はその数百倍と高価である。置換コストを懸念したインドや中国など途上国は猛反発し、交渉は暗礁に乗り上げた。

　第2議定書の締約国数が限定されていたことにも問題があった。1980年代に締約国になった国は30カ国に満たず、地雷の被害国であるアフガニスタン、アンゴラ、カンボジア、モザンビークといった国々は未締約国のままだった。さらに、再検討会議に正式参加するためには1995年3月末までに批准手続きを完了させる義務があったため[17]、同年に入ってからイタリア（1月20日）、ベルギー（2月7日）、英国（2月13日）、アイルランド（3月13日）、米国（3月24日）などが駆け込み批准し、再検討会議に正式参加する期限にぎりぎり間に合わせたという状態だった[18]。1980年に採択された条約を15年近く経て、ようやく批准したという状況から、同条約の実効性がいかに薄かったかがうかがえる。

　結局、ウィーンにおける再検討会議は、「失明をもたらすレーザー兵器」に関する第4議定書を新たに採択したものの、対人地雷については合意に至らず、翌年ジュネーブにて再開会期を改めて開催することを決定し、閉幕した。その後、1996年1月15日から19日まで第2条から第6条および技術的事項に関する付属書に的を絞って交渉する専門家会議がジュネーブで開催された後、4月22

日から5月3日までジュネーブで開催された最終会議において、全会一致で改正議定書が採択された。

　改正議定書では、3-1-2項での問題点はいかに改善されたのだろうか。まず、国家間紛争にしか適用されなかった議定書は、適用範囲をジュネーブ諸条約の共通第3条に規定する事態（国際的性質を有しない武力紛争）にも適用することになった（改正議定書第1条2項）。しかし、暴動や散発的な武力行為など、「国内における騒乱及び緊張の事態」については武力紛争にあたらないとして除外された。

　第2に、探知不可能なプラスチック製地雷については、使用を禁止した（第4条）。さらに、「1997年1月1日以後に生産された対人地雷は、一般に入手可能である地雷探知のための技術的な装置によって探知することができ、かつ、重量が8グラム以上の一の鉄の塊からの反応信号と同等の反応信号を発する物質又は装置を内蔵しているものでなければならない」[19] とし、1997年1月1日以前に生産された地雷についても、敷設前に同様の基準を満たす物質・装置を内蔵しているか、それらを取り付けることを義務づけた。

　第3に、一定期間内に自己破壊・不活性化する装置の使用が義務づけられた（第5条、第6条）。すなわち、遠隔散布地雷は敷設後30日以内に90％以上が、120日以内に99.9％以上が自己不活性化するものでなくてはならず[20]、それ以外の地雷の使用は禁止された。また、遠隔散布地雷ではない対人地雷の使用については、自己破壊・不活性化しない地雷は原則的に禁止されたが、「文民を効果的に排除することを確保するため、軍事上の要員によって監視され且つ囲いその他の方法によって保護されている地域であって外縁が明示されたものの内に敷設され」ており（第5条2項(a)）、当該地域が「放棄される前に除去される」（同(b)）という条件を満たせば、自己破壊・不活性化しない地雷の使用は認められている。

　第4に、改正された議定書では、地雷の移譲規制を強化した（第8条）。つまり、「この議定書によって使用が禁止されているいかなる地雷の移譲も行わないこと」（1項(a)）、「いかなる地雷の移譲も、国又は受領することを認められている国の機関に対するものを除く他、行わないこと」（1項(b)）として、締約国に対する譲渡が全面禁止されたほか、反政府組織や反体制グループなど

への譲渡を禁止した。

　このように、改正された第2議定書には一定の改善はみられたものの、全面禁止には至らなかった。特に問題視されたのが、不活性化地雷使用の合法化だった。先進諸国しか生産できず高価なハイテク地雷の使用は合法化された一方で、途上国で多用されている安価な地雷は非合法化するなど、差別的性格が強かった。

　また、改正議定書では、対人地雷に焦点を当てて規制強化が図られたため、従来の「地雷」（第2条1項）に加えて第2議定書で初めて明文化された「対人地雷」（第2条3項）の定義も問題となった。改正議定書で対人地雷は「人の存在、接近又は接触によって爆発することを第一義的な目的として設計された地雷であって、1人若しくは2人以上の者の機能を著しく害し又はこれらの者を殺傷するものをいう」（傍点筆者）と定義づけたため、「第一義的な目的」の解釈をめぐって議論が紛糾したのである。これは、除去作業に反応して爆発するよう設計された処理防止装置付きの対車両地雷が、装置の装備の結果として対人地雷とみなされるわけではないことを明確化するために挿入された。しかし、この文言の挿入によって、ある種の地雷については「人の接近・接触によって爆発するが、それが第一義的な目的ではない」との抗弁が可能となり、結果としていかなる対人地雷の使用をも可能にする脆弱性を伴うことになったのである。

　このように、改正された第2議定書が対人地雷の全面禁止に遠く及ばなかったことから、ICBLを中心とするTCSと複数の政府が、オタワ・プロセスという新たな交渉の場を誕生させることになったのである。

3-2　オタワ・プロセス

　「オタワ・プロセス」は、カナダ政府主導で1996年10月に始まった対人地雷全面禁止条約成立過程を指す。この小節では、オタワ・プロセスの交渉の経緯を概括する。

3-2-1　オタワ会議

　対人地雷全面禁止に向けた国際戦略会議（通称オタワ会議）はカナダ政府の呼びかけで、1996年10月 3 日から 5 日まで開催された。欧州連合（EU）15カ国や日本、米国などを含む50カ国が正式参加し、インド、ロシアなど24カ国がオブザーバー参加した。また、ICRC（International Committee of the Red Cross、赤十字国際委員会）、UNICEF、UNHCR といった 8 つの国際機関もオブザーバー参加した。

　この会議における最大の特徴は、カナダ政府が「自己選択方式」を導入したことにある。当初、オタワ会議の主目的は、何カ国が「全面禁止」に真摯に取り組む意欲をもっているのかを見極めることにあった。1996年に入ってから、各国が相次いで全面禁止支持を表明していたものの、真意は不透明だった。特に、「全面禁止法」を国内で採択していた国は少数で、「輸出凍結」、「生産禁止」といった段階的措置を講じている国が大半だったのである。そこで、カナダ政府はオタワ会議に先立ち、各国に「参加資格」という文章を送付し、参加希望する国々は具体的な行動に同意する用意がなければならない、と次の条件を列挙した[21]。すなわち、(1)対人地雷を全面的に禁止するため、可能な限り国際合意の早期実現をめざす、(2)各国政府が CCW で定めた基準より踏み込んだ行動をとる、(3)全面禁止を国内でも実施する、とする 3 点である。こうした条件を受け入れる国のみにて「小さな共通項を求めるのではなく、最大限の到達点をめざす」[22] のが、カナダ政府の意図だった。この文書には50カ国が同意し、既述のとおり50カ国がオタワ会議にも参加したのである。

　オタワ会議最終日に採択された行動計画（Agenda for Action）には、次の 6 点が盛り込まれた。(1)対人地雷禁止に向けた国際的合意を推進する国連総会決議を支持、(2)グローバルな対人地雷全面禁止に向けた政治的意志と世論の形成、(3)CCW 第 2 改正議定書に盛り込まれた対人地雷の部分的禁止・規制の国際的遵守、および改訂された第 2 議定書の早期発効、(4)対人地雷に関する情報およびデータ交換の促進、(5)対人地雷を全面禁止するための法的拘束力をもつ国際合意に向けて必要な準備を進める（オーストリア政府が初案作成を担当）、

(6)オタワ会議のフォローアップ会議はベルギーなどで開催、である[23]。

　上記6点はあらかじめ用意された行動計画の内容であったが、カナダのロイド・アクスワージー外相（当時）はオタワ会議を締めくくる宣言文を読み上げた後、翌1997年の12月にオタワでオーストリア提案を元にした対人地雷全面禁止条約の署名式を行う旨を発表した[24]。アクスワージー外相の発言は、その場にいた各国政府代表の意表を衝くものだった。事実、外相発言が飛び出す直前に政府代表団に配布された行動計画（10月5日13時30分版）では、この条約署名会議は触れられておらず、行動計画の最終版で第6項の最後に急遽、「1997年12月末までに、対人地雷の生産、移譲、貯蔵、使用を全面的に禁止する条約署名のための外相レベル会議を開催」と追加されている。このアクスワージー発言を契機に、カナダを中心とした国々とICBLが協力して推し進めることになった対人地雷全面禁止条約交渉が通称オタワ・プロセスと呼ばれるようになったのである。

　アクスワージー外相の突然の発言は、以下の点から通常の外交からは駆け離れたものであった。まず、条約締結に向けた明確な日程を設定するに際し、どの国とも事前に協議しなかった。アクスワージー外相は、ガリ国連事務総長およびICRCのサマルガ会長に事前に電話連絡しているが、どの国の政府にも事前通告はしていない[25]。これは、特定の国に事前通告し、他の国に通告しなければ、後々問題を生じさせるという判断によるものだった。さらに、1カ国でも反対した場合には強行することが困難になると考えたからである。

　次に、全面禁止条約締結の明確な日程を一方的に宣言したことにより、「究極的な禁止」という曖昧な解決策を許さなかったことである。一連のCCW再検討会議における交渉で明らかになったように、多くの国々が対人地雷の全面禁止に賛成する姿勢を表明していたものの、それは段階的措置（輸出規制、凍結、使用制限など）であり、全面禁止はあくまで「究極的」目標で直ちに全面禁止することを念頭に置いていたわけではなかった。さらに、条約締結までには数年の交渉期間を費やすのが通常だが、カナダ政府は「1997年12月末」と明確な期限を設けた。

　条約締結を国連外で行うことを提言したことも通常の外交交渉とは異なる点である。アクスワージー外相は、「交渉の場」をCCW再検討会議でもジュネ

表 3-2　対人地雷全面禁止条約成立に向けた外交会議開催スケジュール

1996年	10月3日～5日	対人地雷全面禁止に向けた国際戦略会議（オタワ）
1997年	2月12日～14日	対人地雷全面禁止条約の条約文に関する検討会議（ウィーン）
	4月24日～25日	対人地雷全面禁止条約の技術的問題を話し合う会議（ボン）
	6月24日～27日	対人地雷全面禁止条約に向けた政治的結束を図る国際会議（ブリュッセル）
	9月1日～18日	対人地雷全面禁止条約の条約文に関する検討会議（オスロ）
	12月3日～4日	対人地雷全面禁止条約署名式（オタワ）

ーブの軍縮会議でもない新たな場に求めたのである。地雷全面禁止に消極的だった諸国は軍縮会議を推す国が大勢であった。事実、オタワ会議直前に行われた加仏2カ国間会談においてもフランス政府は、その後の交渉に関するいかなる発言も軍縮会議に言及しなければならない、とカナダ政府に釘をさしている[26]。しかし、カナダ政府はCCWの交渉経緯から、全会一致が原則である既存の場では緊急行動を必要としている対人地雷問題に対応できないことは明らかであり、新たな場の創設が急務であると判断したのである[27]。

　カナダ政府は、こうして通常の外交慣習とは異なる手法を通じてオタワ・プロセスを始動させ、全面禁止をめざす外交に着手することになった。そして、全面禁止を推進した諸国はオタワ・プロセスの「中核国」として1年2カ月という期間に全面禁止支持国を増やすと同時に、条約案を作成することとなり、相次いで国際会議を主催していくことになったのである（表3-2）。

　オーストリア政府主催によるウィーン会議の主議題は条約案を練ることにあったが、この時点では条約案の内容以上にオタワ・プロセスが国際社会でどのように評価されているかを見極めることが重要であった。こうした状況で開かれたウィーン会議には、111カ国が参加したほか、国連、ICRC、アラブ連盟、そしてICBLも出席した。ウィーン会議の時点では、条約交渉を行うのにふさわしい「場」については最終決定を下していなかったが、軍縮会議を推す国々でもオタワ・プロセスに異論を唱える国々は少なかった。

　その後のボン会議では技術的な論議が中心となったが、これに続くブリュッセル会議では1997年9月に予定されていた条約交渉会議に向け、政治的ムードを盛り上げることが主目的となった。したがって、対人地雷全面禁止条約成立の原則を受け入れたうえでオスロにおける最終交渉に参加するというブリュッ

セル宣言に何カ国が署名するかが最大の焦点であった。

　結果的には、ブリュッセル政治宣言（正式には条約締結賛成宣言）[28] の採択には予想を上回る97カ国が名を連ねた。その主要因は、英国、フランス政府の正式参加にあった。英国では、18年ぶりに政権奪回した労働党が選挙公約にしていた全面禁止を公式に打ち出した。メージャー保守党政権は、フォークランド紛争時に大量の対人地雷を同島に敷設したため、早期撤去・廃絶は困難だと主張し、全面禁止支持に反対の姿勢を貫いていた。しかし、1997年5月の総選挙を受けて誕生した労働党政権は、地雷移譲の全面禁止と英国軍による使用の凍結を発表した[29]。一方、フランスでは同年6月の総選挙で社会党を中核とするジョスパン新政権が誕生した結果、大統領は共和国連合（保守党）のシラク氏、内閣は左派政党というコアビタシオン（保革共存）となり、地雷政策を転換させる契機となった[30]。背景には、すでに全面禁止を公表していたドイツに加え、英国が同調した結果、EU主要国でフランスが孤立してしまいかねない、との懸念があった[31]。

　欧州諸国は、対人地雷問題で足並みを揃えるべく、1996年10月1日、EUは「共同行動」を採択している[32]。「共同行動」では、第2条で「欧州連合は対人地雷の全面的な排除という目的を定め、世界的にこうした兵器を全面禁止する友好的な国際的合意を、可能な限り早い時期に達成するよう積極的に働きかけていく」と明記したうえで、第3条4項で「第2条によって定められたように、欧州連合は最もふさわしいと思われる国際的な場において、滞ることなく全面禁止を取り上げるよう求めていく」[33] と記されていた。「共同行動」が実現した背景には、EU諸国内で対人地雷の規制・禁止が促進されていたことがあげられる。1995年3月にベルギーで世界初の対人地雷全面禁止法が制定されて以来、ノルウェー、オーストリア、アイルランド、オランダ、スイス、ドイツ、デンマークなどが相次いで国内法を制定、もしくは単独に地雷禁止を宣言していたのである。

　そうした背景から採択された「共同行動」は、矛盾も抱えていた。第2条で対人地雷全面禁止条約作りへの支持を表明することで積極派の意見を取り込み、第3条4項では条約交渉の場を特定せず、カナダ政府主導の国際会議で条約作りをめざすか、軍縮会議で交渉するかは曖昧にしたままだったのである。しか

し、国連安全保障理事会の常任理事国である英国、フランスが相次いでオタワ・プロセス支持を表明したことにより、国連の枠組み外で始動していた条約交渉が次第に正統性を高めていくことになったのである。

3-2-2　オスロ会議

1997年 9 月 1 日から 3 週間の予定で開催された対人地雷全面禁止条約交渉（通称オスロ会議）の目的は、オーストリア政府を中心に起草された条約案を完成させることにあった。しかし、それまで志をともにしていた国々で進展してきたオタワ・プロセスに、難色を示してきた米国や日本政府が参加を決定したことにより、オスロ会議は政治駆け引きの舞台となった。

米国政府は、オスロ会議開幕 2 週間前の 8 月18日、会議への正式参加を発表した。1992年に世界初の対人地雷輸出凍結法を成立させた米国政府は、1993年の国連総会決議採択に際し、決議以上に踏み込んだ地雷禁止を実現させるよう訴え、44カ国政府に対し 3 ～ 5 年の輸出・売買・移譲の凍結を促す書簡を送っている[34]。その後、1994年 9 月の国連総会でクリントン大統領は、各国が地雷廃絶に着手するよう訴え、全面禁止を支持してきた。しかし、それからオスロ会議への参加表明をするまでの米国の政策は二転三転していた。CCW 第 2 議定書の再検討会議中は、自己破壊・不活性化地雷の継続使用を求め、CCW 再検討会議が全面禁止を実現できなくなった1996年 5 月には、クリントン大統領が対人地雷の全面禁止実現に向けて国際的努力を開始する旨を宣言していた[35]。しかし、半年後のオタワ会議ではジュネーブ軍縮会議において議論することを求め、さらに1997年 1 月には、オタワ・プロセスではなく軍縮会議にて全面禁止を追求していくことを大統領自ら宣言していた[36]。

しかし、その米国が直前になってオスロ会議への参加を決定した背景には、英仏両政府の参加によって孤立感を深めたという事情に加え、米国がそれまで主張してきたジュネーブ軍縮会議での交渉開始の目途が立たないという事情があった。

軍縮会議は、ブリュッセル会議が閉幕しようとしていた 6 月26日、オーストラリアのジョン・キャンベル大使を特別コーディネーターに任命した[37]。キ

ャンベル大使は「対人地雷問題で協議が開催される可能性について協議する」という責任を負わされていた。すなわち、オタワ・プロセスがブリュッセルで年内の条約締結をめざして会議を開催している最中、キャンベル大使は対人地雷を協議するべきかどうかについて協議するという役割を担うことになったのである。構成国の同意が得られれば、軍縮会議内に対人地雷に関する特別委員会を設置し、協議を始めようという試みだった[38]。しかし、全会一致が原則の軍縮会議は、対人地雷を議題に取り上げるべきか否かでさえ１カ国でも反対すれば決定できない。軍縮会議の構成国のなかには、最初から対人地雷問題協議に反対する国や軍縮会議本来の責任課題である核問題をまず取り上げてこそ、その他の通常兵器を議論する余地があると主張する国まで幅があり、膠着状態が続いていた。さらに、軍縮会議の会期は1997年９月10日に閉会した後、98年１月まで再開されないという日程的な課題もあった。

　また、軍縮会議は構成国の面でも矛盾を抱えていた。軍縮会議には、「地雷大国」と呼ばれる米国、ロシア、中国、インド、パキスタンのほか、政策転換していた英国、フランス、南アフリカ、それに対人地雷全面禁止の推奨国であるカナダやスウェーデンなど、さまざまな主義主張をもった国が構成員となっていた一方、地雷被害国がほとんど含まれていなかった[39]。その結果、対人地雷の被害国が、被害からは縁遠い国々に地雷問題の行方を委ねるしかないのが現実で、軍縮会議への不信感の一因となっていた。

　こうした諸問題を抱える軍縮会議一辺倒の姿勢を改め、オタワ・プロセスにも目を転じるため、米国はオタワ・プロセス参加を表明した。しかし、自国の対人地雷政策を根本的に変換することなく参加を決めた米国は、オスロ会議において、各国が実質的に合意に達していた全面禁止条約案に対して修正案を相次いで提出したのである。そのなかには、朝鮮半島の例外化、対人地雷の定義、猶予期間、監視体制の強化、紛争時における条約脱退時期などが含まれていた。最終的には、米国の修正案は受け入れられず、オスロ会議は1997年９月17日、対人地雷全面禁止条約を全会一致で採択し、閉幕した。1997年12月２～３日にオタワで開催された条約署名式には160カ国が参加し、99年３月１日、同条約は発効した[40]。

3-3　地雷禁止国際キャンペーン（ICBL）

　カナダのアクスワージー外相は、1996年10月の対人地雷全面禁止条約締結宣言において、前代未聞の形で TCS と協働することを明言した。アクスワージー外相は、政府が全面禁止条約に責任を負うのと同時に、「ICBL こそが、今日我々をこの場に集わせた責任を負っている。ICBL が今日、我々をこの場に集結させるために用いた議論は、今後、外相に条約を署名させるために用いなければならない」[41] と、ICBL が世界各地において条約締結に向けて取り組むよう呼びかけたのである。

　アクスワージー外相は、なぜこれほどまでに ICBL を中心とした TCS の役割を注視し、前面に打ち出したのであろうか。この小節においては、ICBL 誕生の背景、目的、そして特徴を総括しながら、ICBL がいかにカナダ政府をはじめとする複数の国々とともにオタワ・プロセスを牽引するに至ったかを分析する。

3-3-1　ICBL 誕生の背景

　ICBL は、1992年10月2日、欧米の6団体によって創設された国際的 NGO ネットワークである。急速に世界で支持を拡大し、今日では、90カ国を超す国々の1300団体が加盟している。オタワ・プロセスを通じた対人地雷全面禁止条約作りに参画したことなどが評価され、ICBL は設立から5年で1997年にノーベル平和賞を受賞している[42]。

　3-1-1項で言及したとおり、ICBL が設立された1992年当時、対人地雷は年間2万4000人の被害者を出し、その大半が非戦闘員だった。対人地雷はそもそも人を殺すことを目的にした兵器ではなく、「あえて恒久的身体障害を残すように設計された唯一の兵器」[43] である。つまり、対人地雷はその種類に関係なく、手足や視力を失うといった後遺症を残すことを目的にした兵器である。しかし、設計上人を殺すことを目的にしていなくても、体力のない子どもや女性、

高齢者が出血多量で命を落とすケースが後を絶たなかった。

　さらに、内戦が終結しても、近隣諸国に逃れていた難民や国内避難民が帰還するようになると地雷で汚染された土地に住み着くことを余儀なくされ、地雷の被害は内戦後も収束のきざしすらみえないのが現実だった[44]。その一方で、地雷の除去には膨大な時間と費用がかかるなか、国際的支援は不十分で、開発に従事するNGOも現場でなすすべがない状況に置かれていた。

　また、国際法による対人地雷の規制も不十分だった。既述のとおり、CCW第2議定書は対人地雷の全面禁止を目的にしておらず、実効性にも疑問が残っていた。すなわち、全面禁止を求めた議定書でないにもかかわらず、地雷の生産国や被害国の大半が締約国になっていなかったのである。

　したがって、冷戦終結後間もない1990年代初頭、対人地雷という問題は、国際的関心事として大半の国々の政治アジェンダには載っておらず、よってICBLが設立されてキャンペーンを繰り広げるまで、問題の深刻性に気づく国は少なかったのである。そうしたなか、地雷被害の現場で活動していたICBLの創設団体は、対人地雷の輸出規制、使用凍結といった一国内の措置に加え、国際的枠組みによる全面禁止によってしか問題の本質的解決策は見出せないとの認識から、国際的キャンペーンに着手することになるのである。

3-3-2　ICBLの設立目的

　ICBL誕生のきっかけを作ったのは、欧米のNGOで活動する2人の個人の発案だった。米国の首都、ワシントンを拠点に車椅子や義肢の援助活動を行う米国ベトナム退役軍人財団（VVAF: Vietnam Veterans of America Foundation）の創設者であるボビー・ミューラーと、ビアフラ救済運動から誕生したドイツのメディコ・インターナショナル（medico: medico international）のトーマス・ゲバウアーである。2人はそれぞれ、中米やアジア、アフリカで地雷の惨事を目撃し、対人地雷全面禁止によってしか状況は変えられないと国際的なキャンペーンを立ち上げることに合意したのである。

　その後、1992年10月2日、VVAF、medicoに加え、ハンディキャップ・インターナショナル（HI: Handicap International、仏）、ヒューマン・ライ

ツ・ウォッチ（HRW: Human Rights Watch、米）、マインズ・アドバイザリー・グループ（MAG: Mines Advisory Group、英）、フィジシャンズ・フォー・ヒューマン・ライツ（PHR: Physicians for Human Rights、米）の6団体が正式にICBLを旗揚げし、以下の点を目標に活動していくことで合意した。

(1)　対人地雷の使用、生産、備蓄、売買、移譲または輸出の国際的禁止。

(2)　世界的地雷被害者の救済プロジェクト、地雷回避教育及び地雷除去と根絶プログラムを助成するための国連管轄下における国際基金の設立。

(3)　対人地雷生産国及び普及に責任を負う国による国際基金への拠出[45]。

　その後、1993年5月にICBLが開催した初の国際会議（ロンドン）において、上記6団体がICBLの意思決定機関である運営委員会（Steering Committee）に選出され、ジョディ・ウイリアムズがICBLのコーディネーターに任命された。ロンドン会議には、40以上の団体から50人以上が参加し、国際機関からUNICEFも参加した。会議の主要議題は、対人地雷全面禁止に向けた基本戦略の作成とNGO間の連携強化にあった。5月25日、26日の両日開かれた非公開会議では、国内ロビー活動、国際的ロビー活動、草の根団体への協力の働きかけ、メディア対策及び啓蒙活動、の4つの作業部会が、その後のICBLの活動方針を固める議論を行った[46]。

　ロンドン会議において最も議論が紛糾したのが、CCW第2議定書の批准問題である。ロンドン会議が開催された時点で、CCWを批准していた国は34カ国と限られていた。先述のとおり、CCWが対人地雷を直接扱った唯一の国際法であったため、1カ国でも多くの国が同議定書を批准し締約国となることの重要性が訴えられた。しかしその反面、全面禁止をうたっていない同議定書の批准に労力をつぎ込むことの意義を疑問視する団体も多かったのである。しかしながら、ある国が突然「全面禁止」に賛同することは考えにくく、「期限付き輸出凍結」、「輸出全面禁止」、「生産禁止」、「使用禁止」といった段階的措置を通じて全面禁止に政策転換していくことが政治では現実的と判断された。さらに、再検討会議の交渉過程は、政府関係者と世論に対し地雷問題の本質や深刻性について啓蒙する機会になると判断され、最終的に全面禁止の方向に政策を転換していく過程における短期的戦略として、CCW第2議定書の批准や

「一時的凍結（moratorium）」などを働きかけていくことになったのである[47]。

ICBL は、ロンドン会議当時から「最も洗練された戦略家」[48] として、明確かつ詳細な基本戦略を打ち出し、こうした方針はその後の活動においても変わることはなかった。しかし、ロンドン会議においてはもう 1 点、重要な取決めが行われた。これは、ICBL というネットワーク結束の問題である。各国内における個別の団体やネットワークを最大限尊重するため、ICBL 自体はきわめてゆるやかなネットワークを維持する点で合意した。事実、ICBL に参加するNGO に特別な条件が課されることはなく、非排他的な存在だった。また、ICBL としての事務所を設置することはなく、コーディネーターに任命されたウイリアムズも当時所属していた VVAF や自宅を拠点に活動していた。したがって、ICBL という組織形態は存在せず、国際 NGO として正式登録されたのはノーベル平和賞受賞後であり、それも賞金を受け取る主体が必要になったことが主理由であった。また、運営委員会という上位の意思決定機関を設けたものの、その活動は主にロジスティックスに限定され、重大な決断は各国キャンペーンが参加する「拡大運営委員会」で下された。

しかし、ICBL というネットワークに参加した団体・個人は、最低限、「対人地雷の全面禁止」の支持という要件を満たすことを義務づけられた。その後、国によってはキャンペーンが対車両地雷を全面禁止目的に含めることもあったが[49]、その判断は各国内のキャンペーンに委ねられ、ICBL はあくまで対人地雷を禁止対象とすることで合意した。

3-3-3　ICBL の特徴

ICBL は、ゆるやかなネットワークを通じて「対人地雷全面禁止」という共通の目的に向けて活動していくことになるが、その特徴としてはいかなる点があげられるのだろうか。

《徹底した人道主義》

ICBL の設立目的は、あくまで対人地雷という兵器の「全面禁止（Total

Ban）」にあった。ICBL は、後の CCW 再検討会議交渉および対人地雷全面禁止条約設立交渉過程においても「例外なし、留保なし、抜け道なし」というスローガンによって、全面禁止を明確に打ち出していくことになる。その背景には、核兵器などの他の大量破壊兵器とは異なり、対人地雷という兵器の特殊性が作用していた。先述のように、対人地雷が内戦で多用されるようになってからは、被害は一般市民に拡大し、平均20分に 1 人の割合で犠牲者を出している計算になる。つまり、国際会議を開催している間にも被害は継続していることになり、一刻の猶予もない状況であると認識されたのである。

　ICBL が全面禁止を打ち出した背景には、冷戦終結という時代の変化も大きく影響していた。国際社会には冷戦期においても、対人地雷全面禁止を求める意見はあった。だが、冷戦下では、問題の是非を東西対立の軸で判断する傾向が強く、全面禁止するという発想は皆無だった。しかし、冷戦の終結でこうした状況が氷解し、人道という政治的イデオロギーを超えた普遍的価値に基づいて対人地雷全面禁止を訴えることが可能になったのである。ICBL は旧来の平和団体とは一線を画し、対人地雷問題は軍縮問題ではなく人道問題であると位置づけた。つまり、地雷を兵器としての機能ではなく地雷がもたらす「結果」を問うたのである。平和か戦争か、軍拡か軍縮かという、ややもするとイデオロギー的な論争になりがちな問題の立て方はせず、地雷という兵器のもつ非人道性・無差別性を追及することによって、政府との対話を模索することに努めた。

　初期段階における問題設定は、その後 ICBL が活動していくうえできわめて重要な意味をもたらすようになる。普遍性の高い人道問題と位置づけることによって、急速に世界的規模で支持を拡大していくうえで異分野の団体と協力することを可能にし、国際交渉上、ジュネーブ軍縮会議が行き詰まった際、新たな交渉の場を創出する根拠ともなった、からである。

　異分野団体との協力は、ICBL の拡大、存続、そして正統性の確立にとって不可欠な点である。ICBL 創設にかかわった NGO は、それぞれ地雷被害国で活動する団体が中心だった。具体的には、破壊された社会経済インフラの再整備、地雷埋設地における地雷除去及び土地再利用のための開拓、被害者の社会復帰支援、帰還難民の生活基盤整備、被災者の社会的差別に対する理解教育の

推進、といった地雷被害地特有の問題に取り組んでいた団体である。しかし、地雷問題を専門に取り組んでいる団体は環境、人権などの分野に比べればはるかに少ない。したがって、ICBLは地雷問題を限定的に捉えず、人権、開発、環境汚染、紛争後の平和構築、と多面的に訴えることによって各分野のNGOに参加の門戸を開いたのである。その結果、人権、女性、子ども、開発、難民などの分野で活動するNGOがICBLの傘下に入っていった。そして、各々の団体は独自の専門性を活かした活動を展開するようになった。例えば、医療を専門にするNGOは地雷がもたらす恒久的身体障害の悲惨さを訴え、軍事問題を専門にするNGOは過去の戦争資料から対人地雷という兵器の非有効性を指摘した。子どもの問題に取り組むNGOは多くの被害者が幼い子どもであることを説いた。人権団体は対人地雷の無差別性は人権侵害、とキャンペーンを展開した。

　こうした分野を超えた団体が結集することによって、ICBLは特定の利害を代弁するロビイストではなく、より広範な普遍的価値を追求する存在として認識されるようになるのである。これは、その後オタワ・プロセスの過程においてICBLが政府の「パートナー」と位置づけられるうえで、きわめて重要な意味をもつに至ったのである。

《各国のシビルソサエティの連携》
　グローバルな課題に対処するためには、ICBL自らが国境を越えた活動方針を立てることを求められていた。したがって、ICBLは設立当初から1カ国でも多くの国のシビルソサエティがキャンペーンに参画し、国内外で活発に活動するよう働きかけてきた。

　ICBLには設立当初、欧米4カ国から6団体が参加していたが、その後、急速に拡大していった。設立から半年あまり経った時点（既述のロンドン会議—1993年5月）には、40以上のNGOが参加し、ICBLの第2回会議が開催された1994年5月9～11日の段階では、約100団体が参加していた。その後、1995年10月のCCW再検討会議（ウィーン会議）では、20カ国以上から350を超える団体が参加している。この会議においては、世界53カ国から集めた170万人の署名をヨハン・モランダー議長に手渡し、全面禁止の支持が世界に拡大して

いることを訴えた。さらに、CCW再検討会議の最終会議（ジュネーブ―1996年5月）の段階では400を超える団体が参加していた。

　ICBLは、1カ国でも多くの国に拠点を築くことによって、その国の政策を監視しキャンペーンを効果的に展開できるよう、シビルソサエティ間の連携を戦略的に強化していった。例えば、オランダのキャンペーンを立ち上げたパックス・クリスティというNGOは、そのネットワークを通じてアイルランドのパックス・クリスティに経験を伝授した[50]。オランダ・キャンペーンを立ち上げたピーター・バンロッセムが、アイルランド・キャンペーンを立ち上げることになるパックス・クリスティのトニー・ダコスタに、地雷問題の世論への訴え方、マスコミ対策、政府への働きかけなどを伝授したのである。そうして、主に核軍縮に取り組んできたダコスタは、それまでの活動を通じて築いた他のNGOや政府との関係を最大限活用し、地雷問題を国内の政治的課題にすることに成功するのである。前述のとおり、アイルランド政府は地雷全面禁止条約作成にあたり、「中核国」として積極的にかかわるようなるが、その動機を作ったのはダコスタであった[51]。またベルギーでは、世界初の対人地雷全面禁止法を国内で成立させたことから、キャンペーンの成功要因を分析し、後発する各国のキャンペーンにそのノウハウを伝授した[52]。こうして情報のみならず、人・資源・経験の共有が地雷問題に対する関心を急速に拡大していく要因となったのである。

　また、ICBLの第1回、第2回国際会議がそれぞれロンドン、ジュネーブで開催された後、第3回はプノンペン（カンボジア、1995年6月2〜4日）、第4回はマプト（モザンビーク、97年2月25〜28日）で開催することによって、アジア、アフリカ地域における啓蒙活動を促進させるとともに、途上国のキャンペーン設立を積極的に進めていった。例えば、第4回会議がマプトで開催されることによって、南部アフリカ諸国では、相次いで新たなキャンペーンが立ち上がった[53]。

　ICBLはキャンペーンの運営面においても、地理的バランスを考慮した。設立当初の運営委員6団体は全て欧米諸国に拠点を置くNGOであった。しかしその後、途上国、特に地雷被害国からのNGOを運営委員に加えることによって、「北」のキャンペーンではなく、「南」の諸国をも含む国際的なキャンペー

ンであることを強調しようと試みた。具体的には、カンボジア、アフガニスタン・キャンペーンがそれぞれ1996年5月に開催された運営委員会で、正式に運営委員となり、キャンペーンの戦略的課題について直接議論にかかわるようになっていった[54]。こうした形でICBLはグローバルな課題に対し、地球規模レベルで自己存在を明確にしていくよう努めたのである。

《メディアの活用》

　ICBLは、活動を広げていくなかでメディアの巧みな使い方が広く知られるようになった。例えば、特定のメディア、特に映像メディアを地雷原に案内し、地雷の敷設状況、被害の現状、医療施設の不備、地雷原で暮らす人々の現実などについて訴えた。こうしたメディア対策は、ロンドン会議において具体的に取り上げられ、議論されている。

　1990年代初頭、欧米諸国においては地雷問題が取り上げられることは皆無だった。したがって、世論喚起できるような情報を積極的に出していくことの重要性がICBLでは早い段階から認識されていた。さらに、こうした情報は「感情移入でき、理解しやすく、その他の軍縮問題のような政治的議論を排除し、非イデオロギー的であるべき」であり、そのためには映像メディアが積極的に取り上げる機会を創出することが重要であると認識されたのである。

　また、「地雷問題は大多数の欧米諸国にとって遠い国の出来事であり、問題解決のための議論は複雑で理解しにくい。したがって単純な『地雷廃絶』、そして『地雷は悪』というメッセージを呼びかけること（stigmatization）が重要である」と認識された。特定の兵器を全面禁止した先例は、生物・毒素兵器禁止条約や化学兵器禁止条約にみられるものの、ICBL誕生当時、朝鮮戦争とベトナム戦争で大量に対人地雷を使用した米国やフォークランド紛争時に対人地雷を使用した英国以外の大半の西欧諸国は、第2次世界大戦以降地雷を使用した経験がなかった。したがって、主要西欧諸国政府ならびに一般世論は、対人地雷の問題に関して深い認識はなかったのである。

　ICBLは専属のカメラマンを雇い、政府間交渉が開催される機会などを利用して写真展を開催し、地雷の被害者を現地から直接交渉の場（CCW再検討会議やオタワ・プロセスに関連した諸会議）に招き、被害者自らの言葉で現状報

告するという方法を頻繁に用いた。また、積極的に著名人をキャンペーンに活用した。湾岸戦争における米国のヒーローであるノーマン・シュワルツコフ将軍ら退役軍人14名による *The New York Times* での全面広告[55]や、英国のダイアナ元皇太子妃を地雷原に案内し、メディアが地雷問題を取り上げる機会を作ったりして、世論に訴えかけた。

《専門家の動員》

ICBL の活動において重要な戦術の 1 つとなったのが、専門家との協力である。ICBL は意識してキャンペーンに権威づけを行うことを試みた。地雷問題を世論に対して広く知らしめる際、地雷現場の被害の実情を把握している外科医、地雷除去隊員、地雷被害者、軍事関係者らによる証言が不可欠だと考えた。例えば、各国内における赤十字委員会を巻き込むことによってキャンペーンの権威を高めることが 1 つの手段となりうると判断した。事実、スウェーデン、ベルギー、英国、日本などでは各国内の赤十字がキャンペーンに参加し、積極的にかかわるようになった。

ICRC との協力も不可欠なものとなった。ICRC は1995年11月、CCW 再検討会議が決裂・休会直後から、対人地雷全面禁止に向けて史上初の大々的な国際メディア・キャンペーンを始動させた。ICRC のサマルガ会長は、再検討会議開催当時、「残念ながら、会議開始当初の人道主義が、各国の軍部や商業的利益によって押しのけられてしまった」と不満を表明し、「ICRC は（対人地雷という）野蛮な兵器を追放するため、国際メディア・キャンペーンを立ち上げ、歴史的一歩を踏み出す」[56]と宣言していた。ジュネーブの ICRC 本部にはキャンペーン専用の別棟が建てられ、10名前後の専属スタッフが世界中のメディアに情報パッケージやポスター、ビデオ、スライドなどを発送し、インターネット上でも膨大な情報を提供し続けた。アフリカ、アジア、欧州、そして南北アメリカ大陸において流されたテレビのスポット CM や宣伝は商業価格に換算して数百万ドルにのぼる[57]。ICRC の医師が、地雷被害地の現場から収集した生の情報は、貴重なデータベースとして NGO のみならず政府や国際機関の貴重な資料となった。ICBL は、独自の情報・資料とともに、ICRC の専門家と協力関係を築くことによって、キャンペーンに一種の権威づけを行った

のである。

《国際機関との連携》

　地雷除去や被害者の救済などにかかわってきた団体は、現場において直接国際機関と連携して活動を行っていた。例えば、難民帰還が地雷によって脅かされる状況下においては、複数のNGOがUNHCRと必要に応じて協力しながら地雷調査や除去を行っていた。したがって、国際機関はNGOとともに地雷の現状を最も深刻に受け止めていたのである。

　UNHCRの緒方貞子高等弁務官は、難民キャンプにおける地雷被害者の惨状や地雷原の存在が難民の帰還を阻む現状を目の当たりにしているなか、「罪のない市民の命を奪い傷つける原因となっているのは、対人地雷の存在そのものにある。…（中略）…こうした地雷の生産・売買は停止されねばならず、その他の類似兵器同様、禁止されるべきだ」[58]と、政府が具体的行動をとるよう呼びかけた。そして、UNHCRは、対人地雷もしくはその部品を生産・売却している企業の製品は購入しない旨を宣言した。

　ガリ国連事務総長も「対人地雷は大量破壊兵器である。…（中略）…しかし、昨年12万個が除去された一方で、新たに17の紛争地帯で200〜500万個が敷設されており、地雷は紛争後の平和構築、開発にとって最大の障害となっている」[59]と指摘し、1993年に署名された化学兵器禁止条約を先例に、各国政府は地雷の使用・生産を禁止するよう訴えた。さらに、「NGOは国連活動にとって不可欠な存在であり、彼らの実効的参加なくしては何事も実現されない」[60]と、地雷問題でNGOが積極的にかかわるよう求めた。

　UNICEFは、早期から地雷問題に最も熱心に取り組んでおり、ICBLとも世界各地でさまざまな国際会議を共催している[61]。1996年に発表した紛争と子どもの関係についての詳細なレポートでは、地雷問題に言及している。特に、地雷原で暮らす人々が地雷の危険性に関する認識がないことから被害が拡大していることを問題視し、NGOと協力して「地雷回避教育」（mine-awareness education）に精力を傾けた。また、国連開発計画（UNDP）や世界食糧計画（WFP: World Food Programme）といった国際機関も地雷問題の深刻性を訴えてきたほか、地域機関も地雷禁止地帯（mine-free zone）の設置などで

ICBLと協力してきた。例えば、既述のEUのほか、米州機構（OAS: Organization of American States）では第26回パナマ総会にて大陸全体から対人地雷をなくすことをうたった決議が採択されている[62]。また同様に、アフリカ諸国も地雷禁止大陸をめざすことで合意している[63]。

　国際機関や地域機関の地雷根絶への取組みは、地雷全面禁止を訴えるICBLの活動を正統化する一助となったのと同時に、双方が連携する土壌を作ることにもつながり、全面禁止条約成立への国際的気運を盛り上げていったのである。

3-3-4　中核国との協働

　ICBLが対人地雷全面禁止条約設立過程において鍵となる役割を果たすことになったのは、複数の諸国と密接に連携していたからであり、それがまさしくオタワ・プロセスの最大の特徴でもあった。既述のとおり、オタワ・プロセスの始動、その後の発展には中核国と呼ばれる複数の対人地雷全面禁止推進派諸国の存在があった。ICBLは、こうした国々と密接な関係を確立することによって、交渉の傍観者ではなく当事者として活動することになる。

　中核国が正式に第1回目の会合をもったのは1997年2月で、カナダ、ノルウェー、ベルギー、オーストリア、スイス、アイルランド、メキシコ、南アフリカ、フィリピン、ドイツそしてオランダの11カ国が出席している[64]。こうした国々は互いに連携し、さらに志を同じくするICBLと協働することによって、対人地雷全面禁止条約締結へと進んでいったのである。中核国とICBLの関係については、さらに後述する。

3-4　対人地雷全面禁止条約交渉とICBL

　既述のとおり、ICBLは当初CCW再検討会議を通じて対人地雷の全面禁止を実現しようと始動したが、最終的にCCWではその目的は実現しなかった。本節では、CCWの交渉過程から対人地雷全面禁止条約成立に至る過程にICBLがいかに参画していったのか、意思決定過程への参画と評価を具体事例

を用いて検証する。

3-4-1　事例1：CCW再検討会議の開催要求

　1993年5月のICBL主催の第1回国際会議において、既存の国際条約（CCW第2議定書）を強化することが、当時としては全面禁止を促進していく最善策だと判断されていた。そこで、まず、CCW再検討会議の開催を求め、開催が決定された過程においてICBLが果たした役割を取り上げる。

　仏政府は、ICBLが旗揚げした当時、CCW第2議定書を批准している数少ない国の1つであった。また、ICBLの創設メンバーの1つであるHIがフランスを拠点に活動していたことから、フランスでは積極的な対人地雷全面禁止キャンペーンが繰り広げられた[65]。1992年から93年にかけて、地雷問題を告発した書籍を全国会議員・欧州委員に送付し、議会での議論を盛り上げるよう試みたほか、国際会議の開催、署名運動など積極的なキャンペーンに取り組んだ。こうした結果、政府は「初めて問題の深刻さを知らされることになり、NGOからより多くの証拠・情報を求めるようになった」[66]のである。

　当時、地雷問題に最も早期段階から取り組んでいたのは米国であった。ICBLが立ち上がった1992年10月、米国議会において世界初の「対人地雷輸出凍結法」が成立した[67]。1年間の期限付きであったが、同法律には「対人地雷の生産、所有、敷設をさらに制限するための、監視できる国際合意をめざす」と明記されている。しかし、当時米国政府はCCW第2議定書を批准していなかったため、再検討会議開催を要求できる立場になかった。そこで、米国における期限付き輸出凍結法を草案した1人であるパトリック・レーヒー上院議員はHIに書簡を送り、上記の旨を伝えたうえ、仏政府がCCW再検討会議の開催を呼びかけるよう働きかけたのである[68]。HIはレーヒー議員からの書簡を仏外務省に持参し、果敢にロビー活動を展開する。

　特定通常兵器使用禁止・制限条約第8条（検討及び改正）によれば、CCW締約国は同条約発効から10年で再検討会議開催を要請できる。同条約は1983年12月2日に発効していることから、1993年末をもって再検討会議の開催が可能となったのである。同条約を批准していた仏政府は、1993年2月11日、カンボ

ジアを公式訪問中のミッテラン大統領が、その年の国連総会において CCW 第2議定書の改訂を求めることを公式発表した。さらに仏政府は、自国の方針として地雷の無期限輸出禁止を決定した[69]。仏政府の要請を受けて第48回国連総会は1993年12月16日、CCW 再検討会議開催を求める決議を採択した[70]。1994年から95年にかけて計4回にわたる専門家委員会を経て、CCW 再検討会議は1995年10月に再開されることとなった。

　フランス・キャンペーンによる政府への働きかけがどの程度、仏政府の指導力を発揮する契機となったかは定かでない。しかし、HI でロビー活動の中心的役割を担ったフィリップ・シャバスは、1992〜93年当時、多くの西欧諸国が CCW を未批准で指導力を発揮できるのはフランスしかないと政府の説得を試みた[71]。特に、レーヒー議員からの書簡を外務省に持参し、CCW 再検討会議の開催を求めることによって仏政府外交の得点となりうることを説得した。その結果、仏政府は地雷問題に「新たな関心を示し、地雷問題で米国に主導権を握られることをおそれたことが、フランス当局に行動をとらせることになった」[72] と推測されるのである。さらに、フランス・キャンペーンは改めてミッテラン大統領に書簡を送り、緊急行動をとるよう警告した。この書簡はダニエル・ミッテラン大統領夫人を通じて直接大統領に手渡された。こうした働きかけを通じて、対人地雷の問題に対する大統領自身の関心が高まったと考えられる。先述のとおり、CCW の締約国が極端に少なかったことを勘案すると、地雷問題に対する各国の関心が低かったことは明らかであった。ICBL が仏政府に CCW 再検討会議開催を強く求めていなければ、CCW 第2議定書改正へといった流れは早急には生み出されなかったと推察される。

　したがって ICBL は、CCW 再検討会議開催に関して、仏政府の意思決定をめぐって「交渉過程の議論への影響力」を発揮し、さらに、ICBL の要請が実現したことによって「結果を決める影響力」も示したと判断できるだろう。

3-4-2　事例2：オタワ・プロセスの始動と ICBL

　オタワ・プロセスを通じた対人地雷全面禁止条約成立に向けて国際的気運が盛り上がった背景には、CCW 改正第2議定書が全面禁止を実現することなく

終結したことがある。しかし、CCW 再検討会議交渉過程からオタワ・プロセスへの移行は、どの時点で、いかに行われたのだろうか。そもそも、オタワ・プロセス始動の契機はどのようにして誕生したのだろうか。事例 2 では、CCW 第 2 議定書の改正後に焦点を合わせて活動していた ICBL が、いかに新たな交渉の場を創造すべく活動したのかを検証してみたい。

1996年 1 月15日に CCW 再検討会議専門家会議が再開された時点で、全面禁止支持を表明した国は19カ国だった[73]。専門家会議の争点は技術的問題だったが、事態の打開が図れる見通しは立っておらず、ICBL は 4 〜 5 月に予定されていた最終会議でも全面禁止が実現する可能性は皆無な状況だと判断していた。そこで ICBL は改正議定書によって全面禁止が実現されない場合を想定し、新たな展開を模索することになる。具体的には、CCW 再検討会議交渉の行方を見守りながら、水面下で全面禁止に意欲を見せていた数カ国と直接対話の機会を模索することで、CCW 交渉終結以降も地雷問題を風化させないよう試みたのである。

それまで全面支持を何らかの形で表明していた国々との直接対話を模索すべく、ICBL は政府との会合の機会を設けた。ICBL から招待された19カ国のうち、 8 カ国の政府代表団[74] が NGO との合同会合（1996年 1 月17日）に出席し、主に CCW 以降の取組みについて話しあった。

2 時間に及んだ会合では、政府代表団・ICBL の双方が積極的に意見を述べあい、ICBL は「和やかな雰囲気で建設的な意見で盛り上がった」[75]、「政府側から多くのアイデアが出され、意気込みを感じた」[76]、「初めて地雷禁止が実現する兆しが見えてきた」[77] と会合を高く評価した。一方、政府代表団も「CCW 再検討会議はとてつもなく落胆する結果になりつつあったにせよ、全面禁止に積極的な国々が互いの存在を認識しあい、まだ曖昧な形だったにせよ、1 つのグループを形成しつつあった」[78]、「参加者のなかにグループ意識が芽生え、継続的にこうした会合を開催しようということで合意した」[79] といったように、会合を前向きに捉えていた。そして、会合に招かれていないにもかかわらず自主的に出席したカナダ政府代表団員は「自国が主導権を発揮すべきだと確信」[80] し、帰国後は地雷に関する政策を提案し、積極的にかかわっていくことがオタワ・プロセスへと発展する。

　この会合について特筆すべき点は、次の2点である。1つはICBLのなかに政府代表団との直接会合を実施するための合意が形成されていなかったにもかかわらず、会合を開催したことである。米国のNGOを中心に、会合を呼びかけた結果、政府代表団が参加しなかった場合、全面禁止支持が急速に縮小してしまうことを懸念する意見があったためである[81]。つまり、政府代表団とどういった点について具体的に煮詰めていくべきかという合意がICBL内で十分議論されておらず、ごくわずかな代表団しか参加しなければ、それらの国々さえ自らを「少数派」とみなし、全面禁止の気運に水を差しかねないという懸念があったのである。しかし、会合開催に積極的だったNGOは、再検討会議以降に標準を合わせつつあった。4～5月の再検討会議で全面禁止を実現できなかった場合──そして、その可能性はきわめて高かった──ICBLは活動対象を失い、国際的に地雷問題を取り上げる「場」を失ってしまうことを意味していたからである。条約交渉の「場」は、各国政府代表団が一堂に会し、特定の問題を集中議論するため、NGOにとっては自らの立場をロビーするまたとない場であり、マスコミ・世論を動員する絶好の機会である。したがって、CCW交渉が終了してしまえば、NGOはそうした機会を失うことになるのである。しかし、その時点で多くの政府代表団が指摘していたように、全面禁止を議論する可能性のある場は、ジュネーブの軍縮会議か再度改訂された議定書が発効してから5年後の再検討会議に焦点を合わせるしかなかった。そこで、政府との会合賛成派は、全面禁止を支持していた国々の意志を確認し、何とかそうした国々が新たな指導力を発揮してくれることに期待していたのである。

　結果的には、ICBL内の賛成派と慎重派は最後まで合意できず、結局ICBL傘下の一団体が個人名で政府代表団に招待状を送るという形式をとった[82]。ICBLは運営委員会およびコーディネーターを置いていたが、参加団体や個人の行動を規制するような権限は与えられていなかった。そうしたゆるやかなネットワークであったために、団体個々の自発性や行動力が尊重されたのである。

　第1回の会合で特質すべき第2点目は、全面禁止支持を表明していた政府代表団が初めて互いの存在を認識し、一堂に会したという点にある。CCW再検討会議以前、会議開催中、そしてそれ以降の過程において、各国の対人地雷政策は急速に変化しつつあった。事実、カナダ政府が全面禁止支持を公式表明し

たのは 1 月17日であり、したがって同日付けの ICBL の招待状はカナダ政府代表団には宛てられていなかった[83]。こうした状況下で、各国代表団は何カ国がどのような立場をとっているのかということについて十分に把握していなかっただけでなく、一堂に会して対話する機会はなかった。しかし、アイルランド政府団の一員が振り返るように、この非公式会合の後、こうした国々はグループ意識を強め継続的に対話を重ねていくことになり、その延長線上で、オタワ・プロセスにおいて「中核国」として積極的に地雷禁止外交を展開するようになるのである。

オタワ・プロセスは、その後カナダ政府が主催する国際会議の場において正式にスタートするが、その契機を作ったのはこのように、ICBL 傘下の NGO の呼びかけで実現した政府と NGO の合同会合であった。ICBL は、この第 1 回合同会合以降、数回にわたって政府との合同会合の機会を設け、双方の協力関係を深めていった[84]。そして CCW 再検討会議が閉幕した1996年 5 月 3 日、カナダ政府は ICBL とジュネーブで共同記者会見し、同年秋に「対人地雷国際戦略会議」を開催することを正式に発表した。ICBL はその後、この「会議のあらゆる準備過程にかかわり」、オタワ会議で採択された「最終宣言及び行動計画の起草にも積極的に参加」[85]したのである。

オタワ会議においてアクスワージー外相が、「ICBL こそが、今日我々をこの場に集わせた責任を負っている」と語ったのは、オタワ・プロセスを始動させたのは ICBL だという認識があったからにほかならない。CCW 再検討会議が行き詰まりをみせるなかで、ICBL は地雷問題を風化させることなく、政府の対応を求めたのである。したがって、この事例に関しては、ICBL が「結果を決める影響力」を発揮し、そうした対話が政府・NGO 間の信頼醸成に貢献し、オタワ・プロセスへの助走となった経緯から、ICBL がオタワ・プロセス始動に向けた「交渉過程の議論への影響力」も示したと判断できるであろう。

3-4-3　事例 3：条約案の作成と ICBL

オタワ条約の草案は、先述のようにオーストリア政府を中心にまとめられることが1996年10月のオタワ会議で決定していた。ICBL は、オタワ条約が

CCW の二の舞とならぬよう「抜け道なし、留保なし、例外なし」といった原則に沿って全面禁止を実現させるものとなるよう試みる。事例 3 では、ICBL が条約のなかで求めていた条項が、どのように対人地雷全面禁止条約に反映されているのかについて分析する。

　ICBL は、1996年10月のオタワ会議を受け独自の条約案の作成を行った。その作業は、オタワ会議（1996年10月 3 日～ 5 日）から、ウィーン会議（1997年 2 月12日～14日）までの 4 カ月間に、急ピッチで進められた。ICBL は、スウェーデンの NGO であるラッダ・バーネンを中心とした「条約作業部会」を設け、独自に条約草案を起草し、欧米の軍縮・国際法の専門家に協力を要請した[86]。専門家による意見を採り入れながら完成した草案は、1996年12月の ICBL 運営委員会に提示され、さらなる修正が施された後、19条から成る条約案は1997年 1 月に完成した[87]。そして、ICBL のメンバーはこの条約を手にニューヨーク国連本部を訪れ、各国代表団に ICBL にとって本質的な条項の説明を試みた[88]。その後、 2 月のウィーン会議の初日、発言する機会を得た ICBL は、オーストリア原案および ICBL 版条約案について触れ、下記の 7 点を条約に含めるよう要請した。

(1)　条約が対人地雷の使用、生産、備蓄、移譲を全面禁止する包括的条約であること。

(2)　対人地雷の定義によって、抜け穴を作らないこと（primarily ［第一義的目的］ を含めないこと）。

(3)　オーストリア原案に示されている訓練用地雷の例外化がどうしても必要であれば、明確な個数を記載すること。

(4)　備蓄地雷の破壊条項及びその期限を明確化すること。

(5)　透明化措置（各国が保有している地雷の種類、数、地雷原に関する情報を明らかにする旨）を含めること。

(6)　条約普遍化のためにも、条約を修正できるフォローアップ会議の開催に関する条項を入れること。

(7)　地雷の使用・移譲に関する検証手段を設けること[89]。

上記の諸点は、その後のオスロ会議に至るまで、ICBL が引き続き求めていた本質的な点であるが、最終的にオタワ条約にはどの点がいかに反映されている

のだろうか。

　まず、第1点目の包括的条約であるという点は、対人地雷全面禁止条約の題名の「対人地雷の使用、貯蔵、生産、移譲の禁止及びその廃棄に関する条約」、および第1条（一般的義務）から明らかである。一般的義務では「締約国は、いかなる場合にも、次のことを行わないことを約束する。1項　(a)対人地雷を使用すること。(b)対人地雷を開発し、生産し、生産その他の方法によって取得し、貯蔵し若しくは保有し又はいずれかの者に対して直接若しくは間接に移譲すること。(c)この条約によって締約国に対して禁止されている活動を行うことにつき、いずれかの者に対して、援助し、奨励し又は勧誘すること。2項　締約国は、この条約にしたがってすべての対人地雷を廃棄し又はその廃棄を確認することを約束する」[90] としている。

　第2点目の「primarily」についてであるが、第2条1項の対人地雷の定義では「人の存在、接近又は接触によって爆発するように設計された地雷であって、1人若しくは2人以上の者の機能を著しく害し又はこれらの者を殺傷するものをいう。人ではなく車両の存在、接近又は接触によって起爆するように設計された地雷で処理防止のための装置を備えたものは、当該装置を備えているからといって対人地雷であるとはされない」となり、「primarily」という文言は挿入されなかった。しかし、定義の後段で「処理防止のための装置を備えた」対車両地雷は対人地雷とみなされないことになった。処理防止装置とは、「地雷の一部を成し、地雷に連接され若しくは取り付けられ又は地雷の下に設置されている」地雷の保護を目的とする装置であって、「地雷を処理し又はその他の方法で意図的に地雷を害しようとすると作動するもの」と定義された（第2条3項）。したがって、人との接触によって爆発する弾薬類であっても、対車両地雷と事実上一体化しているものについてのみ対人地雷ではないとして、条約の適用範囲外に置かれることになった。

　対人地雷の定義問題は、ICBL内でも最も議論が紛糾した点であり、オタワ条約でいかに定義されるべきかについてICBL内でも最終的な合意はみられなかった。地雷がもたらす惨事は、単体で敷設された対人地雷であろうと、対車両地雷と一体化した地雷であろうと変わりはなく、また同様に、除去作業においても両者の区別は意味をもたない。したがって、現場活動を中心とする

NGO は、地雷の「効果」によって定義すべきだと主張し、条約成立を優先させた NGO との間に溝ができていた。しかし、後述のとおり、最終的には、条約改正が可能となる再検討会議を通じて、定義をさらに厳密なものに改正していくことで決着した。

第3点目の「例外地雷」については、第3条1項で「第1条の一般的義務にかかわらず、地雷の探知、除去又は廃棄の技術の開発及び訓練のための若干数の対人地雷の保有又は移譲は、認められる。その総数は、そのような開発及び訓練のために絶対に必要な最小限度の数を超えてはならない」(傍点筆者) として「若干数」の地雷保有を事実上認めた。ICBL は、例外地雷の個数の判断が各国に委ねられることを懸念し、数を明確にするよう果敢にロビーしたが、各国の温度差が激しく結局明記されることはなかった[91]。しかし、ICBL は「絶対的最小の数 (absolute minimum number)」しか認められるべきではないと強く主張し、1500〜2000個という数が会議の解釈であるという発言を議事録に残すことに成功した[92]。

第4点目の備蓄地雷の破壊条項については、第4条において「締約国は、前条に規定されている場合を除くほか、自国が保有し若しくは占有する又は自国の管轄若しくは管理の下にあるすべての貯蔵されている対人地雷につき、この条約が自国について効力を生じた後できる限り速やかに、遅くとも4年以内に、廃棄し又はその廃棄を確保することを約束する」として、例外地雷以外の備蓄地雷すべてを4年以内に破壊することを義務づけた。

第5点目の透明化措置については、第7条で締約国になった後、「できるだけ速やかに、遅くとも180日以内に国連事務総長に対して報告する」ことを義務づけた。具体的には、(a)第9条に則った国内の実施措置、(b)所有地雷の総数、形式ごとの数量及びロット番号の内訳、(c)地雷敷設地域の位置、形式ごとの数量及び敷設された時期に関する可能な限りの詳細、(d)第3条の規定に従い、地雷の探知、廃棄の技術の開発及び訓練のために保有している地雷の又は廃棄のために移譲した地雷の形式、数量及びに可能な場合にはロット番号、(e)対人地雷生産施設の転換又は稼動の停止のための計画の状況、(f)対人地雷廃棄計画(方法、場所の位置ならびに安全及び環境についての適用可能な基準であって廃棄に際して従う必要のあるものの詳細を含む)、(g)条約が自国について効力

を生じた後に廃棄された全ての対人地雷の形式及び数量、(h)自国の生産した対人地雷の各型式の技術上の特徴、(i)地雷敷設地域に関して住民に対する迅速かつ効果的な警告を発するためにとられた措置、を求めている。さらに、こうした情報は毎年更新し、毎年4月30日までに国連事務総長宛に報告し（同条2項）、事務総長は、受領した報告の全てを全締約国に送付することになっている（同条3項）。

第6点目のフォローアップ会議については、第11条において、条約の発効から1年以内に国連事務総長が招集し、第1回検討会議が開催されるまでは、毎年締約国会議を開催する。なお、検討会議は第12条において、条約の発効から5年後に国連事務総長が招集するが、その後の検討会議については、1または2以上の締約国の要請があった場合には検討会議の間隔をいかなる場合にも5年以上とすることを条件として、事務総長が招集する、とされた。さらに、条約改正については、いずれの締約国も、条約発効後いつでも改正を提案することができる。その場合には、条約の寄託者（国連事務総長）が改正提案を締約国に諮り、過半数の締約国が同意すれば、改正会議が開催される。

最後に、検証手段については、第8条で「遵守の促進と説明」として、現地における事実調査制度が設けられた。すなわち、

(1) 他の締約国による条約遵守に疑念をもつ締約国は、「説明の要請」を提出することができる。

(2) 28日以内に回答を受領しないか、回答が不十分だと判断した場合には、問題を次回締約国会議若しくは特別会議に付託することができる（同条2項、3項、5項）。

(3) 締約国会議は、出席しかつ投票する締約国の過半数で事実調査団（fact-finding mission）の派遣を決定することができる。

(4) 事実調査団は「現地または被要請締約国の管轄若しくは管理の下にあって遵守問題の疑惑と直接に関連あるその他の場所において」追加的な情報を収集することができる（同条8項）。

(5) 事実調査団は、最大14日間、関係締約国の領域に滞在した後、調査結果を締約国会議、若しくは特別会議に報告することとされる（同条15項、17項）。

　こうした検証手段に対して、「条約の採択そのものを最優先にした結果」と
して、「オタワ条約は、その中心をなす軍縮の部分について事実上検証を伴わ
ない条約となった」[93] と批判も出ている。確かに、疑惑に関する「説明の要
請」があってから28日間も疑惑国に回答の時間が与えられ、事実調査団の派遣
はそれ以降に手続きが始まることから、事実調査団が疑惑の場所を訪れる前に
地雷の生産・貯蔵などの違反行為が隠蔽される危険は皆無ではない。

　しかし、小さな施設で生産・貯蔵できる地雷をすべて探知できるような検証
制度の確立は不可能に近く、検証を最優先すると条約そのものが成り立たなく
なるおそれがあった。だからこそ、「条約の採択そのものを最優先にした結果」
として、条文のような検証に関する規定になった。ただ、この条約の目的の1
つは「（対人地雷による）苦痛及び犠牲を終止させる」（条約前文）ことであり、
そのためには地雷の使用禁止こそが条約の心臓部を構成するものである。この
使用禁止に関しては、上記のような事実調査団によって十分に検証が可能であ
り、この目的の達成を担保できる制度が確保されていると判断できるだろう。
また、条約に定められた検証規定が無力なわけではない。事実調査団の派遣に
よって違反が発覚する可能性もあり、違反に対する一定の抑止力を示すと考え
られる。

　上記7点に加え、ICBLが参加した成果とも評価しうる条項がオタワ条約に
は加えられている。オタワ条約第6条の「国際協力と援助」は、当初オースト
リア政府案にも他国の提案にも含まれていなかった[94]。しかし、ICBLは地雷
被害国の大半が途上国である現実から、条約で地雷除去や地雷の破壊を義務づ
けたとしても、財政的・技術的に履行困難になることを予測し、締約国間の協
力を強く求めた。ICBLは、独自の草案第6条の「協力」で「締約国は、備蓄
地雷の破壊と地雷原の地雷除去を含む条約の義務を履行するため、相互に協力
し、技術支援を行う」[95] と、協力条項を含めるよう求めていたのである。

　以上のように、最終的に採択された条約にはICBLの主張がおおむね反映
される形となっている。したがって、この事例に関しては、ICBLが「結果を
決める影響力」を発揮したと判断できるだろう。だが、こうした結果を得るに
は、オスロ会議における「交渉過程の議論への影響力」が不可欠であった。条
約修正のために交渉に加わってきた米国が修正案を提出し、全面禁止を危機に

さらすおそれがあったからである。そこで次に、オスロ会議における ICBL
の「交渉過程の議論への影響力」を分析する。

3-4-4　事例 4 ：オスロ会議と条約採択

　前述のとおり、志を同じくする諸国と ICBL との協働によって始動したオ
タワ・プロセスは、全面禁止を基本原則に条約作成交渉が進められていた。し
かし、米国のオスロ会議参加によって、状況は一変した。したがって、事例 4
では、オスロ会議交渉時における米国の姿勢に対する ICBL の活動を通じて、
「交渉過程の議論への影響力」を分析する。

　オスロ会議直前に参加を決めた米国は、参加を発表してからオスロ会議が始
まるまでの 2 週間、積極的にロビー活動を展開した。オルブライト国務長官が
直々に各国外相宛に書簡を送り、さらに直接、電話もかけて米国に対する支援
を求めた。 8 月20日付け書簡のなかでオルブライト長官は、「現時点ではオタ
ワ・プロセスが対人地雷禁止に向けて早期に成果をあげられると判断した」と
述べたうえで、「条約の草案に対しいくつかの修正を求める」[96]と宣言してい
た。

　オスロ会議の初日、米国が提出した修正案および参加国の反応は以下のとお
りである。

　(1)　朝鮮半島の例外化：米国は、「朝鮮半島は南北がにらみあうなかで、国
　　　連軍が駐留する特殊な事情がある」と地域的な例外を求めた。オースト
　　　リアやポーランド、スペイン、エクアドルなどがきわめて曖昧な形で支持
　　　する態度を示し、日本だけが米国案を明確に支持した。しかし、他の国々
　　　は次々に「例外は認められない」と発言し、これが会議の大勢を占めた。

　(2)　対人地雷の定義：米国は、対人地雷の定義に関して、自滅・不活性化地
　　　雷は対人地雷に含めず禁止対象外とするよう求めた。また、対車両地雷を
　　　保護するために仕掛けられる対人地雷についても対車両地雷に付属する爆
　　　発装置であり、通常の対人地雷と同じように禁止すべきではないと主張し
　　　た。この案にも日本だけが明確に賛成した。

　(3)　条約発効の猶予：米国は、中国やロシアといった地雷大国が参加してい

ない条約は世界的禁止につながらないことから、これらの国が参加するのを待つうえでも全面禁止にはそれなりの猶予期間をもたせるべきだと主張した。具体的には、条約が発効してから 9 年間の猶予を求めた。しかし、この点については 1 ヵ国も賛成しなかった。

(4)　条約脱退：条約からの脱退に関して米国は、国家の利益が危険にさらされた場合、締約国がこの条約から速やかに脱退することを認めるべきだと主張した。条約案では、脱退は通知の 1 年後としているのに対し、米国は90日後を求めたが、支持を表明した国はなかった。

ICBL は、米国の修正案を念入りに検討し、朝鮮半島の例外化、対人地雷の定義、そして条約の発効期間の猶予、の 3 点を特に問題化した。

朝鮮半島の例外化に関して ICBL は、朝鮮半島の地政学的状況などが特殊であることは認めつつも、米国の「例外」を認めることによって他の国々も追随して例外を求め、例外が認められない国はオタワ・プロセスに参加しなくなるという連鎖反応をおそれた。これまでにも、英国がフォークランド諸島の例外を求めた先例があったからである。

対人地雷の定義に関して ICBL は、前述したとおり「デザインではなく効果」によって定めるべきだと主張した。対人地雷の定義から「自滅装置付きの地雷」が外されれば、実質上、先進国が保有している地雷を条約の対象外とすることを認めてしまうことになるからである。1996年末、国連総会において156対 0 で採択された対人地雷禁止に関する決議案でも両者の区別はされず、「すべての」対人地雷を禁止すると明文化されている[97]。米国自身、1996年 5 月に発表した政策で「自滅装置付き」地雷はその他の地雷とともに禁止するべきだと主張していた経緯もある。したがって ICBL は、対人地雷の定義から「自滅装置付きの地雷」を外すことは容認できないとの立場を再確認した。対車両地雷を守るために敷設される対人地雷についても同様に、ICBL はこれを禁止対象外にすることに反対する方針を決めた。

そもそもオタワ・プロセスが始まったのは、1 日も早く対人地雷を全面禁止するためだった。米国が求めていた条約発効から 9 年間の猶予期間は、条約の調印後40ヵ国が批准して発効してからさらに 9 年後まで猶予期間を与えるもので、発効に数年かかると計算すると、10年以上先まで猶予期間が継続すること

になる。したがって、ICBLはこの点についても強固に反対していくことを決定した。

米国提案に対するこうした基本姿勢を確認した後、ICBLは米国提案の問題点を指摘し、その情報を国際社会に流して世論を盛り上げ、「例外なし、抜け道なし、留保なし」の原則を貫いた条約作りへの支持を拡大・堅持する活動を展開した。

オスロ会議における条約交渉過程では、ICBLにとって有利な条件がいくつかあった。1つは、条約の採択方法である。会議の議事進行方法などを定めた「会議手続規則（rule of procedure）」第7章35項では、「会議におけるすべての重要な決定は、出席・投票する代表団の3分の2の多数決によって下す」[98]とし、全会一致による合意形成は採用しなかった。したがって、いかなる修正案も3分の2の政府代表団の支持を得る必要があった。

CCW交渉で明らかになったように、全会一致方式による合意形成では交渉の合意点は最大公約数の範囲内にとどまることから、より高い理想を掲げる国にとって結果は小さな一歩に踏みとどまらざるをえない。しかし、オタワ・プロセスは人道的な見地から一日も早い対人地雷の全面禁止を実現することが最大の目的だった。そこで、オスロ会議の手続規則は積極的に禁止を推し進める国だけで条約を採択することを定めたのである。そこには、多くの国の参加で効力の薄い条約を作るよりも条約成立当初は参加国が少数でも、強力な条約をめざす意気込みが反映されていたのである。

ICBLにとって2つ目の有利な条件は、オスロ会議に正式なオブザーバーとして参加できることが確認されたことである。会議の参加者について触れた手続規則第1章第4項は各国代表団以外に、「ノルウェー政府より招待状を受け取った組織もオブザーバー参加できる」と規定した。この規則に則り、ICBLがオブザーバー参加する門戸が開かれたのである。「軍備管理問題や人道法にかかわる交渉で、NGOが正式なオブザーバーとして参加し、意見を主張できる立場を確保したのは前代未聞のこと」[99]だった。ICBLは9名による代表団を構成し、交渉過程をつぶさに見守った。さらに、ICBLに加わっていたNGOに所属する複数の個人が政府代表団（オランダ、カナダ、ブルキナ・ファソ、ベルギー、ドイツなど）に専門家として加わっていた。この他、ICBL

は中核国との協議も頻繁に行い、交渉の裏表に精通していた。こうした多層的な情報収集チャンネルが、条約修正をめざす米国の言動を監視する力となり、ロビー活動を可能にしたのである。

　ICBLにとって3つ目の有利な条件は、南アフリカのジャッキー・セレビ大使がオスロ会議で議長を務めたことである。セレビ大使は、オタワ・プロセスのきっかけを作ったNGOの役割を重要視し、政府とNGOのパートナーシップを常に建設的な方向へ導く努力を続けてきた。セレビ大使は、オスロ会議開幕後も個人的にICBLと会合の機会を数回設け、双方に不信感が生じないように努めた。さらに、南アフリカ代表団の職員もICBLと綿密な連絡をとっていた。ICBLは、議長との協力を維持しながら、条約の内容が大幅に修正されることがないよう国際世論を盛り上げていったのである[100]。

　一方、米国が提案した修正に対する支持は広がらなかったため、米国代表団は新たな提案を発表した[101]。9月15日ワシントンで発表された新提案で米国は「朝鮮半島の例外化」を取り下げた。その代案として、当初から求めていた「9年間の猶予期間」をより前面に押し出した。米国が当初求めていた猶予期間に関する修正案では「条約の発効から9年後」となっていたが、新提案では「オタワでの調印（1997年12月）から9年間の猶予期間」に変わった。ワシントンで記者会見した国務省のフォーリー副報道官は、「この間に代替兵器の開発をめざす。これが米国の最終姿勢だ」[102]との見解を示した。この新提案に基づく最後の説得工作に時間が必要だったため、米国は交渉の延期を申し出たのである[103]。

　米国の「新提案」も、ICBLにとって受け入れがたいものだった。ICBLはこの提案について「大多数によって拒否された米国案を少々修正したもので、何ら新しい提案ではない」[104]と強く非難した。当初米国が求めていた「朝鮮半島の例外化」は米国だけの例外を求めるものだったが、米国が新たに提出した9年間の猶予ではやはり、「全締約国」が9年間自滅型地雷を使用し続けられることになる。つまり、対人地雷の全面禁止は調印から9年後ということになり、「1日も早い全面禁止」をめざしてきたオタワ・プロセスは「空中分解」してしまう危険性があった。

　だが、新提案も不評なことを悟った米国は、全体会議再開を待たず新提案を

取り下げた。最終的に採択された条文は、米国が求めた修正案は反映されない
まま議長草案とほぼ同じ内容となった。ICBL は最終条約文を評価し、アナン
国連事務総長も「軍縮史の金字塔」[105]と、条約の成立を高く評価した。

　条約の前文では、「……対人地雷の全面的禁止の呼びかけに実証された人道
的原則を促進する一般市民の良心の役割に注目し、また、国際赤十字社及び赤
新月社連盟、地雷禁止国際キャンペーン、その他世界中の多数の非政府組織に
より行われてきた同じ目的の努力を認識し……」と、ICBL の名前が明記され
ることになった[106]。

　このような形で ICBL の存在が認められたことは、ICBL が中核国と協働作
業を進めてきたことに対する評価にほかならない。そして、政府と協働する存
在になりえたのは、その専門的な調査機関のような情報分析能力と緻密性、報
道機関のような取材力と速報性、そして活動家としての行動力と機動力といっ
た要素を集大成したからこそであった。ICBL の主張が多く条約に反映される
形となった背景には、3-4-3項で考察したように、ICBL が代替案を提示して
結果に影響力を行使したにとどまらず、ICBL による交渉過程の監視、そして
交渉過程への直接関与があった。したがって ICBL は、条約案作成において
「交渉過程の議論への影響力」も発揮したのである。

〔注〕
1)　以下、本書では、特に言及しない限り、地雷と記した場合は対人地雷を指す。
2)　米国務省は、1994年に発表した *Hidden Killers* のなかで、敷設地雷の総数を約1
　　億1000万個と試算していたが、改訂版ではその数を6000万個に修正している。
　　United States, Department of State, Bureau of Political-Military Affairs, *Hidden
　　Killers : The Global Landmine Crisis*, Washington, D. C., September 1998, p. v.
3)　International Committee of the Red Cross, *Landmines must be Stopped*,
　　Leaflet issued by Mines Campaign Unit, Geneva, 1995.
4)　地雷の数は500種を超えるといわれているが、非政府軍などによる改造地雷も多数
　　存在することから、明確な数は不明である。Arms Project of Human Rights
　　Watch and Physicians for Human Rights, *Landmines : A Deadly Legacy*, Human
　　Rights Watch, USA, 1993 参照。
5)　*Ibid*., pp. 46-47.
6)　地雷除去作業は、生活に直結した場に敷設された地雷を除去する「人道除去」と、
　　日常生活には直結しない場所──湾岸戦争時におけるクウェートの砂漠など──の

地雷を除去する「商業除去」に分類される。前者は限りなく100％に近い除去率を目的とすることから（国連の基準は99.6％）、除去隊員による手作業に依存するため、主にNGOが従事しているのに対し、後者は90％前後の除去率をめざすことから、業者による機械作業が中心となる。

7)　地雷除去費用は状況によって幅がある。カンボジアの場合には、1つの除去に平均1000ドルかかっている。International Committee of the Red Cross, *op. cit.*, p. 5参照。

8)　例えば、外見から爆風式地雷と判断した地雷が傾斜爆発型地雷（tilt mine）に改造されていることも少なくないため、人道的除去活動においては発見場所で爆発させて処理することが多い（on-sight explosion）が、この作業自体が時間・資金を要する危険な作業となる。

9)　Arms Project of Human Rights Watch and Physicians for Human Rights, *op. cit.*, pp. 3-15.

10)　International Committee of the Red Cross, *Anti-Personnel Landmines : Friend or Foe? A Study of the Military Use and Effectiveness of Anti-Personnel Mines*, Geneva, March 1996, p. 9.

11)　以下、ジュネーブ条約第1追加議定書については、藤田久一・浅田正彦編『軍縮条約・資料集［第2版］』（有信堂高文社、1997年）から引用。

12)　1983年12月2日発効。

13)　Arms Project of Human Rights Watch and Physicians for Human Rights, *op. cit.*, pp. 266-297.

14)　第48回国連総会は、12月16日、CCW再検討会議開催の要請がなされた事実を歓迎する決議を採択し、締約国に対し専門家委員会の開催を求めた。United Nations General Assembly, *Convention on Prohibitions or Restrictions on the Use of Certain Conventional Weapons Which May Be Deemed to Be Excessively Injurious or to Have Indiscriminate Effects*, A/RES/48/79, 81st plenary meeting, December 16, 1993.

15)　他にオブザーバー参加したのは、UNDHA（国連人道支援局）、UNDP、EU、アラブ諸国連盟、ICRC、赤十字・赤新月社連盟、Sovereign Order of Maltaの諸機関。*Review Conference of the States Parties to the Convention on Prohibitions or Restrictions on the Use of Certain Conventional Weapons Which May Be Deemed to Be Excessively Injurious or to Have Indiscriminate Effects*, CCW/CONF. 1/CRP. 20/Rev. 1, 2 May 1996.

16)　ICBL, *CCW News*, September 28, 1995.

17)　CCW第5条（効力発生）(2)によれば、条約発効後に批准書、受諾書、承認書又は加入書を寄託する国については、寄託から6カ月後に効力が生じる。

18)　こうした諸国は、専門家委員会にはオブザーバー参加していた。第1回の専門家委員会が開催された段階では（1994年2月24日）、締約国は41カ国だった。International Committee of the Red Cross, *Statement : A Total Ban on Antipersonnel*

Mines and Blinding Weapons is the Best Option, Geneva, February 24, 1994.

19) 改正第2議定書の「技術的事項に関する付属書」(2)(a)。

20) 上掲、(3)(a)。

21) Department of Foreign Affairs and International Trade, "Criteria for Participation," *Towards a Global Ban on Anti-Personnel (AP) Mines*, International Strategy Conference, Ottawa, October 3-5, 1996.

22) Interview with Robert (Bob) Lawson, Head, Conventional Arms Section, Non-Proliferation, Arms Control & Disarmament Division, Department of Foreign Affairs and International Trade, Ottawa, May 6, 1997.

23) Department of Foreign Affairs and International Trade, "Agenda For Action on Anti-Personnel Mines," *op. cit.*, International Strategy Conference, Ottawa, October 3-5, 1996.

24) Department of Foreign Affairs and International Trade, "Notes for an address by the Honorable Lloyd Axworthy, Minister of Foreign Affairs at the Closing Session of the International Strategy Conference," *op. cit.*, Ottawa, Ontario, October 5, 1996.

25) Interview with Lawson, *op. cit.*, June 26, 1997.

26) Brian Tomlin, "On a Fast Track to a Ban: The Canadian Policy Process," in Maxwell A. Cameron, Robert J. Lawson, *et al.* (eds.), *To Walk without Fear*, Oxford University Press, 1998, p. 202.

27) カナダ外務省担当者による当時の回想録は、Robert Lawson, Mark Gwozdecky, *et al.*, "The Ottawa Process and the International Movement to Ban Anti-Personnel Mines," in Cameron, Lawson *et al.* (eds.), *op. cit.*, pp. 160-184 を参照。

28) 宣言文は、(1)対人地雷の使用、貯蔵、生産及び移譲の包括的禁止、(2)備蓄対人地雷の破壊及び敷設済み対人地雷の除去、(3)被害国の地雷除去のための国際協力と支援、を盛り込んだ合意を早急に実現するものとする、とうたっている。

29) Foreign and Commonwealth Office, "New UK Policy on Landmines," *Press Release*, May 27, 1997.

30) 正式には、ブリュッセル会議初日（6月24日）、フランス政府代表団長だったジョエル・ブルゴア大使によって発表された。

31) Interview with an official from the Ministry or Foreign Affairs, Paris, October 22, 1997.

32) 対人地雷問題でEUが「共同行動」を採択したのは2回目である。1回目は1995年5月12日で、(1)対人地雷輸出の一部凍結、(2)CCW普遍化促進及び第2議定書の強化、(3)EUの国際的地雷除去への貢献、の3点が盛り込まれていた。

33) EUの「共同行動」。Joint Action of 1st October 1996, Adopted by the Council on the basis of Article J.3 of the Treaty on European Union on Anti-Personnel Landmines.

34）　書簡が宛てられた国・地域には、ほぼすべての西欧・東欧諸国のほか、アルゼンチン、チリ、エルサルバドル、メキシコ、ペルー、ベネズエラ、エジプト、南アフリカ、ベトナム、キプロス、インド、日本、北朝鮮、韓国、シンガポール、パキスタン、台湾が含まれる。Evelyn Leopoid, "US Asks 44 Countries for Moratorium on Landmines," *Reuter News Agency*, December 15, 1993.

35）　Office of the Press Secretary, "Banning Anti-Personnel Landmines," *Fact Sheet*, The White House, May 16, 1997.

36）　White House, Statement by the Press Secretary, United States Announces Next Steps on Anti-Personnel Landmines, *Press Release*, January 17, 1997.

37）　Rebecca Johnson, "Conference on Disarmament," *Disarmament Diplomacy*, Issue No. 16 Acronym Institute, July 7, 1997.

38）　*Ibid*.

39）　例えば、カンボジア、アンゴラ、モザンビーク、アフガニスタン、ボスニア・ヘルツェゴビナといった国々は、軍縮会議のメンバーになっていない。

40）　2002年11月末日現在、締約国数は日本を含む130カ国。

41）　Department of Foreign Affairs and International Trade, "Notes for an Address by the Honorable Lloyd Axworthy," *op. cit*., October 5, 1996.

42）　ノーベル平和賞は、ICBL とコーディネーターのジョディ・ウイリアムズ氏による共同受賞。

43）　Interview with Robin Coupland, ICRC, Geneva, October 20, 1997.

44）　目加田説子『地雷なき地球へ——夢を現実にした人びと』岩波書店、1998年、19〜26頁参照。

45）　ICBL, *Press Release*, October 2, 1992.

46）　ロンドン会議の正式な議事録は存在しないため、この小節は会議中作成された NGO Conference on Antipersonnel Mines, Closed Working Session Minutes および出席者の証言をもとに構成した。

47）　Jody Williams and Steve Goose, "The International Campaign to Ban Landmines," in Cameron, Lawson, *et al*. (eds.), *op. cit*., p. 26.

48）　ロンドン会議に出席していた Dr. Mary-Wynne Ashford, Co-President of IPPNW の第11回「核戦争に反対し、核兵器廃絶を求める医師・医学者のつどい」主催シンポジウム「核のない21世紀へ——NGO の役割を強めよう」2000年10月21日における発言。

49）　典型例は、ドイツのキャンペーンで、全面禁止の対象には対人地雷と同様に民間人を巻き込む対戦車地雷を含めて活動している。戦車や弾薬輸送車両など、主に軍事目的に使用される軍用車両の破壊を目的にした対車両地雷は、対人地雷と比較すると地雷そのものの規模（直径30センチ、重さ数キロ）、破壊力などで数十倍の威力を発揮する。しかし、停戦後においては、対車両地雷が大量輸送車両の荷台で移動する民間人に多くの犠牲者を出していることから、対人地雷同様に全面禁止の対象とすべきだとの主張がある。特に、対車両地雷の除去を阻止することを目的に敷設

される対人地雷を全面禁止の対象にするかは、今日に至っても決着をみていない。ICBL, *Landmine Monitor Report* 2000: *Towards a Mine-Free World*, Human Rights Watch, USA, August 2000, pp. 10-12参照。

50) Interview with Tony D'Costa, General Secretary, Irish Section, Pax Christi, Dublin, June 21, 1999.

51) Interview with Katherin Coor, Ministry of Foreign Affairs in Ireland, Brussels, June 27, 1997.

52) HIベルギーがまとめたキャンペーンの進め方は、他の分野における活動にも汎用性があると思われる具体策が多く含まれている。詳細は、目加田、前掲書、70〜71頁を参照。

53) 南アフリカ・キャンペーン（1995年7月）に続き、モザンビーク（95年11月）、ザンビア（96年9月）、ジンバブエ（96年10月）、アンゴラ（96年11月）、ソマリア（97年2月）で新たなキャンペーンが立ち上がっている。詳細は Human Rights Watch Arms Project, *Still Killing: Landmines in Southern Africa*, New York, May 1997参照。

54) この際、スウェーデンのNGOである子どもを救う会（Radda Barnen）も同時に運営委員会に昇格している。ICBL, *Landmine Update*, #13, July 1996.

55) An Open Letter to President Clinton と題した公開書簡のなかで、退役軍人などは「軍において多種多様な兵器がある今日においては、対人地雷は重要ではない。したがって、地雷を禁止することによって米軍もしくは他国の軍隊の実効力や安全が脅かされることはない」と禁止を支持する意見を表明している。

56) International Committee of the Red Cross, "Landmine Negotiations, Impasse in Vienna Highlights Urgency of National and Regional Measures," *ICRC Briefing and Position*, November 1995.

57) Stuart Maslen, "The Role of the International Committee of the Red Cross," in Cameron, Lawson, *et al.* (eds.), *op. cit.*, p. 87.

58) Statement by Mrs. Sadako Ogata, United Nations High Commissioner for Refugees to the International Meeting on Mine Clearance, Geneva, July 6, 1995.

59) United Nations, "Ban Use and Production of Land-mines, Secretary-General Tells International Meeting in Geneva," *Press Release*, SG/SM95/155/, 7, July 1995. ガリ事務総長は、すでに1992年6月に発表した「平和への課題（An Agenda for Peace）」において「内戦や国際戦争後の平和再建においては、現在またはかつての戦闘地域に何千万個も敷設されたままになっている地雷という重大な問題に取り組まなければならないことが、ますます明らかになっている」と指摘し、地雷除去の重要性を訴えている。

60) *Ibid.*

61) 例えば、1994年5月、ICBLがジュネーブにて開催した第2回ICBL国際会議は UNICEF との共催で実施し、その際 UNICEF は会議施設やスタッフ、その他のあらゆる事務手続きを引き受けた。Williams and Goose, *op. cit.*, p. 28 参照。

62）　1996年6月3～7日、第26回パナマ総会。また、1996年11月23～29日の中米・カリブ海諸国の外相会議（Centam-Caricom）も中米およびカリブ海諸国が地雷禁止地帯を設けることで合意している。

63）　1997年4月に南アフリカのケンプトン・パークで開催された会議。44カ国が参加。

64）　Lawson, Gwozdecky, *et al.*, *op. cit.*, p. 167.

65）　Philippe Chabasse, "The French Campaign," in Cameron, Lawson *et al.* (eds.), *op. cit.*, pp. 60-62 参照。

66）　*Ibid.*, p. 61.

67）　レーヒー上院議員は1992年7月、35人の上院議員の連名で法案を提出し、SEC. 1365 "Landmine Moratorium Act" は1993年10月23日、ブッシュ元大統領の署名によって成立した。National Defense Authorization Act for Fiscal Year 1993, Public Law 102-484.

68）　レーヒー議員から HI に宛てられた1993年1月28日付書簡。

69）　Excerpts from the Allocation pronounced by M. François Mitterrand, President of the French Republic, at the Royal Palace, Phnom Penh, Cambodia, February 11, 1993. その後、フランス政府は1993年2月16日、国連事務総長宛に再検討会議開催を文書にて正式に要請した。

70）　本章の注14参照。48th Session of the UN General Assembly（Resolution 48/79）。

71）　Interview with Philippe Chabasse, Co-Director, Handicap International, Lyon, May 12, 1997. 一方、レーヒー議員事務所は、フランス政府が主導権を握るよう HI を通じて積極的に協力していた。Interview with Tim Rieser, Foreign Operations Subcommittee, U. S. Senate, Washington D. C., September 29, 1997. ティム・リザーは当時レーヒー上院議員の政策スタッフだった。

72）　Chabasse, *op. cit.*, p. 62.

73）　ICBL, *CCW News*, Edition 7, Geneva, January 15, 1996, p. 1.

74）　参加した政府代表団は、スイス、アイルランド、ベルギー、カナダ、メキシコ、デンマーク、ノルウェー、オーストリア。

75）　Interview with Pieter van Rossem, Coordinator, Dutch Landmine Campaign, Pax Christi, Utrecht, May 1, 1997.

76）　Interview with Steve Goose, Program Director, Arms Project, Human Rights Watch, Washington, D. C., July 8, 1997.

77）　Interview with Carl von Essen, International Programme Department, Children in Armed Conflict and Displacement, Swedish Save the Children, Stockholm, April 22, 1997.

78）　Interview with Coor, *op. cit.*

79）　Interview with Bernard Arlich, Ambassador, Ministry of Foreign Affairs, Austria, Vienna, October 16, 1997.

80）　Interview with Lawson, *op. cit.*

81) Interview with Goose, *op. cit.*, May 6, 1997.

82) *Ibid.*

83) 招待状は、その時点で何らかの形で全面禁止を表明していた19カ国の政府代表団に対して出されたが、カナダ政府の発表は間に合わなかった。事実、カナダ政府は1995年9月に再検討会議がウィーンで開催された時点でも、地雷の規制を強化することはカナダを孤立化させると主張し、象徴的な意味合いにおいてでさえ全面禁止を推進することはカナダの立場を傷つけると主張していた。Valerie Warmington and Celina Tuttle, "The Canadian Campaign," in Cameron, Lawson, *et al.* (eds.), *op. cit.*, p. 53.

84) 政府代表団とICBLの会合日程は以下のとおり：第1回合同会合（1997年1月17日）ジュネーブ国連本部、第2回合同会合（4月22日）クウェーカー国連対策事務所（以下同様）、第3回合同会合（6月11日）、第4回合同会合（6月6日）。詳細は、目加田、前掲書、108～115頁参照。

85) Williams and Goose, *op. cit.* p., 35.

86) Interview with Essen, *op. cit.* ICBLの要請に協力したのは、ジョセフ・ゴールドブラット博士らを含む英国、スウェーデン、オランダ、スイス、オーストラリア、カナダなどの専門家8名。

87) ICBL, Convention on the Prohibition of the Development, Production, Stockpiling, Use and Transfer of Anti-Personnel Mines and on Their Destruction, Proposal by the International Campaign to Ban Landmines.

88) Williams and Goose, *op. cit.*, pp. 35-36.

89) ICBL, Statement to the Expert Meeting on the Text of a Convention to Ban Antipersonnel Landmines, February 12, 1997, Vienna, Austria.

90) 対人地雷全面禁止条約の日本語訳については、第143回国会衆議院、「対人地雷の使用、貯蔵、生産及び移譲の禁止ならびに廃棄に関する条約」、外務委員会会議録第5号、平成10年9月25日、22～26頁からの引用だが、英文中のdestructionを「廃棄」と訳している点を指摘しておく。その他の軍縮条約と同様destructionを「廃棄」と訳すことは対人地雷全面禁止条約に限ったことではない。しかし、「破壊」ではなく「廃棄」と訳すことによって、地雷の処理方法に関する抜け道を作りかねない状況に陥った。商工委員会答弁のなかで、防衛庁は、地雷の「廃棄」は「分解」と同意語と解釈する発言を行ったが、この点は条約交渉中も問題になっていた。すなわち、地雷を「分解」するだけでは再組立が可能となり、抜け道を作りかねないからである。第143回国会衆議院「商工委員会会議録第6号」平成10年9月25日、2頁参照。大多数の国々は、地雷を「爆破」させることによって破壊処理を行っている。ICBL, *Landmine Monitor Report 1999 : Towards a Mine-Free World*, Human Rights Watch, USA, April 1999 参照。

91) オーストリア政府は、訓練・除去技術開発に必要な数は5つと発言した一方、イタリア政府は20万個を保有し続けると述べるなど、いくつが妥当なのか決着をみなかった。

92) Nicola Short, "A New Model for Arms Control? The Strengths and Weaknesses of the Ottawa Process and Convention," *Disarmament Diplomacy*, Issue No. 24, March 1998.

93) 対人地雷全面禁止条約の検証手段に関する問題点は、浅田正彦「対人地雷の国際的規制——地雷議定書からオタワ条約へ」『国際問題』461号、1998年8月、57〜62頁に詳しい。

94) Thomas Hajnoczi, Thomas Desch, *et al.*, "The Ban Treaty," in Cameron, Lawson *et al.* (eds.), *op. cit.*, p. 304. ハイノッチはオタワ・プロセスにおけるオーストリア政府代表団長。

95) ICBL, "Proposal by the ICBL," *op. cit.*, p. 3.

96) オルブライト長官が各国に送った書簡は、オスロ会議開催中にICBLが入手し、会場で配布した。書簡の送付先やタイトルなどは、情報源を伏せるために削除されている。

97) United Nations, General Assembly, General and Complete Disarmament, A/RES/51/45, December 10, 1997.

98) Diplomatic Conference on a Convention on the Prohibition of the Use, Stockpiling, Production and Transfer of Anti-Personnel Mines and on Their Destruction, "Draft Rule of Procedure," Oslo, September 1-19, 1997, APL/CRP. 2.

99) Interview with Goose, *op. cit.*

100) オスロ会議のICBL活動については、主に筆者の個人体験に基づく。目加田、前掲書、178〜221頁を参照。

101) Paula Wolfson, "The US negotiators have submitted a new offer at the Oslo Talks on Banning Landmines," *Voice of America*, September 15, 1997.

102) The White House, *Press Release*, September 15, 1997.

103) Raymond Bonner, "U. S. Seeks Compromise to Save Mine-Ban Treaty," *The New York Times*, September 17, 1997.

104) ICBL, "Reject U. S. Demands: Don't Kill or Maim the Treaty," *Ban Treaty News*, Issue 4, Oslo, September 16, 1997.

105) "Landmine Treaty only Just the Beginning, Annan and Ministers Say," *Associated Press*, September 27, 1997.

106) 赤十字などとともに、ICBLの功績を評価する文案はカナダやノルウェー政府が推進していたものだったが、一時は米国やフランス、英国政府の反対によって削除される可能性もあった。

第4章

国際刑事裁判所設立規程と
国際刑事裁判所を求めるNGO連合

　1998年7月17日、国際刑事裁判所設立規程（Rome Statute of the International Criminal Court）がローマで採択され、2002年7月に発効した。「孫子の代まで不可能」[1]といわれてきた国際刑事裁判所（ICC: International Criminal Court）の設立は、それまでの長い歴史を振り返ると、「国際法の歴史上画期的な出来事」[2]であった。

　国際刑事裁判所とは、戦争犯罪、人道に対する罪、ジェノサイド（大量殺戮）、そして侵略の罪[3]、といった重罪を犯した「個人」を裁くための常設裁判所である。管轄権が国家に制限されている国際司法裁判所（ICJ: International Court of Justice）と異なり、国際刑事裁判所は個人を起訴する権限をもつもので、世界の法治主義にとってまさに歴史的な一歩を踏み出すものである。

　前章で論じた対人地雷全面禁止条約設立過程と同様に、国際刑事裁判所設立規程採択までの道のりには、国際刑事裁判所を求めるNGO連合（CICC: NGO Coalition for the International Criminal Court）[4]を中心としたトランスナショナル・シビルソサエティ（TCS）の地道な活動があった。この章では、新たな国際機関設立という偉業にかかわったCICCの活動の軌跡をたどりながら、TCSの役割を考察する。

　CICCを注視する理由は、前章の事例との類似点が散見され、CICCのみならず国際刑事裁判所設立に中心的役割を果たした国々にも「オタワ・プロセス」を意識する現象がみられるからである。おりしも、国際刑事裁判所規程が

採択されたのは、対人地雷全面禁止条約が成立した半年後であり、カナダ、オランダ、ドイツ、南アフリカといった「オタワ・プロセス」の中核国だった諸国が国際刑事裁判所規程採択過程でも積極的に交渉を牽引していった。「人道主義」、「法の支配」、「多国間交渉の重視」といった両条約に共通した取組みは、今後 TCS が果たしうる役割にどのような変化を及ぼすのかを検証するうえで、意義深いものと考えられる。

他方、国際刑事裁判所設立交渉過程は「オタワ・プロセス」と異なり、全行程が国連主催で行われた。したがって、国際刑事裁判所設立過程におけるCICC の参画過程を分析することは、今後の国連外交における TCS の存在に検討を加えるうえで多大な示唆を与えるものとなろう。

本章では、まず国際刑事裁判所設立の経緯および問題点を整理し、その後、TCS としての CICC がいかに関係してきたかを分析する。

4-1 国際刑事裁判所設立に向けた歴史的経緯

国際刑事裁判所とは、重罪（core crime）を犯した「個人」を裁く常設裁判所である。ルワンダ国際刑事裁判所や旧ユーゴ国際刑事裁判所と異なり、国際刑事裁判所の管轄権は時期的・地域的に制限されないが、国際刑事裁判所設立以前の犯罪には遡及されない。また、国際刑事裁判所はあくまで国内刑事管轄権に対して補完的な役割を果たすことになる。こうした国際刑事裁判所設立に関して、本節ではまず、歴史的経緯を振り返る。

4-1-1 国連国際法委員会による条約案起草までの動き

国際刑事裁判所設立に向けた国際的取組みの歴史は長い。まず、フランス・ペルシア戦争時における犯罪を教訓に、1872年に赤十字国際委員会（ICRC）設立者であるグスタブ・モイニエが戦争犯罪を裁く常設機関の創設を提唱した。その後、第1次世界大戦終結後に締結されたヴェルサイユ条約（227条）は、ドイツの前皇帝ヴィルヘルム2世を国際道義と条約の神聖を傷つけた最高の犯

罪の廉により、米国、英国、フランス、イタリア、日本の 5 カ国の裁判官からなる特別裁判所で裁くことを予定したが、実現されなかった。第 2 次世界大戦後戦勝国の条例に基づいて設立されたニュルンベルグ国際軍事裁判所および極東国際軍事裁判所は、戦敗国ドイツと日本の主要戦争犯罪人に判決を言い渡した。しかし、これら両裁判所は常設機関ではないため、判決言渡し後解散した。また、ニュルンベルグ裁判の直後の1946年10月には、国際会議がパリで開催され、国際法の法典化を求め、国際刑事裁判所の早期設立を求める声があがった。

　一方国連は、非人道的行為のなかでも最も悪質ともいえるジェノサイドについて、集団殺害罪の防止及び処罰に関する条約（ジェノサイド条約）を1948年の第 3 回総会において採択した（51年発効）。同条約第 6 条〔管轄裁判所〕は、集団殺害行為に関する管轄権について、行為地の国内裁判所のほか、国際刑事裁判所もその管轄権を受諾する締約国に関して管轄権を有すると定めている。すなわち、締約国に処罰のために必要な立法措置の義務を課すとともに、国際刑事裁判所の設立を想定したのである[5]。これを受けて、国連国際法委員会（ILC: International Law Commission）は1949年から54年にかけて常設国際刑事裁判所設置のための規程作りに取り組んだが、主要国の反対に遭い、進展はしなかった。

　冷戦終結に伴い、国連総会はトリニダード・トバゴの要請を受け、1989年 6 月、国際法委員会に対し、再度国際刑事裁判所条約草案を作成するよう求めた。また、国連総会は1992年、ILC に対し国際刑事裁判所の規程草案を完成させるよう求め、ILC は国際刑事裁判所に関するワーキンググループを設置した。

　1994年、ILC は60カ条と附属からなる国際刑事裁判所設立のための規程草案を作成し、総会に提出した[6]。また、ILC は国際刑事裁判所設置に関する条約締結のための外交会議の招集を総会に勧めた。これを受けて第49回国連総会は、アドホック委員会（Ad Hoc Committee）の設置を決定し、翌1995年には同委員会にて ILC の規程草案を検討した[7]。

4-1-2　アドホック委員会および第50回国連総会

　こうした経緯を経て動き出した国際刑事裁判所設置過程であるが、1994年国

表 4-1　国際刑事裁判所設立のための外交会議開催日程

1994年12月 9 日	第49回国連総会にて国際刑事裁判所設立に向けたアドホック委員会開催決定決議を採択
1995年 4 月 3 日～13日 8 月14日～25日 12月11日	第 1 回アドホック委員会 第 2 回アドホック委員会 第50回国連総会にて国際刑事裁判所設立準備委員会開催を決定
1996年 3 月25日～ 4 月12日 8 月12日～ 8 月30日 12月17日	第 1 回準備委員会 第 2 回準備委員会 第51回国連総会にて1998年の外交会議開催決定決議を採択
1997年 2 月11日～ 2 月21日 8 月11日～ 8 月15日 12月 1 日～12月12日	第 3 回準備委員会 第 4 回準備委員会 第 5 回準備委員会
1998年 3 月16日～ 4 月 3 日 6 月15日～ 7 月17日	第 6 回準備委員会 ローマ外交会議最終日に国際刑事裁判所設立規程を採択

連総会におけるアドホック委員会設置から、98年 6 ～ 7 月にローマにて外交会議が開催されるまでには、紆余曲折があった。特に、国際刑事裁判所設立を政治的優先課題として主要国が認識するに至るまでは 3 年半の歳月を要したのである。

　この小節では、アドホック委員会から設立準備委員会を経て、ローマ外交会議が開催されるまでの経過を総括する。なお、1994年の国連総会決議から98年に規程が採択されるまでの交渉日程は表4-1のとおりである。

　既述のように、ILC は国際刑事裁判所設立に向けた規程草案を1994年の国連総会に提出し、条約締結のための外交会議の招集も勧告していた。しかし、当時は大半の諸国が国際刑事裁判所の設立を現実的問題と捉えておらず、多くの国の姿勢は「総論賛成各論反対（ないし留保）」[8] であり、必ずしも積極的ではなかった。事実、計 2 回のアドホック委員会においても、具体的な話合いは進まなかった。1995年 8 月に第 2 回アドホック委員会が終了した段階においても、国際刑事裁判所設立準備委員会の設置およびその後の外交会議開催についてはコンセンサスに達することができなかった[9]。米国や英国、そして中国は、準備委員会を開催するには時期尚早で、さらにアドホック委員会にて議論を煮詰めるべきだと主張していたからである。

　しかし、第 2 回アドホック委員会が終了した1995年 8 月から同年10月の国連

総会第6委員会が開催されるまでの期間に、米国、英国、パキスタンなどが立場を急展開させた。この年の第6委員会の焦点はアドホック委員会とは異なり、国際刑事裁判所規程に関する実質的討議ではなく、国際刑事裁判所設立に向けた作業をどのように継続させていくかを決定する国連総会の決議案に集中した。

　米国政府は、旧ユーゴやルワンダ法廷設置には積極的だったが、国際刑事裁判所設立に関して立場を明確にしていなかった。しかし、1995年10月15日、コネティカット州で開催されたニュルンベルグ50周年記念式典でクリントン大統領は常設国際刑事裁判所設立の重要性に初めて言及した。この発言を受ける形で米国政府代表団は、第6委員会において国際刑事裁判所設立のための準備委員会設置こそ支持しなかったものの、国際刑事裁判所そのものの設立については進めていく用意があるという姿勢を示した。英国政府もアドホック委員会開催中は積極的な姿勢を示していなかったが、第6委員会開催の直前になって英国を含む EU（欧州連合）が、外交会議で討議されるべき国際刑事裁判所規程を起草する準備委員会の設置を明確に支持する声明を発表した。また、パキスタン政府も国際刑事裁判所設置支持を表明したが、裁判所の普遍性を担保するためには規程起草に多くの国々が参加しなければならないとの立場を示した。2回開催されたアドホック委員会のどちらかに出席したのは約80カ国だったが、このうち途上国がきわめて少なかったことを懸念してのことであった。

　最終的に、アドホック委員会の議長国だったオランダが2つの妥協案を提示し、各国政府に全会一致で決断するよう迫った。1つの決議案は特別委員会（準備委員会ではない）が規程草案を準備するが、国連総会は外交会議を1997年に招集するという内容であった。もう1案は、総会が規程草案を作成する準備委員会を設置するが、外交会議を招集するか否かに関する決定は第51回総会（1996年）まで延期するというものだった。第6委員会は最終的に後者を採択し、第50回国連総会は国際刑事裁判所設立のための準備委員会設置を決定した[10]。

4-1-3　国際刑事裁判所設立準備委員会

　1995年末の国連総会決議で国際刑事裁判所規程作りに関する設立準備委員会

設置が決定したことを受けて、1996年春から 2 年間にわたって計 6 回の準備委員会が開催された[11]。

国際刑事裁判所設立準備委員会は、国際法委員会の草案を検討する形で、ローマの外交会議に向けた最終草案を作成することが使命だった。第 1 回準備委員会の進捗状況は一進一退であったものの、その 1 年前には国際刑事裁判所設立の必要性を認識していないという立場だった主要国——米国、英国、中国、日本、インドなど——が、設立そのものには反対しないという立場に変わっていたことだけでも大きな進展だった[12]。しかし、各国政府の姿勢は必ずしも積極的ではなかった。第 2 回準備委員会が終了した時点でも、参加国は80カ国に限られており、参加している国々でさえ本省からの的確な指示がないまま準備会合に参加していたのは明らかで、準備委員会も国際刑事裁判所規程草案の本質的議論をする権限が必要だった[13]。

こうした状況は、国連総会第 6 委員会が開催されていた1996年秋当時も変化はなかった。1994年、95年に相次いで採択された国際刑事裁判所設立に向けた総会決議でも、外交会議開催日程については言及していなかった[14]。しかし、第 2 回準備委員会が終了した段階で同準備委員会が第 6 委員会に宛てた報告書は、1997年から98年までに 3 ～ 4 回、計 9 週間の準備委員会が必要であるが、98年中に外交会議を開催することは現実的だと記していた[15]。したがって、1996年の第 6 委員会では、98年の外交会議開催が最大の焦点になることは間違いなかった。だが、第 6 委員会では米英が新たな国際テロリズムに関する条約草案作りを求めていたほか、交渉が進められていた海洋運航に関する条約作りも難航するなど、委員会の日程は詰まっていた。こうした状況のなか、1996年の国連総会はようやく、98年に外交会議を開催する決議を採択し、97年の第52回国連総会の暫定的議題に「国際刑事裁判所の設立」を盛り込むことを決定した[16]。

4-1-4　旧ユーゴ、ルワンダ国際刑事裁判所

ところで、1992年に国連総会が ILC に対して国際刑事裁判所の規程草案を作成するよう求めて以降、アドホック委員会、準備委員会と比較的速やかに展

開した背景には、旧ユーゴ国際刑事裁判所の設置、続く1994年のルワンダ国際刑事裁判所の設立決定がある。

　旧ユーゴでの紛争過程で犯された人道法の重大な違反などの責任者を処罰するため、安全保障理事会は1993年、国際裁判所の設置とその規程の承認を行った（決議827）。また1994年に安全保障理事会は、ルワンダについても同様の裁判所の設置を決定した（決議955）。両裁判所とも、それぞれの管轄権は地域的・時期的に制限されているが、その後の国際刑事裁判所設立において焦点となる重要な問題が複数絡んでいるため、ここで多少踏み込んで説明を加えておく。

　旧ユーゴ国際刑事裁判所は、1993年5月25日の国連安保理決議827に依拠して設立され、同年9月には裁判官を選び、翌年1月にはハーグにおいて裁判所が始動した。設立が急ピッチで進められた理由は、ボスニア・ヘルツェゴビナにおいて民族間紛争がなお継続して人道法違反が行われていたこと、第2次大戦後の国際軍事裁判で問題となった「事後法」の非難を回避すること、そして「勝者の裁き」の批判をかわすことにあった[17]。

　旧ユーゴおよびルワンダ国際刑事裁判所の設立は国連安保理決議に依拠しているが、これはその後に禍根を残した面もあった。旧ユーゴ決議は、当時の旧ユーゴ情勢が「国際平和及び安全に対する脅威」を構成していると決定し、国連憲章第7章に基づいて設立される国際刑事裁判所は、旧ユーゴ領域内で行われた国際人道法に対する重大な違反について責任を有する者を訴追することのみを目的としていた。しかし、裁判所が安保理決議によって、しかも、一般的に集団安全保障のために軍事的または非軍事的強制措置の決定を行う国連憲章7章に依拠し、その補助機関として設立されたことは異例の措置であった。

　設立の根拠について、普遍性を担保するためには安保理ではなく総会により設立されるべきだとの批判が相次いだ。さらに、各国の同意の下、条約で設立されるべきであったという見解も示された。しかし、前者の場合には総会決議が「勧告」にすぎず、諸国を拘束しない、また、後者の場合には条約発効に時間がかかり、進行中の紛争に間に合わないといった欠点が指摘された。安保理決議であれば諸国の批准を必要とせず、しかもすべての国連加盟国を拘束することができる。さらに、安保理、特に常任理事国による裁判所に対するある程

度のコントロールを維持することもできると考えられたのである[18]。

　しかし、その後の国際刑事裁判所設立規程の成立過程において、安保理との関係をいかに位置づけるかという問題は、国際刑事裁判所設立を危険にさらすことになるほど論争の的となった。その意味で、旧ユーゴとルワンダの国際刑事裁判所の設置は、安保理からの独立をどうするかという問題を素通りする形になっていたのが特徴的であったといえるだろう。

4-2　国際刑事裁判所設立に向けた外交交渉

4-2-1　ローマ外交に向けた前哨戦

　さて、ローマでの外交会議開催決定を受け、焦点は、どのような国際刑事裁判所を創設するかという規程の中身に議論が移った。最終的にローマ外交会議に提出された草案は、1700を超える鉤括弧（未合意部分）が残された未完成なものだった。しかし、重要な論点はある程度限定されていった。そこでこの小節において、国際刑事裁判所規程にかかわる主な論争点をまとめておく。

　外交会議の場において政治決着をみなければ解決されないだろうとみなされていた争点としてまず、国際刑事裁判所の独立性、国際刑事裁判所の管轄権、検察官の権限という密接不可分な課題があった。

　国際刑事裁判所の独立性の問題は、いわば国際組織としての裁判所とするのか、もしくは現存する組織の一機関とするのかという問題である。前述の旧ユーゴやルワンダ国際刑事裁判所の場合のように、安保理決議に依拠して設立されるのではなく、国際刑事裁判所は多国間条約によって設立され、国際法人格を有する司法機関となる。他方、国連の一機関である以上、裁判所の運営には国連との関係が不可避である。しかしながら特に政治色の強い国連安保理の発言力が強すぎると、国際刑事裁判所の権限行使、さらにはその独立性に多大な影響を及ぼす可能性があることから、国際刑事裁判所がどれほど独立性を確保できるかが論争の的となったのである。

　国際刑事裁判所の独立性の問題は、管轄権に直結した問題でもある。ILC

が1994年国連総会に提出した草案は、安保理の決定が裁判所の管轄権行使を制約することを認める内容であった。ローマ外交会議に向けた交渉の初期段階では、安保理の常任理事国は検事局の権限を最大限抑制し、安保理決定を管轄権行使の条件とするよう主張していた。これに対してカナダや欧州諸国など多数の国々は、独立性の高い強力な裁判所を設立をするよう強く求めていた。

　そして、上記の2点は、検察官の独立性にかかわる問題でもあった。つまり、国際刑事裁判所の検察官に事件の捜査要請ができるのは誰かという問題である。締約国および安保理に加え、国際刑事裁判所の検察官自身に独自捜査を開始できる職権を付与すべきか否かという点で意見が分かれていたのである。CICCや独立性の高い国際刑事裁判所設立をめざしていた諸国は、検察官の独自の捜査権限を認めない限り、国際圧力（政治）を排して十分な捜査をすることができないと主張した。これに対して、反対する立場の国々は、検察官の捜査権限を認めると、国際圧力（世論）に影響され、その権限を濫用する危険性があると指摘し、両者の溝はなかなか埋められなかった。

　犯罪の定義もローマに持ち越された争点だった。裁判所の管轄に服する犯罪として、ジェノサイド、人道に対する罪、戦争犯罪、侵略の罪を入れるよう求める意見が強かったが、「侵略の罪」および「戦争犯罪」に関する定義で意見が分かれた。

　国連憲章第39条は、安保理が侵略行為の存在を決定することになっているが、国際刑事裁判所はその規程により定められた侵略の定義に従って個人の刑事責任を追及することになる。つまり、安保理が国家の侵略行為を認定するのに対し、国際刑事裁判所は個人の侵略行為を認定することになる。EU諸国は主に「侵略の罪」の定義に前向きであったが、米国は個人の刑事責任のために「侵略の罪」を定義するのは時期尚早であると反対した。

　一方、戦争犯罪の構成要件として最大の争点は、「核兵器の使用」を含めるか否かという問題にあった。核兵器の使用・威嚇については、すでに1996年7月に国際司法裁判所が、(1)武力紛争に関する国際法、特に人道法の原則に一般的に違反する、(2)国家の存亡がかかる自衛のための極限状態では、核兵器による威嚇・使用が合法か違法かについては判断を下せない、という勧告的意見を出している[19]。この勧告の意見に依拠して「核兵器の使用」は戦争犯罪に該

当すると主張する国と、核兵器の使用は必ずしも違法ではないとして核抑止に依存する国々が対立していたのである。

4-2-2　ローマ外交会議

　1997年の国連総会決議に基づき、1998年6月15日から7月17日まで、ローマの国連食糧農業機関（FAO）本部で、国際刑事裁判所の設立に関する国連全権外交使節会議（通称・ローマ外交会議、United Nations Diplomatic Conference of Plenipotentiaries on the Establishment of an International Criminal Court）が開催され、160カ国の代表団が参加した。

　ローマ外交会議における交渉の主な争点は先述の諸点にまとめられるが、米国をはじめとする裁判所設立消極派が強固な姿勢を崩さなかったため、最後まで会議の行方は不透明だった。事実、ローマ外交会議開催当初には、5週間の交渉会議では合意点が見出せないという慎重論が多数を占めていた。しかし、ローマ外交会議は最終日、賛成120、反対7、棄権21で国際刑事裁判所規程を採択した[20]。コンセンサス採択こそ実現しなかったものの、圧倒的多数によって規程が成立したことは、「その荷の重さからみれば、一種の奇跡が生じたと評しても決して誇張ではない」[21]ほどの偉業だったのである。

　このような条約を採択したローマ外交会議の特徴は、それまでの準備委員会を通じて積み残しとなってきた諸点をめぐる、国際刑事裁判所設立推進派諸国と米国の綱引きにあったと総括できよう。

　先述のように、米国は設立準備委員会発足時には国際刑事裁判所の設立に前向きな姿勢を示していた。しかし、準備委員会の討議において、検察官の管轄権の問題および安保理の拒否権の扱いについて合意が形成されていなかったことから、次第に消極的な姿勢に変化していた。米国議会では、ジェシー・ヘルムズ上院外交委員長が、拒否権が認められない条約であれば、政権が署名したとしても「議会で握り潰す」と発言し、クリントン政権に圧力をかけていた[22]。また、自国軍兵が裁かれる可能性があるとして、国防総省も国際刑事裁判所設立に強い警戒心を抱いていた。国防総省はローマ外交会議が間近に迫った3月31日と4月1日、各国の在ワシントン大使館から100名以上の軍関係

者を招集し、軍人が国際刑事裁判所で裁かれる可能性があることを指摘し、慎重な態度で臨むよう各国に圧力をかけた。

　こうした米国政府の動向に、国際刑事裁判所設立に積極的であった国々は警戒心を抱いていた。そうしたなかで最大の争点となったのは、「管轄権、受理要件及び適用しうる法」を定めた規程の第 2 部（第 5 条〜21条）であった。カナダのフィリップ・キルシュ外交会議議長は、規程を構成する12部それぞれに作業部会を設置し、各作業部会の議長が対立点を整理して妥協点を探りながら起草するという手法を用いた。しかし、第 2 部に関しては対立が激しく、作業部会議長の負担が重いことから、キルシュ議長自らが起草に乗り出した。それほど第 2 部は、「政府が国際刑事裁判所設立のための条約そのものを受け入れられるか否かという判断を下すうえで、重要な基本（primary basis）だった」[23]のである。

　第 2 部には、上記で政治的決着をみなければ解決されないとみなされていた「裁判所の管轄に服する犯罪」（5 〜 8 条）、「自動的管轄権」（12条）、「検察官の職権捜査」（15条）、「安保理との関係」（13条、16条）などが含まれていた。こうした条項がどのように決着したのかは後述するが、「国内法の刑法と刑事訴訟法に該当する」[24]ほど複雑な規程の採択過程に、CICC を中心とした TCS はどのようにかかわり、影響を与えてきたのだろうか。4-3節ではまず、CICC 誕生の背景、設立目的、CICC の特徴を分析し、4-4節において意思決定過程への参画および機能の強化の方策について詳細な分析を試みることにしたい。

4-3　国際刑事裁判所を求める NGO 連合（CICC）

　1995年 2 月25日、国際法委員会による国際刑事裁判所設立規程草案を議論する国連総会をモニターする複数の NGO が集い、国際刑事裁判所を求める NGO 連合（CICC）を結成した。そして、集会に居合わせた約25団体が中心となり、非公式な運営委員会（steering committee）が構成された。運営委員会にはアムネスティ・インターナショナル（AI）、人権リーグ国際連邦（FILDH: Fédération des Internationale des Ligues des Droits de l'Homme）、

ヒューマン・ライツ・ウォッチ（HRW）、判事による国際コミッション
（International Commission of Jurists）、人権のための法律家委員会
（LCHR: Lawyers Committee for Human Rights）、正義なくして平和なし
（NPWJ: No Peace Without Justice）、グローバル・アクションのための議員
連盟（PGA: Parliamentarians for Global Action）、そして世界連邦運動協会
（WFM: World Federalist Movement）の8団体が加わった25)。さらに、
WFMがCICCのセクレタリアートの機能を果たし、WFMのウィリアム・ペ
ースがCICCのコンビーナー（まとめ役）となることを決定した。

4-3-1　CICC誕生の背景

　CICCが誕生したのは、国際刑事裁判所設立に向けたアドホック委員会が第
1回委員会を4月3日から開催する直前のことである。1994年の国連総会第6
委員会にはILCの草案が提出され、国連外交を見守り、人権問題に取り組ん
できたNGOにとって長年の悲願だった国際刑事裁判所設立が現実性を帯びて
きたのだった。しかし、ILCがすでに国連総会に提出していた規程草案が独
立性の高い国際刑事裁判所の設立ではなく、安全保障理事会の影響下に置かれ
たアドホック法廷のようなものでしかないことにNGOは危機感を抱いていた。
　さらに当時、多くの国々はまだ、国際刑事裁判所設置が現実的であるとは判
断していなかった。つまり、国際刑事裁判所は主権を脅かす可能性があり、軍
事活動を制約し、国内の法体系を脅かす可能性があると認識されていたため、
CICCは大多数の国々が国際裁判所設立に同意するとは考えていなかったので
ある。さらに、旧ユーゴ国際刑事裁判所設立に関する議論そのものが和平プロ
セスを損なうとの見方さえあったのである26)。また、民事法を採用している
フランスをはじめとする少数の国々は、旧ユーゴとルワンダ国際刑事裁判所で
アングロ・サクソンの普通法（common law）が適用されたことに不満を抱い
ており、常設裁判所に普通法が適用されるようになることは強固に反対するだ
ろうとCICCは考えていた27)。犯罪を捜査し、訴追する権限をもつ検察官が主
権国家内に入ってくることなど、もってのほかだったのである。
　当時、国際刑事裁判所設立に関する審議過程を監視していたNGOはごく少

数でしかなかった。だが、1994年の国連総会がアドホック委員会設置を決定したことは、画期的な一歩に映った。そこで、審議過程を見守り、シビルソサエティの意見を反映させるべく、国際刑事裁判所設立に取り組むNGOのネットワーク化が始動したのである。

4-3-2　CICCの設立目的

CICCの設立目的は、以下の2点に集約される。

(1)　公正かつ実効的な国際刑事裁判所の設立を推進すること。

(2)　当時開催されていた旧ユーゴおよびルワンダ国際刑事裁判所の成功を全面的に支持していくこと。

　特に、後者の成功は前者の成功にとって不可欠だとみられていた。アドホックな法廷が成功しなければ、常設機関を設立する気運は盛り上がらないからである。特に、国防相や首相を裁くことに成功したルワンダ国際刑事裁判所と異なり、旧ユーゴ国際刑事裁判所では小物ばかりしか捕まらず、大物を捕り逃しているとの批判が相次いでいた。政権が交代した結果、旧政権の責任追及が容易となったルワンダと異なり、旧ユーゴの場合にはセルビア側の協力を得ない限り、かつて政府や軍の指導者であった人物の身柄確保は事実上不可能だったからだ。

　また、旧ユーゴやルワンダに関する国際刑事裁判所は、慢性的資金・人材・資源不足にも悩まされていた。戦争犯罪人を起訴するには、緻密な捜査、死体発掘作業、法医学解剖、被告および証人の旅費、通訳費、被告弁護団費といった経費に加え、事務方コストも含め莫大な資源が必要になる[28]。財源が確保されないことには裁判所との長期雇用契約も不可能で、人材確保にも支障が出る。しかし、その財源をめぐり旧ユーゴ国際刑事裁判所の費用は国連の通常予算から拠出すべきか、平和維持基金（Peace Keeping Funds）から拠出されるべきかをめぐって、国連を舞台に議論が紛糾した。非同盟諸国（G77: Group of 77）は、旧ユーゴ国際刑事裁判所が平和維持部隊と同様に国連憲章第7章に基づいて安保理決議で設立されたことから、その経費は平和維持基金から拠出すべきであると主張した。一方、米国（平和維持基金の31％を拠出）などは、

国際司法裁判所と同様に、一般会計から拠出すべきだと主張した。最終的には、それぞれから50％ずつ拠出することで1995年 7 月に決着したが、裁判所の維持・管理費問題は、慢性的資金不足に悩まされている国連にとっては深刻な問題だったのである。

そこでCICCは、国連の資金を担当する国連総会第 5 委員会に対して、両裁判所に適切な資金が提供されるよう働きかけるとともに、各国政府に対しても直接、資金援助するよう説得を試みた。財政難を切り抜けるため、どのような改革ができるかについての助言も行った。そして、いくら非効率的であったとしても、両裁判所が国際正義にとっていかに重要であるかということを世論に訴え続けることにより、常設国際刑事裁判所設立に向けた関心を喚起するよう努めたのである。

4-3-3　CICC の特徴

CICC は、1995年 2 月の設立以降、急速に支持を拡大していった。国際刑事裁判所の管轄権に直接かかわる問題は多様であっただけに、それに対応するCICC 傘下の NGO の顔ぶれも多彩だった。本項では、そうした NGO ネットワークとしてのCICC の特徴を分析する。

《人権団体の貢献》

CICC 運営委員会の構成メンバーからも、人権問題を主に活動してきた団体が中心となっているのは明らかである。事実、人権保護のための国際規範や制度・諸手続きは、この分野で活躍する NGO の数の増加に伴って発展してきたといわれている[29]。第 1 章で述べたとおり、19世紀から奴隷解放に取り組んだのは、欧米の人権 NGO であり、国連憲章に人権規定を含めるよう盛んなロビー活動を行ったのも NGO であった。また、国連で次々と作成された人権に関するさまざまな条約や宣言などの基礎となっている世界人権宣言の起草にも多くの人権団体がかかわったことはすでに広く知られている。

AI が拷問廃止を求める国際キャンペーンを繰り広げた結果、国連総会で拷問が初めて議題として取り上げられ、最終的に拷問禁止条約成立に発展したこ

とも周知の事実である[30]。それ以外にも、児童の権利条約、女子差別撤廃条約、経済的・社会的及び文化的権利に関する国際規約、市民的及び政治的権利に関する国際規約などの起草、締結への働きかけなど、人権 NGO は積極的に国際的な人権擁護活動を展開してきた。

近年、人権 NGO が特に注目を集めるようになった背景として、さまざまな人権条約に基づいて設けられている報告制度の強化に多大な貢献をしてきた点を忘れてはならないだろう。例えば、自由権規約や人種差別撤廃条約は、締約国に対し、条約義務の履行状況を条約が定める特別委員会に報告するよう義務づけているが、委員会は締約国が提出する報告書を詳細に調査する権限を与えられていない。このため、報告提出国について NGO 独自の報告書を求める仕組みになっている。NGO が認定した事実は、委員会が報告提出国の代表を招いて開催する会合に先立ってすべての委員に配布される。こうすることによって、NGO がもたらした情報から政府報告書の正確さを点検できるだけではなく、NGO の参画によって政府報告書には示されていない情報を記録にとどめることもできるのである[31]。

こうした人権分野における NGO の長年の功績があったからこそ、CICC はその役割を評価され、後述するように、政府との協働関係を築いていけることになったのである。

《傘下団体の自主性の尊重》

CICC の特徴すなわちネットワーク存続の最大の要因は、そのつながりのゆるやかさ、および傘下団体の独立性の尊重にある。CICC への加盟最低条件は、4-3-2項の冒頭にあげた2点の設置目的に賛同することで、国際刑事裁判所規程の個別条項については各団体の判断に委ねられていた。これは、NGO 間の競争意識による対立を最小限に抑えると同時に、NGO の連携による効果を最大化させるための戦略である。

具体例をあげてみよう。NGO のなかでも草分け的存在である人権 NGO が CICC の中心的役割を担ってきたが、それゆえに NGO 間の競争意識も強く、摩擦が生じやすかった。世界の二大人権 NGO と呼ばれる HRW と AI の確執は、しばしば指摘されるところだ。HRW が弁護士や専門家集団で米国をベー

スに助成金中心の財政基盤で活動するのに対し、AI は各支部の会員の運動が主体の組織である。また、AI が「偉大なる素人集団」の異名をもつのに対し、HRW は専門家を中心に、米国政府・議会へのロビイングを軸に運動を展開している。

AI や HRW といった団体は、その専門性、影響力、知名度ゆえに、さまざまな課題について独自の立場を打ち出すことに困難さを伴っていた。戦争犯罪の定義、人道に対する犯罪の定義、ジェンダーに配慮した規程をどのように確保するか。レイプの被害者本人が法廷やカメラの前で証言する必要があるか否か。検察官が被害者を尋問する際、弁護団がその場に立ち会う権利をもつべきか否かなど、さまざまな点について団体内で完全な合意があったわけではない。AI のように、世界160カ国に支部を抱えている団体は、宗教や民族的な背景から、同一見解を打ち出すことが困難な場面も多々あった。

各団体内でも合意に達していないなか、数百の NGO を調整することは容易ではなかった。そのため CICC は、CICC 名で発表するプレス・リリースや文書は最小限に抑えるという方針を立てた。全体で合意できる基本原則——安保理からは独立した国際刑事裁判所の設置、独立した検察官など——は CICC として発表し、詳細はあくまで個別の団体の自主性を重んじ、独自の判断に委ねられた。そして、複数の NGO 間で合意がみられる場合には連名で資料やプレス・リリースを発表し、合意がみられない場合には各団体名で発表された。CICC の総意を「多数決」で決定して CICC の意見として発表すべきだと主張する NGO もあったが、CICC では多数決による決定は行わなかった。CICC の活動で大事なのは、少数派の意見を排除する形で国際刑事裁判所の細部について CICC が特定の立場をとることではなく、あくまでも国際刑事裁判所を設立するということにあったからである[32]。こうした方針を貫いてきた背景には、CICC のコンビーナーとしてウィリアム・ペースが「共通の立場や決議を採択することは、分裂の種にこそなれ団体の動員にはつながらない」[33]との信念をもっていたことによるところが大きいだろう。事実、ペース個人の指導力に対する評価は高い[34]。

それまではときには対立し、ライバル関係にあった NGO が協力することが可能になった要因の 1 つとして、参加していた NGO のメンバーが必ずしも各

団体の幹部ではなかったことも指摘しておくべきだろう。ペースは、「各団体の幹部や資金調達部門の人間は、他の団体と協力してはならないことを熟知していたが、CICC に参加した法律の専門家は必ずしも承知していなかった」[35]と、既存の枠にとらわれない発想が奏効したとの見方を示している。

　また、ペースは CICC を主導・運営していくうえで、自分が所属する団体のために CICC を意図的に利用することがあっては絶対にならないと繰り返し主張してきた。最終的に国際刑事裁判所が設立されることこそが目的であり、それは CICC に参加したすべての団体に共通していた点だった。したがって、CICC を通じて国際刑事裁判所の設立を促していくこと自体が各団体の利益を追求していることになると判断していたのである。

《幅広いネットワーク》

　CICC は設立当初から、国際刑事裁判所規程に関する法的・政治的戦略を練るため、NGO および国際法の専門家による幅広いネットワークをめざしていた[36]。特に CICC の目的の鍵を握っていたのが、どれだけ多様な NGO に対して国際刑事裁判所に対する理解を広め、支持を取りつけられるかであった。したがって、CICC は人権や国際法関連団体のみならず、人道問題、平和、児童や女性の権利運動を展開する団体、宗教団体などにもアウトリーチしていった。その結果、ローマ外交会議が開催された時点で CICC は、800を超える団体を抱えるネットワークになっていた。

　CICC の誕生とともに、国際刑事裁判所設立規程の個別問題に特化したサブ・ネットワークも立ち上がった。例えば、ジェンダーの正義を求める女性のコーカス（WCGJ: Women's Caucus for Gender Justice）は、国際刑事裁判所規程交渉の過程で、ジェンダーの視点が十分に反映されていないことに危機感を抱いた NGO が1997年1月に立ち上げた300団体のサブ・ネットワークである[37]。旧ユーゴスラビア紛争で明らかになったとおり、民族浄化（ethnic cleansing）の過程で女性は性的暴力の被害者になる一方、その犯罪の性格さゆえ、実情がなかなか明らかにされてこなかった。国際刑事裁判所が設立されたあかつきには、公判過程で証言を求められることになり、WCGJ はその際、女性としての権利が脅かされることのないよう配慮するよう、規程案の修正を

求めた。また、子どもの人権コーカス（Caucus on Children's Rights）も1997年8月の準備委員会の際、発足したサブ・ネットワークで、戦争犯罪の定義に15歳以下の子どもの兵役を禁止することや、犯罪時に満18歳未満の子どもを国際刑事裁判所の管轄権から除外するよう求めた[38]。こうした視点は、社会的弱者や犯罪の被害者に焦点をあてて活動してきたNGOならではの特徴であり、CICCが幅広いネットワークをめざしたことによる産物でもある。

CICCは多様な活動領域のNGOを傘下に収めていったのと同時に、世界各地の団体の参加も促した。2000年4月現在CICCに登録されている601団体のうち、アフリカ160団体、アジア60団体、中南米48団体が半数近くを占めている[39]。欧州は155団体登録されているが、このなかにはロシアやウクライナ、グルジアといった新生国と、ルーマニアやポーランドといった旧東側諸国も含まれていることから、全体では先進欧米諸国以外の国のNGOが半数以上を占めていることになる。

多種多様な団体によるゆるやかなネットワークは、前章のICBLにも共通する点であるが、もう1つ興味深い共通点は、諸団体で活動する団体に若年層が比較的多いことである。CICC参加者の統計が存在するわけではないが、CICCの現場における活動では、法学生や弁護士の卵、司法書士の見習い学生らが活躍していた[40]。特に欧州諸国においては、法律家をめざす欧州学生連盟（ELSA: European Law Students Association）[41]が39カ国、2万5000人のサブ・ネットワークを通じて情報の普及、支持の要請などを行った。また、CICCは国際刑事裁判所設立交渉に関心のある学生を公募し、20歳前後の学部生から博士課程に在籍する学生までを資金面やアクセス面で全面的にバックアップし、準備委員会の段階から参加させていた[42]。

4-3-4　CICCの活動の柱

さて、以上のような性格をもつCICCが設立当初に立てていた基本活動の柱は、以下のとおりである[43]。

第1に、CICCはコアリションの設立と同時に作業部会を設置して作業の分担を明確にした。作業部会にはアドホック法廷（旧ユーゴおよびルワンダ）と

国際刑事裁判所の資金調達担当、情報・メディア担当、米国戦略担当の 3 つが
あった。米国の消極的姿勢ならびにその後の出方によっては国際刑事裁判所設
立そのものが危うくなることが CICC 設立当初から認識されており、対米戦略
が CICC 活動の柱に加えられているところが興味深い点である。また、後述す
るように、作業部会が専門家委員会の段階から条約起草案の細部——特に、各
国政府の姿勢およびその変化——を掌握していたことは、ローマ外交会議にお
いて、きわめて重要な意味をもつようになった。

　第 2 に、CICC はインターネット上にホームページを開設し、国際コンピュ
ータ会議およびリストサーブによる情報の発信・交換を行った。アドホック法
廷および国際刑事裁判所交渉に関する専門家と NGO 間の情報交換を効率化す
ることによって、本質的問題に関する議論やディベートを喚起するよう試みた。
これは、IT 革命が進行していた1995年に立ち上がった TCS だからこそ可能
であったという点で注目しておきたい。前章でみてきたとおり、インターネッ
トで世界を動かしたと報道された ICBL でさえ、誕生当時はファックスに依
存していたのである。

　第 3 は、CICC と国際刑事裁判所設置交渉にかかわっている政府代表および
国連関係者との対話の場の設定である。この点は CICC のセクレタリアートを
担うことになった WFM およびコンビーナーに任命されたペース自身の個人
的なネットワークと経験に大きく依存することとなった。準備委員会からロー
マ外交会議に至る一連の政府間交渉に、CICC がどのような資格で参加できる
のか否かという問題にも直結するだけに、日常レベルにおける政府代表団およ
び国連関係者との対話はきわめて重要であった。

　第 4 は、国際刑事裁判所に関する教育および意識向上を促進することである。
公かつプロフェッショナルな場において議論を喚起することを目的にすること
と同時に、国連の会議や委員会、そして国際刑事裁判所設立に向けた準備過程
などを通じて、一般世論の啓蒙および意識向上を促進することが重要な活動の
柱に掲げられていた。

　国際刑事裁判所はきわめて専門的かつ技術論的な問題であるだけに、メディ
アをはじめ一般世論に対し、いかにわかりやすく論点を訴えかけていけるかが
CICC の大きなチャレンジであった。そこで、CICC は ICBL をはじめとする

多くのキャンペーンからヒントを得るよう努めた[44]。特に気を遣ったのは、国際刑事裁判所は懲罰的機関とみられることが多々あった点である。地雷のように、罪のない一般市民が被害にあっている状況では地雷廃絶を訴えて活動の裾野を広げることも可能だが、国際刑事裁判所設立運動の場合には「ある個人を起訴し、懲罰を与えるために子どもをデモに参加させることはできない」[45]のが現実であった。国際刑事裁判所は平和を築くための「道具」であるにもかかわらず、懲罰を与える道具であるとみられがちだったのである。一般的社会運動論として、悪を禁止させるほうが善を推進するよりはるかに容易であると指摘されるように、国際刑事裁判所設立は今後の国際社会における法秩序にとって歴史的意義をもつとしても、一般世論の関心を呼び起こすことは容易ではなかった。

　このため、国際刑事裁判所の意義そのものを再設定する必要があった。CICC は、国際刑事裁判所こそが「数十万人を殺戮するより１人を殺すほうが起訴・投獄される可能性が高い」[46]といった不正をただし、国際的正義を確立することによって平和を構築する一助となると訴えかけた。さらに、CICC は戦争そのものを非合法化しているのではないという点も強調した。たとえ CICC 傘下の団体がそのような立場をとっていたとしても、CICC は、戦争時においても犯してはならない犯罪があり、国際社会がそうした犯罪を二度と繰り返させないようにすることにこそ、国際刑事裁判所設立の意義があると強調した。

　CICC 活動の柱の最後は、ニュースレターやメディア用資料の作成、交渉過程の報告書作成などである。既述のとおり、CICC 傘下には長年専門的分野で活動してきた NGO が加わっていたため、それぞれの専門性を活かしながら技術的問題が幅広く理解されるよう、CICC は情報の咀嚼と普及に力を注いだ。条約交渉過程における進捗状況は、上記のインターネットやニュースレターを通じて幅広く広報した。特徴的なのは、CICC はこうした情報を英語のみならず、フランス語、スペイン語など多言語に翻訳して普及させたことである。これは、CICC に多数の非西欧諸国を拠点にする団体が含まれていたこと、そしてアフリカやラテンアメリカ諸国の途上国へも積極的に働きかけるよう努めていたことの表れでもある。

　こうした諸点を基本活動の柱に据えていた CICC にとって、設立直後の活動戦略の焦点は、国際刑事裁判所設立のためのアドホック委員会を正式な準備委員会へ格上げさせ、さらに外交会議に発展させることであった。そのため、CICC のネットワークを各地に拡大してロビー活動を展開するとともに、次項で記すように、国際刑事裁判所設立に積極的な諸国に働きかけていくことに焦点が置かれた。

4-3-5　志を同じくする諸国との協働

　前章で取り上げた対人地雷全面禁止条約の成立過程において、ICBL がカナダ政府を中心とした中核国と協力したように、CICC も実効的かつ公正な国際刑事裁判所を設立するという志を同じくする諸国（LMC: Like Minded Countries）[47] と密接に連携していった。CICC と LMC の関係は、CICC 一方のみの意思によって実現されたわけではなく、CICC の特徴および長所をLMC が認知したからこそ可能となった。両者の関係は準備委員会の過程から密接で、日本政府代表団の顧問としてローマ外交会議に出席した芝原邦爾は、「ICC の設立を推進しようという国々と NGO の連携が、その設立の大きな要因となった」[48] と振り返っている。

　LMC は、国際刑事裁判所設立推進派諸国によるグループである。裁判所設立慎重派諸国が裁判所の権限を最小化しようと試みた際、グループとして抵抗を試み、最終的に志の高い合意形成に向けて積極的に取り組んだ諸国であり、CICC は LMC と密接な関係を構築していくことによって、条約形成過程に参画するよう試みたのである。

　LMC は当初、カナダ、ノルウェー、オランダ、ニュージーランド、そしてドイツといった国々が中心だったが、表4-2のように、西欧諸国以外にも韓国やシンガポール、フィリピン、南アフリカ、エジプト、チリ、アルゼンチンなどが参加し、ローマ外交会議の開催時には60カ国に達していた。そして、LMC は、それまでの非同盟諸国、EU といった既存の地域・同盟を超えて連携していた。

　LMC は最初から LMC と呼ばれていたわけではなく、当初は単に志を同じ

表 4-2 LMC リスト

アイスランド	ガボン	ハンガリー	ポーランド
アイルランド	韓国	フィジー	ポルトガル
アルゼンチン	ギリシャ	フィリピン	マラウィ
アンドラ	グルジア	フィンランド	マルタ
イタリア	クロアチア	ブラジル	南アフリカ
英国	チェコ	ブルガリア	ヨルダン
エジプト	チリ	ブルキナ・ファソ	ラトビア
エストニア	デンマーク	ブルネイ	リトアニア
オーストラリア	ドイツ	ブルンディ	リヒテンシュタイン
オーストリア	トリニダード・トバゴ	ベニン	ルクセンブルク
オランダ	ナミビア	ベネズエラ	ルーマニア
ガーナ	ニュージーランド	ベルギー	レソト
カナダ	ノルウェー	ボスニア・ヘルツェゴビナ	

出典： AI Indes: IOR 40/13/99。
注： リストは1999年6月27日現在。

くする国々の非公式グループだった。それが LMC として認識されるようになるのは、アドホック委員会から準備委員会に進展した1996年の交渉を決定づける95年の国連総会決議のころからである。1996年8月の第2準備委員会開催中には明らかに、LMC として認知される存在になっていた[49]。CICC と LMC は、実効的かつ公正な国際刑事裁判所設立という目的を共有し、準備委員会からローマ外交会議という過程において協力していった。

4-4　国際刑事裁判所設立交渉と CICC

　CICC は、国際刑事裁判所規程採択までの過程にどのように参画し、交渉過程のどのような局面で、どのような変化をもたらす要因となったのか検証する。まず、CICC がどのような参加資格を得ていたのか、もしくは得ていなかったのかについて概観する。その後、個別事例について論考を加える。

　国連における NGO の参加をめぐっては、経済社会理事会の分野に関しては協議的地位を得ることで正当に参加資格を得られることになっている。しかし、NGO の国連総会における立場は確立されておらず、CICC が準備委員会に出席できるかは不透明であった。当初、国連事務局は NGO の参加に冷淡で非関

与の姿勢をとっていた[50]。したがって、初期段階において CICC は、非公式な形でしか参加できなかった。

その後、第 3 回準備会合の冒頭で、NGO が引き続き総会および、非公式ワーキング・グループ会合にも出席できるよう検討する旨の言及があった[51]。さらに、1997年12月15日の国連総会決議52/160には、ローマで翌年 6 月に開催予定の外交会議に NGO をオブザーバー参加させることを正式に明記した。同決議では、「準備委員会において参加した非営利組織は、会議において採択される運営規則に則り、総会および下部組織の正式会合への出席、会議の正式資料を受け取ること、代表団への資料配布、NGO の限定された代表による開会式および閉会式での意見表明を行うこと」[52] を決定した。

ローマ外交会議においては、会議初日に採択された運営規則に則り、正式に参加が認められた。さらにローマ会議の規則64「文書による声明」によって、NGO は口頭による意見表明だけでなくペーパーを正式に提出する機会を与えられるようになった[53]。こうした形で、CICC は準備委員会からローマ外交会議に至る全行程に参画し、しかも次第に参画の度合いを強めていったのである。

CICC の参加が認められた背景には、人権 NGO が歴史的に役割を認知されていたことに加え、CICC のコンビーナーであるウィリアム・ペースの個人的役割も大きかった。ペースは、長期にわたって国連活動を監視し、代表団のミーティングを調整したり情報提供・交換するなど、WFM の政策担当責任者として国際機関・NGO の双方で人脈を築いていた。また、CICC の貢献が認知されるに従い、国連も CICC との信頼関係を重要視するようになった。事実、国連事務局は CICC に対し、ローマ外交会議に出席する NGO に参加資格を与える権限と責任を担うよう要請することになったのである。

4-4-1　事例 1：ローマ外交会議開催までの過程

国際刑事裁判所設立規程を交渉するための外交会議を開催するか否かについて1995年の国連総会決議は、翌年の国連総会まで決定を延期した。このため、1996年の国連総会では国際刑事裁判所設立のための外交会議開催問題が大きな焦点であった。外交会議は国際刑事裁判所設立のための必要条件であるのみな

らず、外交会議開催期限が設定されることによって、未解決の問題処理を加速させるという効果も期待されていた。1996年3〜4月の第1回準備委員会の段階では、多くの政治的課題が未解決のままだったからだ。そこでCICCは、1996年国連総会の開会に合わせ、国際刑事裁判所設立のための外交会議を早期に開催するよう強く求める戦略に出た。その背景には、「解決困難な政治的課題は、政策決定者がことの解決にあたろうという決意をもって集う外交会議という場においてしか解決できない」[54]といった判断があったからである。

例えば、AIは、毎年10月にAI週間（AI Week）を設定し、特定の課題を焦点にキャンペーンを開催している。1996年は国連総会が国際刑事裁判所設立に向けた外交会議開催の決定をするよう、世界各地で100万人を動員して草の根運動を展開した。バングラデシュやインド、アイスランド、ナイジェリアでは、政府関係者を呼んでパブリック・セミナーを開催し、ペルーでは宗教家や女性運動家、労組や学者によるミーティングを開いてCICCへの参加を要請した。フランスやトルコでは国会議員による署名活動が行われ、モロッコではブックフェアを催し、クロアチアのザグレブでは街頭行動を行った[55]。また、カナダのNGOネットワークは10月に入ると、外務省・国防省などと意見交換を行ったほか、ルワンダ国際刑事裁判所のリチャード・ゴールドストーン前検事を招いて講演会を開催し、世論喚起に励んだ[56]。

欧州議会も9月19日、国際刑事裁判所支持の決議を採択した。決議は、1998年末までに国際刑事裁判所設立に向けた外交会議を開催する国連総会決議が採択されるよう、EUに対し「共通の立場（common position）」をとるよう求めた[57]。その背景には欧州NGOの働きかけがあった。

また、世界各国の議員、市長や市民で構成する国際委員会「正義なくして平和なし（NPWJ）」は、*International Herald Tribune*と*Le Monde*に声明文を掲載した。その際、ダライラマやヨルダンのノラ女王、ノーベル平和賞受賞者であるコスタリカのアリスティーデ元大統領、カーター元米国大統領、ジャック・ドロール元欧州委員長といった著名人の署名を集め、声明文を印刷し紙面にも掲載した。そうした形で、1998年中に外交会議を開催することに改めてコミットするよう、各国政府に求めた[58]。

1996年の国連決議では、98年に外交会議が開催されることが決定した。さら

に国連総会は、翌1997年の第52回総会の暫定的アジェンダに「国際刑事裁判所の設立」を盛り込むことを決定した。1996年末の段階で、98年に外交会議が開催されることが正式に決定したことは、CICC にとって大きな成果だった。

しかし、当時の CICC には不安の種もあった。1997年に開催予定だった準備委員会が資金不足で延期される可能性があり、その結果、外交会議そのものも繰り延べされる危険性が存在したのである[59]。こうした懸念は、国際刑事裁判所設立推進派諸国にも共通していた。事実、推進派諸国は CICC に対して非公式かつ秘密裏に協力を求めている。当時の AI の各国支部に宛てた報告書によると、LMC は、再三にわたって非公式の場で AI および NGO に協力を呼びかけている。すなわち、各国政府、特に外務省、法務省、国防省に対して NGO が直接もしくはメディアや世論を通じて間接的に圧力をかけ、国際刑事裁判所が外交の最優先課題となるよう働きかけて欲しいという要請だ。特に、大半の国連加盟国にとって国際刑事裁判所の優先順位が低いことから、積極姿勢を秋の国連総会でそれぞれの外相が公式見解として述べることが重要である」[60] と記されている。

こうした一連の後押しがどの程度、影響を及ぼしたかについて定量的に評価することは困難である。しかし、CICC による後押しが国際刑事裁判所設立推進派諸国を下支えし、1996年の国連総会決議から後戻りさせないダイナミズムを生み出したことは確かであろう。そして、1997年には予定どおりに計 3 回の準備委員会が開催され、98年の第 6 回準備委員会を経て、ローマ外交会議開催の運びとなった。

さて問題は、CICC がローマ外交会議開催を決める国連総会決議採択、ローマ外交会議開催までの過程において、どのような変化をインプットしたかである。ここでも、「結果を決める影響力」と、「交渉過程の議論への影響力」という視点から考察してみることにする。

1998年に外交会議を開催することを決めた96年の国連決議は、国際刑事裁判所規程を作成するための外交会議を開催するか否かの判断をこの96年の国連総会に委ねた前年の国連総会決議を受けたものである。先述のように CICC のなかでは、外交会議の設置に向けて第 6 委員会および国連総会が山場になりそうだとの見方が出ていた[61]。そこで、CICC は、決議の提出国に対して外交会議

の早期開催を強く求め、また決議採択に向けたロビー活動も展開したのである。

　LMC がこうした CICC の活動を強く意識していたことは、先述のとおり、AI をはじめとする NGO に協力要請をしていたことからも明らかである。CICC が存在していなかったとしたら決議案が成立していたかは不透明だが、その時点で国際刑事裁判所設立に公に異論を唱える国は少なかったものの、外交会議の早期開催に多くの国が消極的だったことは、直前の準備委員会がこの点で紛糾していたことからも明らかである。したがって、積極的に決議案を成立させることに多くの政府が積極的だったとはいえまい。1996年秋の段階で、LMC と CICC が公に協働関係を築いていたとは確言できないが、双方の利害が一致していたことが国連総会を動かす機軸となり、96年の国連総会決議に沿って98年にローマ外交会議を開催させる原動力となったとの判断ができるだろう[62]。

　したがって CICC は、ローマ外交会議開催までの過程において、「結果を決める影響力」と、「交渉過程の議論への影響力」の両方を発揮したと考えられる。なぜなら、LMC と CICC の関係において両者の「影響力」は相互補完的な役割を果たすからである。「結果を決める影響力」は、交渉当事者である LMC のほうが圧倒的に大きい。しかし、LMC だけでは「交渉過程の議論への影響力」に大きな限界があり、CICC との連携が必要となる。一方、CICC の側は LMC との連携を通じて「結果を決める影響力」を図る。そして、その「結果」の達成に向けて世論喚起やロビー活動に説得を試み、「交渉過程の議論への影響力」の最大化を図る。このような「結果を決める影響力」と「交渉過程の議論への影響力」の「相互補完性原理」が、ローマ外交会議開催までの過程において CICC と LMC の間で作用したと推察される。

4-4-2　事例 2 ：主要原則の策定

　既述のとおり、CICC は独立性が高く公正で実効力のある国際刑事裁判所設立を求めた。LMC も同様に、独立性の高い国際刑事裁判所設立をめざしていた。CICC と LMC の協働関係が最も顕著だったのは、この、いかなる裁判所をめざすべきかという点にあった。しかし、現実の交渉過程では大国の圧力な

どもあり、LMC は何回となく妥協しそうになったのもまた事実である。そこで、CICC は妥協なき国際刑事裁判所設立という目的達成に向けて、いかなる点において LMC と協力したのだろうか。

CICC は設立当初から、ローマ外交会議を成功裏に収めるためには、LMC を中心とした強力なリーダーシップが不可欠だと認識していた。特にペースは、過去の多国間条約交渉に参加した経験から、LMC が強力なリーダーシップを発揮しない限りローマ外交会議の成功は困難だと認識していた。1998年4月に最後の準備委員会が終了した段階でも、99条からなる規程には1700の鉤括弧と200のオプションがついたままという状態であった。さらに交渉は全会一致を原則に進めることになっていたため、各国・各グループの立場を説得して回ることのできるリーダーシップが不可欠だったのである。

そこで CICC は、1997年末の第5回準備委員会が始まった段階で、LMC に対してローマ外交会議に向けての主要原則を明確にするよう求めた。LMC は当初、国際刑事裁判所の早期実現という基本的目標を CICC と共有してはいたものの、交渉過程で争点となった主要課題については、LMC 諸国内で必ずしも共同歩調をとってはいなかったからである。CICC は、LMC が国際刑事裁判所の早期設立という目的からさらに一歩踏み込んで、ローマに向けたベンチマークとなるような立場を示すことを強く求めた。

最終的に LMC は1997年12月、第5回準備委員会の開催中に「主要原則」で合意に達した。最後まで文書化されることはなかったが、LMC が推進する主要原則には、次の7点が含まれていた[63]。すなわち、(1)安保理から独立した国際刑事裁判所の設立、(2)検察官の独立性の確保、(3)すべての重罪に対する国際刑事裁判所の自動的管轄権の行使、(4)国際刑事裁判所設立に向けた全面協力、(5)ローマ外交会議の成功、(6)独立性が高く実効的な裁判所の設立、(7)関係国が不在もしくは同意しない場合の最終的な国際刑事裁判所の権限、の7点である。

一方、CICC は、ローマ外交会議が開始した6月15日の前日、運営委員会の総意として次の「基本原則」を採択した[64]。すなわち、(1)可能な限り広範な管轄権、(2)自動的管轄権（各国は、規程の締約国になる際、国際刑事裁判所が管轄権をもつことにあらかじめ同意する）、(3)普遍的管轄権（国際刑事裁判所の管轄権行使には、どの国の同意も必要としない）、(4)補完性の原則、(5)検察

142

官の独立性の確保、(6)安保理からの独立、(7)締約国の協力義務、(8)公正な裁判の実施（容疑者および被疑者が公正な裁判を受けられるよう、国際的規準に則って行われる裁判）、(9)国際犯罪の被害者に対する公正の確保（女性や子どもを含む国際犯罪の被害者に対する公正を期し、裁判のあらゆる行程においてジェンダーの視点を尊重する）、(10)留保権の否認、(11)長期的な安定した財源の確保、の11点である。これらの諸点の多くは、CICC傘下のNGOがおのおのの立場で意見を表明していたが、CICCの主力団体が連名かつ包括的に示したのはローマ外交会議直前だった。

　CICCの基本原則をLMCが合意した主要原則と照らし合わせてみると、その類似性が浮かび上がる。まず、LMCの「主要原則」のなかで、国際刑事裁判所規程に直接かかわる個所については、(1)安保理から独立した国際刑事裁判所の設立はCICCの(6)に、LMCの(2)検察官の独立性の確保はCICCの(5)に、LMCの(3)すべての重罪に対する国際刑事裁判所の自動的管轄権の行使はCICCの(2)に、LMCの(4)国際刑事裁判所設立に向けた全面協力はCICCの(7)に、そしてLMCの(7)関係国が不在もしくは同意しない場合の最終的な国際刑事裁判所の権限はCICCの(3)にそのまま符合する。そして、LCMの(5)ローマ会議の成功は、明文化するまでもなくCICCが従来から求めていた基本であり、LMCの(6)独立性が高く実効的な裁判所の設立は、CICCの(8)から(11)に反映している。すなわち、(8)および(9)は、普遍的人権尊重の原則を反映したものであり、(10)、(11)のいずれも国際刑事裁判所の機能強化を求めているもので、LMCの主要原則には掲げられていないものの、意見の相違があるわけではない。

　では、最終的に採択された規程には、LMCおよびCICCの原則がどのように反映されているのだろうか。規程に直接かかわる問題に限って検討しよう。

《安保理からの独立》

　まず刑事手続きに関する安保理介入の問題である第16条（捜査または訴追の付託）は「いかなる捜査または訴追も…（中略）…安全保障理事会が、国際連合憲章第7章に基づいて採択された決議において、本裁判所に対して、そのために要請した後、12カ月を経過したのでなければ、開始しまたは継続することができない。この要請は、同一の条件の下で、安全保障理事会によって、更新す

ることができる」とした。つまり、安保理のメンバーが締約国でなくとも安保
理決議を通じて国際刑事裁判所の捜査や訴追を停止させることができるように
なったわけで、「裁判所の活動を大きく制約すること」[65) になるのは否定でき
ない内容となった。

《管轄権》

「すべての重罪に対する国際刑事裁判所の自動的管轄権の行使」については、
第 2 部の 5 条は「裁判所の管轄に服する犯罪」として、ジェノサイドの罪、人
道に対する罪、戦争犯罪に加えて、侵略の罪も含めている。しかし、米国が個
人の刑事責任のために「侵略の罪」を定義するのは時期尚早と反対したため、
最後まで「侵略の罪」の定義には合意がみられなかった。その結果、条約発効
後に定義が確定するまで国際刑事裁判所の管轄外とすることになった[66)。

　最後まで議論が紛糾したのは、国際刑事裁判所が管轄権を行使するにあたり、
どの国の同意を要件とするかという問題である。米国は被疑者の国籍国の同意
を必要にすべきだという線を最後まで譲らなかった。自国軍隊を海外に展開し
ていることから、自国の兵士が自国の手の届かない国際刑事裁判所によって刑
事責任を追及されることを危惧していたのであった。一方、国際刑事裁判所設
立を推進する国々は、被疑者の国籍国の同意がなければ訴追ができないのであ
れば、その犯罪がその国の中枢にある者によって行われた場合にはその同意を
得ることは不可能に近く、国際刑事裁判所は無力化すると反対した。

　最終的には、締約国であれば裁判所の対象犯罪にあたる犯罪が発生している
と考える場合には、国際刑事裁判所の検察官に対し、特定の個人の刑事責任を
追及すべきか否かを決定することを目的に状況を捜査するよう要請でき
る[67)、という自動的管轄権制度（第14条 1 項）を認めたうえで、以下のよう
な決着をみた。すなわち、安保理による付託（13条 b ）の場合を除き、犯罪実
行地国（犯罪現場のある国）か、被疑者国籍国のいずれかが締約国であるか、
いずれも締約国でないときは、これらのどちらかが国際刑事裁判所が管轄権を
行使することを受け入れたときに、国際刑事裁判所はその事件について管轄権
を行使することができることになった（第12条）。したがって、たとえ非締約
国である被疑者国籍国が国際刑事裁判所の管轄権を認めないといっても、この

条件を満たせば国際刑事裁判所はその事件を裁判することが可能となったのである。

ただし、この点については、妥協案が盛り込まれた。規程の124条は、各国はこの条約の締約国になる際、自国について規程が発効した後の7年間に限り、自国民によってまたは自国の領域内で戦争犯罪が行われた場合には、かかる犯罪について国際刑事裁判所の管轄権を受け入れない旨の宣言を行うことができるとしている。つまり、締約国になれば7年間に限って、戦争犯罪を行ったという理由で自国民が国際刑事裁判所で訴追されることを阻止することができるようになったのである。これは米国を条約支持に組み込もうとする妥協の産物であった[68]。

《検察官の独立性》

管轄権行使を要請しうる主体は、上記のとおり締約国および国連安保理であるが、それ以外に、検察官が自らの職権によって捜査開始することを認めるべきか否かという問題は最も議論が紛糾した。LMCとCICCは、その原則から明らかなとおり、検察官の職権捜査を認めるべきだと主張した。それは、検察官が独立して捜査を開始できない場合、裁判所が政治的対立に巻き込まれ本来の役割を果たすことができないという懸念からだった。しかし、「強い裁判所」に慎重な国々は、検察官の職権捜査を認めれば、さまざまな圧力や時勢の雰囲気に巻き込まれ、裁判所の独立性が危ぶまれると主張した。

CICCがこの点にこだわった最大の理由は、検察官の職権捜査が認められない限り、管轄権行使を要請できるのは締約国（国家）および国連安保理に限定され、NGOや国際機関は独自の調査に基づき犯罪行為を訴えることができなくなるからである。一方、検察官の職権捜査が認められれば、NGOは独自の情報をもとに、検察官に犯罪行為を訴えることが可能となり、検察官は国家と安保理から独立して、犯罪行為があったか否かについて捜査を開始することができるようになる。

最終的に、検察官の職権捜査は、職権捜査の開始にあたり、予審部の承認を条件に認められることになった。すなわち、検察官は、国際刑事裁判所の対象犯罪にあたる行為が発生していると信じるにあたる合理的理由があると判断す

る場合には、予審部に対して捜査の開始を承認するよう要請し（第15条2項）、当該要請を受けた予審部は、要請を審査し、検察官が審査を開始すべき合理的理由があると判断する場合には捜査の開始を承認する（同条3項）とされた。

　いずれも、米国を参加させる配慮から出た妥協の産物であった。米国の主張がすべて認められていたならば、国際刑事裁判所はきわめて政治色が強く実効性が伴わない機関となってしまうことから、LMC と CICC は米国の影響力を可能な限り排除した。結果、安保理の権限などで米国に譲歩したものの、管轄権行使の同意要件や検察官の独立性などについては LMC や CICC にとっておおむね納得のいく結果となった。

　ローマ外交会議の日本政府代表団として参加した長嶺安政によれば、LMCは、戦争犯罪の処罰を求め、被害者の人権回復や擁護を求める国際 NGO の動きと連動して動く傾向が顕著であった。これら推進派の有する使命感が、この長い準備期間を牽引してきたことは疑いのない事実」[69] であったが、そのLMC と CICC の連携の基礎となったのが、双方の主要原則の一致性にあったことは間違いない。ウィリアム・ペースは、「（LMC が主要）原則を採択したこと自体が、非政府レベルの CICC がもたらした直接的な成果である。交渉の重要場面で、LMC により強力な指導力を求め、既存の外交より高次元の指導力を得ることに成功した」と振り返り、「LMC を強化するうえで、CICC の存在は不可欠であった。LMC はもともと、国際刑事裁判所を設立させるという目的以外に共通認識はなかったはずだ。とりわけ、安保理からの独立性、独立した検察官の存在、国内紛争を含める自動的管轄権などは、CICC の存在なくして実現していなかった」[70] と分析している。そうした形で CICC と LMC が協働関係を構築し、「結果を決める影響力」と「交渉過程の議論への影響力」の「相互補完性原理」を作用させていったと判断できるだろう。

4-4-3　事例 3：検察官と NGO との協力

　国際刑事裁判所規程交渉では、4-2-3項で既述したとおり、当初から検察官が職権により独自捜査を開始できるか否かという問題が大きな争点だった。

CICC は検察官の独自の捜査権限を認めない限り、国際圧力を排して十分な捜査をすることができないと主張していた。採択された規程では、検察官に独自捜査権を認めるとともに、その独自操作に NGO が協力できるという条項を盛り込んだ。

　まず、検察官の調査に関する条項であるが、設立準備委員会作成の条約草案（ 4 月14日版）の第12条では、「検察官は、調査を始めることを目的に、条約第 5 条(a)から(d)にかかわる犯罪について、政府、政府間組織、そして非政府組織、被害者および被害者を代表するアソシエーション、もしくは他の信頼すべき筋から情報を得ることができる」[71] という文章は括弧がつけられており、未合意の状態だった。しかし、最終規程の第15条 2 項で、情報の深刻性を判断するため、検察官がさらなる追加情報を求めることができると記し、追加情報を求める相手として NGO を明記している。「検察官は、受け取った情報の重大性を分析する。このために、検察官は、国、国際連合機関、政府間組織もしくは非政府組織またはその他検察官が適切と考える信頼できる筋に追加的情報を求め、裁判所の本拠地で書面または口頭による証言を得ることができる」[72]

　同様に、裁判所が専門的協力を受けるべき対象としても NGO に言及している。国際刑事裁判所規程第44条 4 項（職員）では、「本裁判所は、例外的な事情がある場合、締約国、政府間組織または本裁判所のいずれの機関の任務をも援助する非政府組織が提供する専門性を有する無償の要員を雇用することができる。検察官は、検察局のために、このような申し出を受けることができる。このような無償の要員は、締約国会議が定める方針に従って、雇用されるものとする」と記されている。

　NGO が国際刑事裁判所に情報を提供し、専門性を活かすことが国際刑事裁判所規程に明記された背景には、NGO の活動実績が国際的に評価されている点があげられる。例えば、人権擁護のための医師団「フィジシャンズ・フォー・ヒューマン・ライツ（PHR）」は旧ユーゴ国際刑事裁判所やルワンダ国際刑事裁判所において、その専門性を活かして重要な役割を果たしてきた。死体埋葬現場の発掘作業から検死検証などを行い、大量虐殺の物的証拠を裁判所に提出しているほか、各国政府への働きかけ、事件の証拠集め、被疑者の身柄拘束と引渡し、必要経費の拠出などで、旧ユーゴ国際刑事裁判所に協力するよう

働きかけている。さらに NGO ならではの活動、例えば起訴に向けた証人探しや、出廷の前後における被害者への医療面・精神面サポートを提供するなどして、裁判所の被害者と証人への対策部局を支援している。

このように、現場の状況に関する情報を熟知し、問題の所在を明らかにしたのは NGO の現場情報が検察官の捜査にとって重要なソースとなったのである[73]。

旧ユーゴ国際刑事裁判所の先例にみられるように、国際刑事裁判所にとって NGO の支援は必要なものであった。しかしながら、こうした NGO 支援を盛り込むように積極的に提言したのは、交渉当事者であった政府代表団ではなく CICC であった。CICC が国際刑事裁判所規程にこうした NGO との協力関係を盛り込むよう働きかけ、交渉過程においてそうした提案を支えた結果、規程の第15条 2 項や第44条 4 項として結実したのである。CICC が、条文という「結果」を決める影響と、その「結果」に向かう「交渉過程の議論への影響力」の双方において重要な役割を果たしたのが、この事例である。

以上、「CICC は国際刑事裁判所規程の形成にどう参画し、交渉過程のどのような局面で、どのような変化をもたらす要因となったのか」に関して、総論、各論の両面から分析を試みた。このなかで浮かび上がる特徴は、協働関係を築いた CICC と LMC が「結果を決める影響力」と「交渉過程の議論への影響力」の「相互補完性原理」を作用させ、国際刑事裁判所規程の形成に大きな影響を与えたことである。こうした特徴は ICBL と中核国家の協働関係と相似形をなしており、オタワ・プロセスを 1 つの手本として活動した CICC の方針が奏効したことの証左といえよう。

CICC が現場に強い専門家集団を抱えていたことも、重要な要素であった。事例 3 でみたように検察官の情報収集において NGO の協力が規程に盛り込まれたことは、問題への対応に必要な主体として NGO が位置づけられていることを示している。実はこの点も、ICBL の相似形であることは興味深い。対人地雷全面禁止条約は、地雷被害者の救済などに関して NGO の助力を得ることを規定している（同条約第 6 条 3 、 7 項）。こうした条項が加えられたのも、ICBL が現場に強い専門家集団を抱えていたことに起因する。その意味で、

ICBL と同様に CICC が頭脳集団だけでなく、現場で活動する NGO を抱合していたことが、策定された条約にも影響を及ぼしたことは間違いない。

〔注〕

1) William R. Pace, "The International Criminal Court and Non-Governmental Organizations," Seminar on the International Criminal Court, December 15, 1998, In Honor of Mr. Adriaan Bos, Legal Advisor of the Foreign Ministry, Chairman of the UN Preparatory Committee on the Establishment of an International Criminal Court, p. 1.

2) ローマ外交会議に日本政府代表団長として出席した小和田恆元大使の感想。小和田恆・芝原邦爾「対談・ローマ会議を振り返って──国際刑事裁判所設立に関する外交会議」『ジュリスト』No. 1146、1998年12月1日、5頁。

3) 「侵略の罪」については、国際刑事裁判所の対象犯罪の1つとするという原則自体は決定したが、その定義（構成要件）については、規程発効から7年後に予定されている規程改正のための再検討会議開催時まで引き延ばされることになった。

4) CICC の日本語名称については、「国際刑事裁判所問題日本ネットワーク」による〈http://member.nifty.ne.jp/uwtj/icc/〉。

5) 小田滋・石本泰雄編『解説条約集［第8版］』三省堂、1999年、123頁。

6) 国際法委員会の最終草案については、小長谷和高「国際刑事裁判所（ICC）規程草案」『秋田法学』第26号、1995年を参照。これは、Report of the International Law Commission on the work of its forty-sixth session 2 May-22 July 1994 General Assembly, U. N.（A/49/10）Commentary の全訳である。

7) 1994年12月9日国連総会で採択された決議 A/RES/49/53, Establishment of an International Criminal Court による。

8) 藤田久一「国際刑事裁判所規程の草案に関して」『国際人権』6号、1995年、48頁。

9) Amnesty International, International Criminal Court: Update No. 1 to July Action Circular, *AI Index : IOR 40/08/95*, September 1995 参照。

10) Resolution adopted by the General Assembly on the Establishment of an International Criminal Court, A/RES/50/46.

11) なお、A/RES/50/46では、第2回準備委員会までの日程を確定し、その討議内容を第51回国連総会に報告することを求めた。また、準備委員会に加えて非公式な会合も数回開催されている。

12) 準備委員会の議長を務めたエイドリアン・ボスが CICC に語ったコメント。CICC, "Serious Progress Achieved at April ICC 'Prep Com'," *CICC Monitor* 1.

13) CICC, Mireile Hector, "One Step Further towards an ICC," *CICC Monitor* 2.

14) A/RES/50/46は、翌年の総会の暫定的議題として「準備委員会の報告を受け、外交会議開催の時期や期間について検討する」という文言にとどまっていた（同決議5項）。

15) "Conclusions of the Preparatory Committee," *Report of the Preparatory Committee on the Establishment of an International Criminal Court*, Vol. 1, Proceedings of the Preparatory Committee during March-April and August 1996.

16) 1996 Resolution on the Establishment of an International Criminal Court, A/RES/51/207.

17) ニュルンベルグ国際軍事裁判所および極東国際軍事裁判所は、戦勝国が戦敗国を裁いたことから「勝者の裁き」として批判を浴びることとなった。また、戦前には、「平和に対する罪」および「人道に対する罪」が確立していなかったことから、「事後法」にあたるとの批判が出たのである。Adriaan Bos, "The International Criminal Court: A Perspective," in Roy Lee (ed.), *The International Criminal Court: The Making of the Rome Statute: Issues, Negotiations, and Results*, Kluwer Law International, 1999, pp. 465-466.

18) 藤田久一『戦争犯罪とは何か』岩波新書、1997年、195頁。

19) 黒澤満『核軍縮と国際平和』有斐閣、1999年、117〜127頁。

20) 反対票を投じたのは、米国、中国、イラク、イスラエル、リビア、カタール、イエメン。

21) 藤田久一「国際刑事裁判所規程採択の意義と限界」『世界』652号、1998年9月、215頁。

22) "U. S. Scored For Position on UN War-Crime Court," *Newsday*, April 29, 1998.

23) Herman von Hebel and Darryl Robinson, "Crimes within the Jurisdiction of the Court," in Lee (ed.), *op. cit.*, p. 79.

24) 稲角光恵「国際刑事裁判所設立に関する外交会議に参加して――NGO の役割及び最終日の模様について」『INTERJURIST』No. 125、1999年2月1日、39頁。

25) その後、運営委員会には8団体に加え、欧州法律学生協会（ELSA: European Law Students Association)、ICC におけるジェンダーの正義を求める女性のコーカス（Women's Caucus for Gender Justice in the ICC）が加わったほか、1998年後半には、ペルーを拠点にする人権のための協議会（Asociacion Pro Derechos Humanos)、西アフリカを拠点に活動する人権のためのアフリカ間同盟（Inter-African Union for Human Rights)、そしてカナダの開発における人権と民主主義を求める国際センター（International Center for Human Rights and Democracy in Development）の3団体が加わった。

26) Prosecuting War Crimes in the Former Yugoslavia, May 1996, Commission on Security and Cooperation in Europe（通称・ヘルシンキ・コミッション）を参照。ヘルシンキ・コミッションは、ヘルシンキ条約の合意事項を監視していくため設立された米国議会と政府の合同組織。

27) 事実、フランスはその後、第2回準備委員会にて、ILC の草案を全面的に置き換えるような内容の修正案を提示した。それは、フランスで使われている民事法に則ったものだった。Mark Thieroff, "August Preparatory Committee Tentatively

Calls for a Diplomatic Conference in 1998," *CICC Monitor* 2.

28) 1996年は、旧ユーゴ国際刑事裁判所関係者の要望であった4078万ドルのうち、第1期分として760万ドルが国連から拠出されている。国連資金に加え、633万ドルがキャッシュで18カ国から送られたほか、EU 6カ国が52人のスタッフを提供した。また、オープン・ソサエティ・インスティテュート（10万5000ドル）やロックフェラー財団（5万ドル）からも機材の提供を受けている。Tribunal's Resources, *ICTY Bulletin*, No. 2, January 22, 1996, International Criminal Tribunal for the Former Yugoslavia 参照。

29) Henry J. Steiner, *Diverse Partners: Non-Governmental Organizations in the Human Rights Movement: The Report of a Retreat of Human Rights Activists*, co-sponsored by Harvard Law School Human Rights Program and Human Rights Internet, Cambridge, 1991.

30) その功績によって、AIは1977年のノーベル平和賞を受賞している。同団体の取組みについては、アムネスティ・インターナショナル日本支部編、今井直監修『拷問禁止条約——NGOが創った国際基準』（現代人文社、2000年）に詳しい。

31) Hurst Hannum (ed.), *Guide to International Human Rights Practice 173*, 2nd ed., University of Pennsylvania Press, 1992, pp. 177-201 などを参照。

32) Interview with William Pace, Convener, Coalition for International Criminal Court, New York, May 30, 2000.

33) *Ibid.*

34) Fanny Benedetti and John L. Washburn, "Drafting the International Criminal Court Treaty: Two Years to Rome and an Afterward on the Rome Diplomatic Conference," *Global Governance*, Vol. 5, No. 1, Jan.-March, 1999, pp. 8-9.

35) Interview with Pace, *op. cit.*

36) CICC, "About the Coalition, ABCs of the ICC," *Monitor* 1, p. 3.

37) Athena Gassoumis, *et al.*, "About the Women's Caucus," fact sheet.

38) 子どもの人権コーカスは、ELSA（注41参照）とHRWが中心に立ち上げたネットワークである。ホームページ〈http://www.igc.apc.org/icc/html/Childrens_Caucus.htm〉参照。

39) その他の内訳は、中東6団体、北米168団体、オーストラリア・ニュージーランド3団体、国際NGO 1団体である。Coalition for an International Criminal Court, *Coalition Members Participating Organizations as of April 2000*, By Country を参考に筆者が算出。

40) Interview with John L. Washburn, Co-Chair, Washington Working Group on the International Criminal Court, New York, May 18, 2000.

41) 1981年に創立されたELSAは、ECOSOC（経済社会理事会）、UNICEF（ユニセフ）との協議的地位をもつNGOで、本部のブリュッセルでは7人のボランティア学生が、会費、EUや会計・弁護士事務所などからの助成で運営している。エストニアとアルメニアを除く欧州39カ国の学生が所属している。

42)　Interview with Anders Bredmose, President, The European Law Students' Association International, Brussels, June 8, 2000.

43)　CICC, "About the Coalition, ABCs of the ICC," *Monitor* 1.

44)　Interview with Richard Dicker, Associate Counsel, Human Rights Watch, New York, May 26, 2000.

45)　Interview with Pace, *op. cit.*

46)　Address by Jos Ayala-Lasso, UN High Commissioner for Human Rights to the Commencement Class of 1996 of the Columbia School of International and Public Affairs, May 14, 1996.

47)　Like Minded Countries は通称で、その他 Like Minded States や Like Minded Group と呼ばれていた。

48)　小和田・芝原、前掲対談、25頁。

49)　Thieroff, *op. cit.*

50)　Interview with Pace, *op. cit.*

51)　Interview with Washburn, *op. cit.*

52)　United Nations General Assembly Resolution A/RES/52/160, passed on December 15, 1997, Establishment of an International Criminal Court, Draft resolution proposed by the Chairman of the Sixth Committee, paragraph 9.

53)　United Nations Diplomatic Conference of Plenipotentiaries on the Establishment of an International Criminal Court, A/CONF. 183/6, 23 June, 1998.

54)　Press Briefing of the NGO Coalition for an International Criminal Court : A report on the second session of the UN Preparatory Committee, United Nations Correspondents Association, New York City, August 13, 1996, p. 3.

55)　CICC, Christopher Keith Hall, "Amnesty International Mobilizes to Support an ICC by 2000," *Monitor* 3.

56)　CICC, "Regional Reports on ICC Activities," *Monitor* 3.

57)　Bulletin EU 9, 1996.

58)　CICC, Marino Busdachin, "ICC Appeal Gathers Hundreds of Signatures," *Monitor* 3.

59)　Amnesty International, *AI Index : IOR 40/02/97*, p. 2.

60)　Amnesty International, *AI Index : IOR 40/14/96*, p. 3.

61)　CICC, "What Is at Stake in the Sixth Committee and the General Assembly," *Monitor* 2.

62)　第5章でも触れるように、政府とシビルソサエティの連携は、多くの場合におい
てきわめてデリケートな問題である。オタワ・プロセスにおいて公に両者が協力し
たのはむしろ異例であり、通常各国政府は、シビルソサエティの支持を重視する場
合でも、シビルソサエティ主導になることを（もしくはそのように他国政府にみら
れることを）懸念する。これは、核軍縮における、廃絶推進派諸国（新アジェンダ
連合、NAC）と中堅国家構想（MPI）の関係からも類推される。

63) Benedetti and Washburn, *op. cit*., p. 21.

64) 「基本原則」に合意したのは、AI、ELSA、FILDH、HRW、ICJ、LCHR、NPWJ、PGA、WCGJ、WFM の10団体。CICC, "Basic Principles for an Independent, Effective and Fair International Criminal Court," *CICC‑Monitor, Special Issue of the NGO Coalition for an International Criminal Court*, Issue 2, June 16, 1998.

65) 藤田「国際刑事裁判所規程採択の意義と限界」315頁。

66) 規程第5条(2)は、「本裁判所は、侵略の罪を定め、かつ、本裁判所が当該犯罪について管轄権を行使する場合に関する要件を定める第121条及び第123条に従って規程が採択される場合に、侵略の罪に関する管轄権を行使するものとする。このような規定は、国際連合憲章の関連規定と合致するものでなければならない」としている。

67) 締約国が実際に付託するのは「事件（case）」ではなく「状態（situation）」である。これは、「事件」とした場合、犯罪の首謀者や被疑者、具体的容疑者を特定しなければならないため、付託を行う側に大きな負担を強いることになると判断されたためである。

68) カナダ外務省高官は、「米国が求めた妥協案の大半を受け入れたが、『あらゆる状況下においても政府の同意なしに米兵は裁かれない』と明文化することは、国際刑事裁判を無意味な存在とすることにほかならず、その他の諸国も同様の例外を求めることになる」と語っている。James Blitz, "UN War Crimes Court Agreed," *Financial Times*, July 18-19, 1998.

69) 長嶺安政「国際刑事裁判所規程の成立——成立に至る経緯及び同規程の概要を中心に」『ジュリスト』No. 1146、1998年12月1日、30頁。当時外務省条約局法規課長として、準備委員会からローマ会議まで政府代表団として参加した長嶺安政は、ローマ外交会議においては全体委員会のラポルトゥール（Rapporteur）として起草過程に参加した。

70) Interview with Pace, *op. cit*.

71) Report of the Preparatory Committee on the Establishment of an International Criminal Court, United Nations Diplomatic Conference of Plenipotentiaries on the Establishment of an International Criminal Court, A/CONF. 183/2/Add. 1, 14 April 1998, p. 37.

72) 藤田久一・大沼保昭編『国際条約集 ［2000年版］』有斐閣。

73) 藤田、前掲書、200頁参照。

事例研究から導かれるTCSの属性

本書の目的は、多国間条約に代表されるグローバル規範を形成するうえで、トランスナショナル・シビルソサエティ（TCS）がどのようにして国境を超えた連携を実現し、政府とどのような協働関係を築きながらグローバルな課題に取り組んできたかを明らかにすることである。この目的に照らし、TCSが多国間条約形成において果たした役割、それを可能にした条件・要因を実証的に分析し、TCSの機能を検証したのが第2章から第4章であった。第5章においては、上記の事例研究を総括し、第1章で提示した基本主題を解明していく。すなわち、5-1節では3事例に共通するTCSの特徴を分析し、5-2節においてはTCSが多国間条約交渉過程にもたらした変革の分析を試みる。そして、5-3節ではTCSの活動結果を左右する要因を取り上げる。

5-1 TCSに共通する特徴

冷戦後の世界において、TCSが多国間条約形成過程に影響力を行使してきたことは3つの事例から明らかになったが、異なった問題領域で活動するTCSにはどのような特徴が共通しているといえるのだろうか。3つのTCSは、細部を精査するとそれぞれ異なった個性、特質を有してしているのはいうまでもないが、大局的な見地から比較分析すると、いくつかの共通した特徴が浮かび上がってくる。すなわち、(1)国境を超えたネットワークを形成している

こと、(2)地球規模の問題意識（グローバル・コンシャスネス）に立脚していること、(3)グローバルな課題設定を行っていること、(4)独自の情報収集・提供機能を発揮していること、(5)アカウンタビリティ（説明責任）を追求していること、(6)アドボカシー（政策提言）を推進していること、の6点である。そのいずれもが TCS の重要な属性を示すものと考えられるので、以下本節においては個々の特性について分析を試みることにする。

5-1-1　国境を超えたネットワーク形成

ICBL（地雷禁止国際キャンペーン）がジョディ・ウイリアムズと共同受賞したノーベル平和賞の賞金は、1年近く宙に浮いたままだった。ICBL は特定の国に登録された NGO ではないため、住所も銀行口座ももたない団体間のネットワークにすぎなかったからである[1]。CICC（国際刑事裁判所を求める NGO 連合）も国際刑事裁判所設立規程の成立後、批准・発効といった展開を考慮しながら TCS の役割を再考する過程で CICC 存続の必要性を認識し、活動の継続を決定した。だが、法人格は取得していない[2]。CAN（気候行動ネットワーク）も NGO の自主的なネットワークであり、全体を把握する本部はない[3]。こうした状況から明らかなとおり、事例研究で取り上げた3つの NGO は共通して、それぞれがゆるやかなネットワークを構成し、傘下団体の自主性を重んじながら活動している。

条約交渉段階において力量を発揮できる NGO は、条約の内容はいうに及ばず各国の政策や交渉過程における代替提案の内容、さらには代表団の裏舞台での駆け引きまで精通していなければならない。よって、政府代表団による交渉の場においてロビー活動を展開できる個人・団体は限定された「頭脳集団」となる。しかし、各国政府に、条約成立に積極的参加を求め、成立した条約に署名・批准を促す活動においては、ICBL、CICC、CAN のいずれも一般市民の意識向上と民衆参加を進めることが必要であった。条約交渉は局所集中型の活動であるのに対し、署名・批准キャンペーンは分散化された活動であるためである。

他方、署名・批准を促す諸活動は各国内の国内政治が舞台であり、広範な世

論の動員が必須条件となる。立法機関への働きかけ、政治家への情報提供、議
会対策など特殊な経験を要する場面もある。民主主義の基本原則に則るのであ
れば、政治を動かすのは国民1人1人であり、そのためには世論の啓蒙活動、
集中的世論喚起のためのマスコミの動員などが具体的な手段となる。こうした
活動においては再び、「頭脳集団」の役割が大きくなる。このように、TCS の
活動は有機的な連携なしには成り立たないのが実態であり、それがゆえに幅広
いネットワークを通じて、NGO の総合力を最大化させることが不可欠である。
3つの TCS のいずれもが、ネットワークの形成を重んじたものの、そうした
現実的な要請に基づくところが大きかった。

　IT 革命の進歩が1990年代の TCS のネットワーク化に大きな影響をもたら
したことも忘れてはならない。情報技術の進歩による恩恵は、1990年代後半に
本格的に活動を始めた ICBL と CICC において特に顕著に現れた。気候変動枠
組み条約交渉の時点では、IT 革命はまだ黎明期にあり、初期段階における
CAN はそれほど恩恵を受けていたわけではなかったが、1990年代の半ば以降、
つまり、京都議定書交渉が開始された段階では、ICBL と CICC と同様に IT
の進歩を大いに活用した。NGO 間のネットワークの形成は情報ネットワーク
の形成でもあり、シビルソサエティの「知る権利」の実効性が著しく高まった。
また、インターネットを使った情報網を通じて、課題の状況や問題意識を共有
しやすくなり、TCS に加わった国のシビルソサエティにおいて力量拡大が急
速に進行したといえるだろう。

5-1-2　グローバル・コンシャスネスという基盤

　TCS はゆるやかなネットワークであるがゆえに、その求心力となる活動目
的は具体的でありつつも、普遍性を備えたものでなければならなかった。事例
研究から明らかになったことは、TCS が形成されて行動していく動機づけは、
その普遍的価値の追求にあるということである。ICBL の設立目標は「対人地
雷の全面禁止」であったが、それは先進国の問題、すなわち ICBL を設立し
た NGO の母国で起きている問題を追究することではなかった。ICBL の活動
の意義は地雷被害地の、いうなれば「声なき犠牲者」を代弁することにあった。

156

CICC は、国際刑事裁判所が「公正かつ実効的」であることを活動の柱に掲げ
たが、その背景には戦争犯罪や人道に対する罪を裁き、同様の犯罪を繰り返さ
せないための抑止力を強めることにあった。そして CAN は、人為的な原因に
よって地球温暖化が進み、人類や生態系が危機に直面するのを阻止しようと誕
生した。CAN が気候変動枠組み条約の交渉を通じて AOSIS（小島嶼国連合）
と協力した背景には、他国の犠牲を踏み台にして強者が経済発展を継続するこ
とはできず、AOSIS の訴えは最終的に人類に共通した問題であるという普遍
的認識があった。ICBL、CICC、CAN に共通するのは、国民国家という枠組
みをはるかに超えた次元で動機づけされている点であり、その解決を法的手段
によって実現しようと行動している点である。このように、3 つの TCS の行
動の意義は、「グローバル・コンシャスネス」を基盤にしていると判断できる
だろう。

　イーサン・ネーデルマンはこうして新たな規範作りに従事する存在を「トラ
ンスナショナルな規範起業家」[4] と呼び、マーサ・フィネモアとキャサリン・
シキンクは「同情、愛他主義と概念化コミットメント」が動機づけの要因だと
分析している[5]。特に、1990 年代に進行したさまざまな分野におけるグローバ
リゼーションは、地球規模の問題意識の高まりを促し、「トランスナショナル
な規範起業家」誕生に一段と拍車をかけた。

　つまり、「超国家的」課題としては顕在化していなかった地球温暖化、対人
地雷問題、国際刑事裁判所の対象となる犯罪を、CAN と ICBL そして CICC
は TCS を形成することによって「問題」から「課題」へと昇華させ、法的な
手段によって解決することを求めたのである。いわば「人類共通の利益」に資
する形で行動することによって、TCS は、「急速に変化する世界の技術環境の
なかで希薄になっているといわれる正義、自由、同情といった伝統的価値をつ
なぎとめる役割」[6] を担っているともいえるだろう。

5-1-3　グローバルな課題設定

　3 つの TCS がそれぞれの活動分野において影響力を高めることになった共
通の要因として、「グローバルな課題設定」も重要な位置を占めている。国家

を主体とした枠組みだけでは対応しきれないところにグローバルな課題の特徴
があり、そこに TCS が埋めるべきニッチ（隙間＝活動空間）が存在している。
3 事例の TCS はいずれも、そのニッチを埋める形でグローバルな課題設定を
したのである。

　地球温暖化に関する多国間条約作成では、「人間の経済活動のほとんど何も
かもが二酸化炭素の排出を伴うために、いかなる二酸化炭素排出抑制であれ、
何らかの経済活動を抑制・縮減することにならざるをえない」[7] 現実があった。
それは、産業革命以降の近代化路線に修正を迫るものであり、地球のすみずみ
に政治的、経済的、社会的影響が及びうる問題である。地球温暖化問題に対応
する過程において、環境保護だけでなく、人権や民主主義、平等といった普遍
的価値をどう確保していくかという課題も内包している。こうした多元的な問
題がからむ地球温暖化問題に関して、可能な限り普遍的価値を尊重し、コンセ
ンサスを形成しながら対応していくというアプローチにとって、「グローバル
な課題設定」は必要不可欠な所作であった。

　ICBL は、対人地雷の世界的な全面禁止が達成されない限り問題の本質的解
決策は見出せないという認識で設立された。対人地雷は多くの国々で生産・移
譲されていたため、輸出規制、使用凍結といった一国内の措置に加え、国際的
枠組みによる全面禁止が不可欠だったからである。

　CICC が国際刑事裁判所設立を求めた背景には、CICC 傘下の団体を貫く人
道主義がある。第 2 次世界大戦後、ホロコーストを二度と繰り返してはならな
いという共通した国際認識が、戦後間もなくジェノサイド条約採択（1948年）
を実現させた。しかし、その後半世紀において、カンボジア、ボスニア、ルワ
ンダにおける大虐殺などが示すように、国際社会は残虐行為を十分に抑止する
法的制度を確立していないことが明らかになった。軍閥や独裁者は大量レイプ
や非合法処刑、そして他の国際人道法に反する行為を繰り返し、裁かれること
なく罪を免れてきた。ニュルンベルグ以来、約1400万人が戦争・内戦で命を落
としてきた。ソマリアやルワンダ、ハイチそしてボスニアで明らかになったよ
うに、砲火が止んでも戦闘に駆り立てる憎悪を消し去ることは困難である[8]。
こうした現状を目の当たりにしてきた NGO の多くは、国際人道法を踏みにじ
った個人を裁くことによってしか、最悪の犯罪に対処する手立てはないとの認

識を強めるようになった。それゆえ、CICC というネットワークが形成され、パワー・ポリティクスや国際政治に翻弄されない公正かつ実効性の高い国際刑事裁判所の設置を求めたのである。

　重要なことは、CAN、ICBL、そして CICC は、グローバルな問題について「課題設定」をやり直し、新たな視座から地球規模の取組みの必要性を強調したことである。そうした問題の再設定によって、世論に訴えかける機会を増大し、マスコミを引きつける源泉を生み出した。さらに、交渉期間をいたずらに長引かせる従来の外交手段からの脱皮を図るきっかけともなったと判断できるであろう。そしてこのことは、次章で触れるように、他の地球規模問題に取り組む TCS にとっても示唆的であると考えられるのである。

5-1-4　独自の情報収集と提供

　TCS は、独自の情報収集能力と情報提供能力を身につけ、それを武器にして影響力を発揮した。この点も三者の重要な共通点である。この節においては、TCS の情報に関する活動の特徴を分析するとともに、TCS がどのように情報という武器を活かしたか探ってみたい。

　多国間条約形成にかかわる TCS にとって情報とは、「問題の所在地からの情報」と、「条約交渉現場における情報」に大別される。「問題の所在地からの情報」とは、問題が生じている現場から収集される第一次情報のことを指す。例えば、地雷問題であれば、地雷の被害地の実態に関する情報であり、被害国の現状全体を掌握したり、地雷問題の全容を明らかにしたりする情報である。「条約交渉現場における情報」とは、TCS の一部の個人・団体が交渉会場などにおいて、政府代表団との懇談や交渉への参加を通じて収集する各国提案や修正案などに関する情報のことである。

　では、TCS の独自の情報収集・提供活動はどのように展開され、効果を発揮したのだろうか。

《問題の所在地からの情報》

　TCS が存在意義を存分に発揮したのは、「問題の所在地からの情報」の収集

と提供である。問題の実態を世界に知らしめることによってのみ、問題の緊急性を訴えることができ、各国政府が積極的に問題に取り組むよう促すことが可能となるからである。地雷問題では、誰よりも地雷被害状況を実体験して把握していたのは、難民の帰還支援などのために地雷原一帯で活動する NGO、そして国際機関であった。ICBL に参加する NGO の活動範囲が途上国に広まるにつれ、地雷事故の現場の様子、被害者数、被害状況、爆発した地雷の数・種類を克明に、しかも網羅的に記録することが可能になり、世界を俯瞰した地雷に関する基本データを蓄積することができるようになった。こうしたデータは、内戦が散発する諸国においては政府すら正確に手にしていないものだった。

　また、ICBL は、地雷が使用されている現場において除去した地雷を分解し、生産国・生産者を突き止め、移譲ルートを解明した。アフガニスタンで発見される地雷からロシア製の地雷の種類を突き止め、カンボジアで発見される地雷からは中国産の地雷のタイプを分析した。また、ベルギーやイタリアで生産された地雷が直接、あるいは間接的（第三国経由）にイラク、アンゴラやモザンビークに移転されている事実を公表した[9]。こうした地道な情報収集・分析・公開によって、地雷は被害国内の問題であるだけでなく、先進諸国にも対応する責任があることを立証したのである。そして ICBL は、こうして集積された情報を電子メールやインターネットを通じて世界に伝播することにより、地雷そのものを廃絶しない限り被害を食い止めることは不可能だという主張の説得力を高めていったのである。

　CICC は、ICBL と同様に、独自の情報収集能力と普及によってその正統性を高め、政府と協働する可能性を生み出してきた。犯罪現場における活動としては、AI（アネムスティ・インターナショナル）や HRW（ヒューマン・ライツ・ウォッチ）といった世界的 NGO 以外にも、地道な活動に従事している NGO が政府さえ入手困難な情報を犯罪現場から地道に集め、その事実を明らかにしている。例えば、第3章で既述した PHR（フィジシャンズ・フォー・ヒューマン・ライツ）は物的証拠の収集により、大量虐殺者の起訴に貢献してきた。PHR は1992年、国際検死チームによる死体発掘作業から拷問・虐殺の証拠を収集し、旧ユーゴ国際刑事裁判所に提出した[10]。また、PHR は裁判提出用の証拠固めのため、スレブレニツァ（Srebrenica）の大量虐殺現場におけ

る死体発掘作業にもかかわり、行方不明者のデータベース化を進めたほか、捜索においても科学的・技術的知識を提供している[11]。そうしてルワンダにおける行方不明者の捜索にかかわる検死作業を実施したほか、アルゼンチンやグアテマラ、エルサルバドル、イラクなどでも同様な活動を行っている。特に、報復をおそれる被害者の保護や未成年者の更生といったきめ細かなケアーは、NGOならではの人道主義に基づくものである。

　地球温暖化がすでに起きているという明確な証拠はなく、その意味で、今はまだ地球温暖化による被害地を特定できる段階にない。したがって、「問題の所在地からの情報」を発信することはCANとって容易なことではなかった。CANは、地球温暖化に警鐘を鳴らす「認識共同体」の意見を広めたり、気候変動に強い危機感を抱くAOSISの声を代弁したりすることによって、未来世代の危機を現世代に共有してもらう試みを重ねてきた。しかしそれは、ICBLやCICCと違い苦肉の策であり次善の策でもあった。

《交渉現場における情報収集・分配》

　事例に取り上げた3つのTCSはいずれも交渉過程の透明化を促進させる形で情報を提供したことが特徴的である。

　CANは地球温暖化に特化したニュースレター*eco*の発行を通じて交渉経緯・進捗状況を報告し、シビルソサエティの「知る権利」に応じる努力を続けた。*eco*第1号は、*eco*の機能について、(1)政府間交渉で独立した声を発する、(2)議論の場を提供し、客観的情報を提供する、(3)ジャーナリストにとっての背景理解の源となる[12]、の3点をあげている。

　*eco*が創刊された1990年は、地球温暖化問題が世界的関心事として浮上して間もなく、いまだインターネットは先進諸国において普及していなかった。したがって、*eco*は会議場において政府関係者やジャーナリストに直接配布され、世界各地にはファックスで送られた。また、大学など限定された場所だけには電子メールでも送付されていた[13]。情報収集にあたっては、政府代表団にも協力を呼びかけ、掲載すべき話題、インタビューすべき人物についての提言も募った[14]。こうした形で多国間条約交渉の会議場の様子を各地に知らせ、世界が交渉に注目しているという緊張感を生み出し、多国間条約交渉の民主化を

図った。

　ICBL は交渉現場においてニュースレター *CCW News*（CCW［特定通常兵器使用禁止制限条約］再検討会議開催期間中）、*Ban Treaty News*（オタワ・プロセス関連会議開催期間中）を発行し、交渉会場などで配布した。ニュースレターは、交渉の進捗過程を克明に報告したほか、地雷除去の現地リポート、NGO からの投書、地雷被害者の生活実態などを掲載した。発行は週に 2 ～ 3 回だが、交渉に影響を及ぼす重要な動きがあったときには、臨時版も出した。ニュースレターは、NGO だけでなく、政府代表団や、国際機関関係者、ジャーナリストにも幅広く読まれていた。「代表団の外交官たちも実は何が起きているのか詳細を把握しておらず、地雷に関する知識も希薄なことがある」[15)] のが実態だったなか、交渉当事者にとっても貴重な情報源であり、気候温暖化防止条約時における *eco* との共通点である。

　また、ニュースレターはインターネット上にも同時配信され、世界のどこからでも交渉状況が把握できる状況を作っていた。どの国がどの条項に関してどういった姿勢をとっているのかといったことについて発言をまとめて掲載したニュースレターは、交渉の現場に足を運べない多くの NGO にとって、貴重な情報源となった。ICBL 傘下の団体は、こうして瞬時にもたらされる情報をもとに、本国においてロビー活動を展開し、マスコミに働きかける機会を得たのである。そして、交渉が佳境に差しかかった際には、世界で同時多発的運動を展開し、活動の連携を図った[16)]。途上国の多くが IT ネットワークから取り残されることを危惧し、ICBL は途上国の NGO に対しコンピュータを支給し、財政援助することによって側面支援してきた。IT 革命時代において、IT の進歩と同時に進展してきた ICBL は、まさにその恩恵を受けることにより、威力を強化していったと判断できるだろう。

　また、CICC も条約交渉の現場において交渉過程をつぶさに見守り、情報を幅広く普及させていった。例えば、ローマ外交会議の期間中、CICC は 3 つのニュースチームの立ち上げ情報を分配した。毎日発行されたニュースレター *CICC Monitor* と *Terra Viva*、それに、インターネット上でのニュース配信 *On the Record* である。*Terra Viva* は国連 NGO であるインター・プレス・サービス（IPS: Inter Press Service）の発行だが、CICC が一部経費を負担し、

ローマ外交会議開催中は連日発行した。*CICC Monitor* および *Terra Viva* は、NGO のみならず、政府代表団にとっても重要な情報源だった。「次の日のニュースレターに自分たちの発言がどのように載るかが各代表団の関心事となり、その動向に大きな影響を与えた」[17] のである。特に、途上国をはじめとする多くの国々は、準備委員会の段階から刑事法や国際法に関する専門家を派遣できずにいたなかで、CICC が編集するニュースレターは重要な情報源になったのである[18]。

インターネット上の *On the Record* は、外交会議の常である「オフ・ザ・レコード（オフレコ）」をもじったタイトルで、リストサーブに加えネット上でのローマ会議のホームページでも公開した。また、ホームページには、国連決議、準備委員会の合議内容などの関連報告書や資料のほか、条約草案に関する詳細な分析、各国政府の姿勢なども掲載した。

こうした情報提供活動を支えていくには、条約交渉に関してできる限り正確で幅広い情報を入手することが不可欠である。そこでCICC は、複雑な条約交渉を見守るため、重層的な監視体制を敷いた。ローマでは5週間と限られた期間で条約を成立させるため、12の作業部会が並行して会合を開催していた。CICC は12の作業部会をすべて監視できるよう、それぞれに条約監視チームを設けた。作業部会のすべてをウォッチすることができたのは、ごく限られた政府代表団を除くと、「ローマ外交会議で最大の代表団だった CICC」しか存在しなかったくらいである。

状況を把握するのに特に有用だったのが、各国の意見が対立していた条項に関する各国の姿勢を統計で表した仮想投票（The Virtual Vote）と統計（The Numbers）である。特に、討議形式ではなく各国が順番に自国の意見表明をする形で議事が進められる場合、各国の対立状況を全体的に把握するのは困難であった。そこで、CICC は会議終了直後、条約監視チームが各作業部会における各国の発言に基づいて統計をとり、速やかに公表したのである。例えば、7月13日に検察官の職権調査を認めるべきか否かという問題を議論した際には、それ以前の会議における意見表明と総合して調査し、83%の国が賛成しており、反対を表明したのは13国だけであるという統計を2日後の15日に発表した（The Virtual Vote）[19]。このように、交渉の現状を数字で示すことによって、

問題の所在や交渉の焦点などを考察する材料としたほか、各国政府への働きかけにおいてローマのみならず、世界各地で活用されたのである。

　注目すべきは、こうした TCS が収集・分配する情報は、TCS 内においてかかる問題の共通理解・認識を深める作用を果たしたのみならず、政府代表団や国際機関関係者、民間企業、プレスにとっても有益な情報リソースとなった点であり、さらにそれらの情報をもとに、異なる主体間に議論の場を提供する作用をもたらした点である。そして、密室に閉じこもりがちな交渉過程に TCS が介在していくことによって、交渉に関する情報提供量を飛躍的に拡大させるとともに、民意を交渉過程に反映させるチャンネルを大幅に増やしたのである。

5-1-5　アカウンタビリティの追求

　多国間条約交渉においてアカウンタビリティが重要なのは、多国間条約交渉過程をいかに民主化するかというテーマと表裏一体だからである。多国間条約交渉はジュネーブやニューヨークなどの交渉会場で進むことが多く、個々のシビルソサエティが政府や国際機関にアカウンタビリティを問うことは容易ではない。しかし、アカウンタビリティが問われることなく多国間条約が形成された場合には条約形成過程に民意を反映させることは困難になる。

　CAN は政治や国際機関のアカウンタビリティを、*eco* などの場を通じて求めた。所定の問題に関して CAN が抱く疑問や意見を *eco* に掲載し、見解を明らかにするよう求めたのである。例えば、COP 3 に備えた第 7 回ベルリン・マンデートに関する交渉会合（1997 年 8 月）の際、先述のとおり、二酸化炭素排出量削減の数値目標のない案を日本が米国に打診していた。*eco* が日本批判を展開したところ、日本政府代表団は記者会見で「*eco* に書かれているような大幅な（排出）増加を許すような提案はしていない」[20] と弁明せざるをえなかった。こうした政府の対応は、ニュースレターが一定の価値および影響力をもっていたことを示すと同時に、シビルソサエティの問いかけや誤解に対して説明責任を負っていると認識していることが判断できる。政府や国際機関にこうした認識を抱かせることは、TCS の存在意義の確認でもあり、それは TCS の

機能強化に直結していたことは間違いないだろう。

　NGOは気候変動枠組み条約交渉や京都議定書交渉にオブザーバー参加を認められ、限定された形にせよ、議長の許可によって意見表明する機会も与えられていた。CANはこうした機会を活用して、会議記録に残る形で政府代表団に説明責任を問いかけることもあった。例えば、ストックホルム環境研究所（SEI）のマイケル・オッペンハイマーは、気候変動枠組み条約交渉が難航していたINC（政府間交渉委員会）4（1991年12月、ジュネーブ）において、NGOを代表して声明を発表した。このなかでオッペンハイマーは、IPCCに参加した科学者の立場から次のようにコメントした。

　オッペンハイマーはまず「皆をここに参集させたのは、政治ではなく科学だ。地球温暖化の程度や、海面上昇、地域的影響に関しては不確実な点もあるが、科学者は潜在的に危険な変動が起きると確信している」と語り、政治的決断を促した。そして、名指しこそ避けたものの、交渉難航の最大の原因になっていた米国に焦点を当て、次のように説明責任を問うた。「世界で最も大量に温室効果ガスを排出し、世界で最も豊かな国がまだ、（地球温暖化防止について）何も約束していない。貴国の指導力、そして責任感は一体どこにあるのか。開発途上国は自分たちが（地球温暖化対策を）約束する前に北側の先進国が行動することを期待しているのに、この最も強大な国がリオ（地球サミット）までに効果的な（気候変動枠組み）条約を締結するに際して最大の障害になっている。」[21]

　ICBL傘下の各国キャンペーンは、積極的に政治家との対話を進め、政府の政策変更を促すよう働きかけた。それがすなわち、政治的指導者がそれまでとり続けてきた立場、政策について説明責任を問うことでもあった。例えば、米国においては対人地雷禁止に熱心だったレーヒー上院議員やエバンス下院議員への働きかけが重要であり、フランスにおいてはミッテラン大統領に政策変更を要請した。ベルギー、オランダ、ノルウェー、日本においても、同様の試みがあった[22]。政治家がどの程度NGOの要請に応えるかは、世論喚起能力や情報提供能力といった各国内のシビルソサエティの成熟度や政治風土、そして文化的背景によって異なる。また、ICBLの場合には、オタワ・プロセスを目的を共有した政府との協働作業によって始動させたことから、条約形成過程にお

いて常時、政府のアカウンタビリティを問える立場を確保していたとも解釈できる。

　CAN や ICBL と同様に、CICC もきわめてゆるやかなネットワークを構築していたため、各国内の政治家や政策決定にかかわる指導者に対するアカウンタビリティは、基本的に各国で活動する CICC 傘下の NGO および各国内のネットワークに委ねられていた。例えば、フランスでは「正義なくして平和なし（NPWJ）」が1997年6月、正式にフランスの国内キャンペーンを立ち上げたのを記念した国際会議を開催し、直接、政治指導者と対話した。50人以上の欧州政治家をはじめ、外交官や法律家、国連や欧州委員会の要人、セネガル首相のジャック・ボーディン、ガリ前国連事務総長、ルワンダ国際刑事裁判所のライティー・カマ裁判長らが出席したほか、NGO からも CICC をはじめ多数の NGO が参加した[23]。このなかで、NGO は国際刑事裁判所設置に関する諸問題について質問し、所信を明らかにするよう求めた。また、国際刑事裁判所設立のためのカナダ・ネットワーク（CNICC: Canadian Network for an International Criminal Court）は、200を超える団体による NGO、個人、学者、政府関係者や議員が参加しており、ニュースレターの発行、集会の開催、インターネットを通じた最新情報の提供などによって、世論喚起に努めると同時に CICC として政府関係者との対話を実現させた。

　また、国際 NGO は、そのネットワークを通じて共通の活動方針を立ててアカウンタビリティを追求した。例えば、AI は、ロビー活動する具体的対象国（target states）を分類し、それぞれに応じた具体的対応策を示して各国支部の協力を求めた[24]。特に、効果的な国際刑事裁判所設立に公に反対している国は第2回準備委員会を終えた段階では皆無だったが、自国政府があらゆる条項でどのような立場を表明しているのか、細心の注意を払ってくまなく調査するよう呼びかけられていた。また、AI を代表して準備委員会や第6委員会をモニターしていたスタッフが、各国の発言をまとめた報告書を各支部に送り、政府に対して説明責任を追求できるよう協力していた。

　こうした各国の個別団体もしくは各国内のネットワークに加え、CICC としては LMC や既述の途上国との対話の場を通じて、政府代表団のアカウンタビリティを問う機会を設けていた。さらに、CICC は、EU や英連邦（Common-

wealth)、米州機構（OAS）、仏語圏諸国会議（Francophonie）の場において
も各国政府の姿勢をただしていった[25]。

　事例研究で明らかなように、3つのTCSは政府代表団との対話、ロビー活
動などを通じて積極的にアカウンタビリティを追求した。TCSのそうした活
動は多国間条約交渉過程の民主化を促す作用をもち、そのことがTCSの存在
感を高めるとともに、機能を強めるという相乗効果も発揮したのである。

5-1-6　アドボカシーの推進

　現場からの情報収集および専門的知識の蓄積は、問題解決に向けてTCSが
政策提言能力を高めていく結果につながる。それは、問題の所在地でサービス
を提供するだけでは問題が解決しないというNGOの苛立ちと不満が、代替案
を提示するという行為によって政府に対応を迫る行為に転化していくことに直
結するからである。

　CANにとって、国際政治の方向性を市民社会の目的に資するよう修正する
ことが死活的な重要性をもっていた。この目的を達成しない限り、生態的に持
続可能なレベルに人為起源の気候変動を抑えるために必要な、政府および個人
の行動を促進するというCANの設立目的を達成することは不可能だからであ
る。そのためには、代替案となるべき政策提言が不可欠だった。CANは、生
態系が気候変動に対応できる限界値を「地球全体の平均気温の上昇を10年に摂
氏0.1度以内」に設定し、「2100年までの平均気温と海面の上昇をそれぞれ摂氏
1度、20センチメートルに抑えること」[26]を目標に温室効果ガス排出を削減す
る「代替案」を提示した。そして、地球温暖化が進行した場合に、海面上昇に
よって国土の多くが水没するおそれがあるAOSIS諸国の視点、すなわち被害
者の視点を強調してきた。そのうえでAOSISと協調し、先進諸国に厳しい対
応策を求めた。

　CANは、*eco*に「ツバルからの視点」というコラムを設けた。AOSISのな
かでも最も水没の危険が高い島国ツバルの価値観を前面に押し出した現場報告
で、このコラムを通じてCANは一貫して先進諸国に対応を促す開発途上国の
意見を掲載した[27]。こうした試みは、地球温暖化問題は国家間の力関係では

解決できず、またされるべきでないことを訴える努力であるとともに、互いに共生を図る形でしか地球における繁栄を継続できないということを説得する努力でもあった。その背景には、(1)他国の犠牲を踏み台にして強者が経済発展を継続することはできない、(2) AOSIS の訴えは全世界にかかわる問題であり、人類は地球上で共存していかなくてはならない、という認識があった。それは1980年代から90年代にかけて相次いで示された報告書（「世界自然保全戦略」、「地球の未来を守るために」など）の精神を引き継ぐものであり、地球温暖化という実態の把握が困難な課題に CAN が科学者と共同歩調をとりながら取り組んできたからこそもちえた視点である。第2章で述べたように、CAN のこうした提言は条文には盛り込まれなかった。だが、こうした提言をもとにロビー活動を展開したからこそ、地球温暖化を懸念する国際世論を引きつけることができ、「交渉過程の議論への影響力」や一定の「結果を決める影響力」を発揮できたといえるだろう。

　第3章の事例3（3-4-3項）で示したとおり、ICBL は独自の条約案を作成するという行為を通じて、条約に影響を与えようと試みた。なかでも ICBL の功績として認められるのは、条約のなかに地雷被害者への援助およびリハビリに関する条項が盛り込まれた点である。第6条（国際的な協力及び援助）3項は「締約国は、可能な場合には、地雷による被害者の治療、リハビリテーションならびに社会的及び経済的復帰並びに地雷についての啓発計画のための援助を提供する」として、締約国が地雷被害者への援助を行うことを奨励しているのである。

　この点は、ICBL が当初起草した条約案には含まれていなかったが、その後の諸会議の場を通じて、ICBL が強く求めていたものだった[28]。なかでも地雷被害者への義肢を提供する団体や被害者によって構成している米国の NGO などが、地雷被害者が置かれている現状、特に途上国における医療施設の未整備、義肢や車椅子の不足、リハビリ施設の欠如といった点を訴え、条約の成立と同時に締約国が地雷被害者救済に積極的に取り組むよう強く求めていたのである。多くの政府の反対にあいながらも、軍縮条約において被害者への援助が明文化されたのは「前代未聞」[29] のことだった。ICBL は、対人地雷の問題をこうして「軍縮」から「人道」へと再設定することによって、「軍縮や安全保障の条

約交渉で NGO が決定的ともいえる重要な役割を果たすことはこれまでほとんど考えられなかった」[30] なか、地球市民社会に資する解決策を実現させてきたのである。

　国際刑事裁判所は、近代国家が成立して以降、世界の常識となってきた自国民に対する自国の裁判管轄権という原則に風穴を開けるものであった。逆説的には、国際刑事裁判所設置がなかなか実現しなかったのは、「国際刑事裁判所の設立は、国際社会の共同利益のために、ここ数世紀間維持されてきた、司法主権をもつ独立国家の併存という国際社会の基本構造を揺るがすことにつながる」[31] 可能性が高いからである。したがって、国際刑事裁判所の設立を目的とした CICC の創設自体が、「通常の国際関係の形態を地球市民社会の目的に資するように修正する」ための「代替案」の提示であり、CICC が次々に示した国際刑事裁判所設置に関する「代替案」は、まさに通常の国際関係の形態を地球市民社会の目的に資するように修正する効果を伴うものであった。CICC の呼びかけで LMC が表明したローマ外交会議に向けた主要原則がその一例で、国際社会における国家中心の法治主義を修正していくための重要な一歩となった。

　また、CICC はその機動力を活かして収集した情報を直接政府代表団と共有していた。特に、「どうにか参加にこぎつけたというほど静かな政府代表団が多数存在し、会議上、発言するにはあまりにも資源や知識が不足していた」[32] ため、条約の技術的な問題や詳細に関する各国の立場について早い段階から CICC は協力していた。それは、「こうした国々の参加こそが準備会議の普遍化に不可欠だった」[33] というプラグマチックな判断がある一方、複数の国々が途上国の支援をしていたにもかかわらず、事態があまり改善されなかったという実情があった。具体的には、途上国から法律の専門家や大学教員、人権 NGO などをニューヨークに招待し、準備委員会に参加できる機会を作ってきた。また、途上国の代表団に NGO が資金援助し、それぞれの国から法律家や大学教員が法律専門家・アドバイザーとして政府代表団に参加することを可能にした。さらに、十数の会合が同時並行で開かれたローマ外交会議においては、すべての会合に参加できないで途上国を対象に交渉の進捗状況に関するブリーフィングを行った。こうした途上国の多くが、CICC が作成した統計を本国に

ファックスし、交渉の現状、自国の位置づけを本国と協議していたのである。

　TCS は、専門家や専門機関と協働することにより、政策提言能力を向上させただけでなく、時と場合によっては政府代表団にとっても事実上の政策アドバイザーの機能を果たしていたといっても過言ではない。したがって、TCS は、代替案の提示や新たな政策提案といった領域にとどまらず、「結果を決める影響力」や「交渉過程の議論への影響力」、さらには両者の「相互補完性原理」で多国間条約作りに影響を与え、TCS としての機能を強めたと判断できるのである。

5-2　TCS が多国間条約形成過程にもたらした変革

　3 事例から明らかになったように、TCS は多国間条約形成過程において本質的変化をもたらした。それは、単に条約を成立させるという結果に及ぼす影響力だけではなく、交渉過程における影響力において特に顕著である。この多国間条約交渉における「プロセス革命（revolution in process）」ともいうべき変化は、透明性の拡大、交渉方法論の変化、そして政府との協働の 3 点から明らかである。

5-2-1　透明性の拡大

　プロセス革命の第 1 は、透明性の拡大である。3 つの事例が示すように、TCS は多国間条約交渉における国家間交渉の過程を著しく透明化させた。密室に閉じこもりがちな交渉過程に NGO が分け入っていくことにより、交渉に関する情報提供量が飛躍的に拡大するとともに、民意を交渉過程にインプットするチャンネルを大幅に増やした。NGO は具体的には、(1)政府代表団の一員として正式参加する、(2)公式交渉過程にオブザーバー参加し交渉経緯を見守る、(3)代表団との意見交換を通じて、間接的に NGO の意見を反映させる、(4)(1)～(3)の組合せ、という手法によって、多国間条約交渉の現場で影響を及ぼした。

　対人地雷全面禁止条約は、オタワ・プロセスという特異な交渉過程を通じて

成立したため、ICBL は上記の(4)、すなわちあらゆる手段を用いて交渉に影響を及ぼしたと判断できるだろう。中核国と呼ばれるオタワ・プロセスを牽引した諸国を中心に、NGO は政府代表団の一員として正式に交渉過程に参加した。これは、特定の国が非公式協議を開催した際（2 カ国間、多国間協議）にもアクセス権を取得していたことを意味する。また、ICBL はすべての交渉会議の総会、作業部会にオブザーバー参加が認められていたため、ICBL 代表団が出席・発言する機会を得ていた。そして、ICBL 代表団に登録されていないNGO は、休憩時間などを利用しておのおのの政府との対話の機会をみつけ、意見交換を図った。また、ICBL は特定の政府代表団を招いて非公式協議も頻繁に行った。こうした過程を通じて、ICBL は従来政府しかもちえなかった交渉にかかわる情報にアクセスし、それを公開しながら交渉過程・結果に影響を及ぼしたのである。

　国際刑事裁判所設立規程交渉過程において CICC は、ICBL と同様におおむね上記のあらゆる手段を通じて交渉に影響を及ぼしたものの、多少の温度差がある。(1)の「政府代表団の一員として正式参加する」という手法については、ICBL では多くの場合、政府と対峙する立場にあった NGO が政府の政策転換の結果として政府代表団に加わったのに対し、CICC では、その専門的知識を評価された学者や法律家が専門家として政府代表団に参加していた。そして、こうした専門家は必ずしも CICC 傘下の団体に所属はしていない。しかし、あえて CICC が交渉に参加した手法として(1)を含めるのは、多くの場合において専門家は国際刑事裁判所のあるべき姿についてビジョンを共有していたからであり、CICC の代弁者的存在として交渉の行方に影響力を行使していたからである。(2)のオブザーバー参加について CICC は、交渉の行方を見守る権利を得ていたものの、発言（intervention）・提案（submitting proposals）することは認められていなかった。CICC がポジション・ペーパーを提出した場合にも、あくまで非公式扱いであり、議事録には残らない性格のものである。しかし、CICC の交渉参加形態は、NGO の多国間条約交渉への参加形態としてはむしろ一般的であり、ICBL が通常以上にアクセスできたのは、オタワ・プロセスというユニークな交渉過程の産物である。

　ICBL、CICC と比較すると、CAN の交渉過程への参加はより限定的であっ

たが、主に(2)と(3)の手法を通じて交渉過程に関与していった。気候変動枠組み条約交渉をつぶさに見守ってきたアービン・ミンツァーは、(1)政府間交渉委員会（INC）は、NGOコミュニティの貢献を歓迎することによってバイタリティーを継続し、気候問題を政府の優先的政策課題にし続けることができた、(2)気候交渉の成功は、できる限り多くの「利害関係者」を交渉のテーブルにつかせ、過程を実り多いものにするために彼ら（NGO）が影響力を示すことの重要性を再認識したことだったと指摘している。そして、「今後の国際交渉の成功の鍵を握るのは可能な限り過程をオープン、透明かつ参加型にすること」[34]と結論づけている。

1992年当時、グリーンピースの弁護士は「どれほど小国でもたった1つの『友好的』な国が存在すれば、その国を通じて自動的に委員会や作業部会にアクセスできることになるだけでなく、1カ国1票制度下では、小国も大規模な代表団を抱える国と同じ公的な力をもつ」[35]と、NGOが代表団を通じて交渉過程にアクセスすることの重要性を指摘している。多国間交渉において1票を投じることができるのは政府代表団のみである以上、代表団を通じて交渉に影響を及ぼすことの重要性は否定できない。しかし、事例研究から明らかなとおり、今日の多国間交渉においてその手法は多様化しており、NGOのアクセスは質・量の両面において拡大している。そして、TCSは、交渉現場で得た情報を幅広く普及・共有することによって、交渉現場だけでなく世界に点在するNGOや個人を巻き込んでいった。すなわち、交渉現場に足を運べないNGOや個人を蚊帳の外に置くことなく、多国間条約成立という共通の目標へ力を結集するメカニズムを作り上げたのである。TCSは、国際会議における規範形成に関する閉鎖性、大国主義を規制し、リアルタイムでシビルソサエティの反応をインプットする過程を実現していくうえで重要な役割を果たしたと判断できるだろう。

5-2-2　交渉方法の多様化

プロセス革命の第2は、交渉の方法論に変化をもたらしたことである。対人地雷全面禁止問題では、ICBL傘下のNGOが呼びかけた政府・NGO合同会

合がオタワ・プロセスを生み出す契機となった。オタワ・プロセスは国連の枠組外で多国間条約を成立させるというユニークな手法をとった。これに対しては、「国連がバイパスされる」といった懸念もあるが、TCS は外交にありがちな言葉の応酬ではなく、結果を生み出す行動を求めた。その結果、対人地雷全面禁止に積極的な諸国が NGO の訴えに共鳴して実現したのがオタワ・プロセスであり、オタワ・プロセスの始動により、対人地雷全面禁止条約を早期に成立させることができたのである。

　国際刑事裁判所設置問題においては、CICC が設立交渉のための外交会議開催を働きかけ、それが奏功した。つまり、目標とする結果を導き出すために必要な交渉プロセスを始動させる役割を TCS が担ったのである。最終的な結果を生み出すように外部から促すだけでは多国間条約交渉の過程に影響を与えることは困難であり、暗礁に乗り上げた状況から脱するには交渉過程に新たなアプローチを持ち込むことが有効な手段となりうることの証左である。

　気候変動枠組み条約の交渉過程において、CAN は条約の内容が曖昧であると政府の姿勢をただした。しかし、気候変動枠組み条約交渉は全会一致制をとっていたため、NGO が自分たちの主張を通すうえで大きな制約を受けていたことは否めない。政府代表団のなかには、「国連外交ではこれが通常だと NGO を諭し、最終的に NGO は条約内容をあるがままに受け入れざるをえなかった」[36] との見方さえある。これに対し、ICBL と CICC は、全会一致制度による「最小公約数」ではなく、あくまで目標の達成を図るため、多数決による「最大公約数」を求めた。米国の反対によって数値目標を達成できなかった気候変動枠組み条約と異なり、国際刑事裁判所設立規程は多数決により成立した。対人地雷全面禁止条約は投票による採択は実施しなかったものの、米国やロシア、中国といった国々の反対を押し切り、事実上の多数決定によって成立している。その際、国連外交の常だった建前論的な「究極的な問題解決」という方法から脱し、「期限付き解決策」をめざすことによって条約成立を加速化させたことも画期的な手法であった。

5-2-3 政府との協働

　プロセス革命の第 3 の特徴は、TCS と基本的な目標や価値観を共有する諸国との連携・協働である。多国間条約交渉の主体は依然として国家であり、政府代表団でなければ正式提案はできず、最終的な同意・投票権は主権国家のみに与えられている。したがって TCS は、基本的な目標や価値観を共有する諸国との連携・協働を通じて、交渉過程に影響を与えることが求められるようになる。一方、政府にとっては、TCS と価値観を共有した場合には、その専門知識や動員力を味方につけることにより、交渉での影響力を増大させることが可能となる。こうした相互補完的な関係が、3 つの事例のいずれにおいても確認された。CAN は京都議定書の交渉過程において AOSIS・欧州諸国と、ICBL は中核国グループと、そして CICC は志を同じくする国際刑事裁判所推進派諸国と相互補完的関係を築き、大国が多国間条約交渉を牛耳るという旧来の交渉過程に変革をもたらした。こうした TCS と政府の協働作業が可能となった背景には、国際政治のダイナミズムの変化が作用している。冷戦崩壊後、東西対立という機軸がなくなった結果、各国政府には従来の同盟関係やイデオロギーに左右されない政策を選択する余地が生まれ、国際交渉における対立軸が多様化した。その副産物として、協力関係や相互補完関係の形成を弾力的に実施しやすい基盤ができた。こうしたダイナミズムの変化が国際社会にパワーの隙間を生じさせ、それを埋めるような形で TCS が政府と協働作業を進める結果となったのである。

5-3　成果に影響をもたらす外的要因

　事例研究の対象となった TCS の目的の達成度は、既述のように TCS にビルトインされたさまざまな内的要因によるところが大きい。しかしながら、そうした内定要因とは次元を異にする外的要因にも少なからぬ影響を受けている。ここでは、外的要因として、課題の特異性と歴史的偶然性の 2 点について分析

を試みる。

5-3-1　課題の特異性

TCS の成功と失敗を決定づける要因としてまず注目しなければならないのは課題の特異性（issue characteristics）である[37]。課題の特異性も多様ではあるが、最も重要な特異性は、対応すべき問題が目にみえるもので、かつ現在進行形のものであったかどうかという点である。

3 つの事例を比較してみると、ICBL の事例が対応すべき問題が目にみえるもので、かつ現在進行形であったのに対し、CAN は将来の問題に備えて今から対応策を講じるという類型に属するものである。CICC では、戦争犯罪が地雷被害のように必ずしも常に現在進行形で存在するわけではないという特徴がある。

対応すべき問題が目にみえ、かつ現在進行形であったという特異性は、ICBL の活動にプラスに作用した。例えば、絶えることなく続く地雷の被害を食い止めることが、既成の交渉の場を離れてでも対人地雷全面禁止条約を設立しようというモメンタムを生む原動力となった[38]。世界で被害者が続出し、しかも被害者の苦しみが広く報じられる状況にあって、政府は地雷禁止に反対して国内外に悪い印象を与えてしまうことを強く警戒した。地雷禁止を求める世論の圧力を感じ始めた政府は「どうしたら全面禁止推進派にみられるのか」と ICBL に相談するようになるなど、自国のイメージがどのように捉えられているかに気をもんだ[39]。TCS だけの圧力によるものではないが、そうした状況が作り出されたことが、「規範のカスケイド」と呼ばれる現象をもたらしたと判断できるだろう。「規範のカスケイド」とは、ある規範に一定の支持が集まると、ある時点から雪崩を打つように規範への支持が膨らみ、規範が定着していくことを指す[40]。地雷禁止はまさに問題が目にみえるもので、かつ現在進行形のものであったことを背景に、「規範のカスケイド」を引き起こすことになったと判断できる。

他方、地球温暖化をいかに防止するかという問題は、短期的対策だけで処理できる種類の問題ではない。地球温暖化問題に関する国際合意は、未来に起こ

りうる問題に対処するために、しかも起こりうる事態に不確実性がつきまとう状況において、どこまで踏み込んだ対応策を現段階で講じられるかという高度な政治的判断を伴うものである。それゆえに、被害が現在進行形で起きている地雷とは異なり、政治を動かすことは簡単ではなかった。「起きている事態」への解決策を探ることと、「起こりうる事態」を想定して防止策を講じるのでは、政治行動の態様は異なる。気候変動枠組み条約では、地球温暖化防止策を講じることによって利益を脅かされる営利企業が、交渉過程に多大な影響力を行使したのも特徴的である。例えば、具体的数値目標を設置した京都議定書の交渉期間に、企業が1300万ドルを投入して大々的なメディア・キャンペーンを展開した。こうした宣伝活動が必ずしも奏功したわけではなく、国民の74％が京都議定書を履行するよう政府に求めた[41]。こうした世論形成には CAN を中心とした地球温暖化対策に取り組む TCS も一定の役割を演じていると思われるが、それ以上に、環境問題全般に対する世論の意識向上が背景にあると判断すべきであろう。だが、そうした一般的な世論の支持があっても、京都議定書の内容が CAN の期待とはほど遠かったという事実は、「起こりうる事態」への解決策を探ることの難しさを物語っている。

　国際刑事裁判所は、戦争犯罪があった場合、その犯罪人を裁くという点からして現在の問題に対応する性格を有している。旧ユーゴおよびルワンダにおける虐殺や集団暴行の残虐行為がリアルタイムで報道され、現在進行形の問題であるとの印象を強めた。しかし、そうした戦争犯罪は常に存在し、日々人間を脅かしているものではない。また、国際刑事裁判所は過去の犯罪にさかのぼって適用されることはなく、これから起きる犯罪を裁くものである。その意味で、国際刑事裁判所は現在の問題への対応とともに将来起こりうるであろう犯罪に対する「抑止」を視野に入れて設立されるという趣旨も込められていた。したがって、対人地雷に比べ、問題が目視でき、現在進行形のものであるという性格は弱かった。さらに、地雷や地球温暖化問題のように被害を食い止める救済措置を求めるのではなく、犯罪人に処罰を与えるという罰則規定が必要であったことから、国際世論形成に困難さを伴った。

　また、CAN と CICC においては ICBL 以上に価値観および因果関係の認識を共有する専門家集団、いわゆる「認識共同体」が果たした役割が大きかった。

これも地球温暖化、刑事法・国際法という技術的専門性の高い知識なくしては多国間条約交渉過程への参画は困難だという、それぞれの問題が抱える個別特異性によるものである。気候変動枠組み条約形成過程においては、将来に「起こりうる事態」の信憑性を専門的見地から論じることができる科学者は、対人地雷全面禁止条約形成過程における専門家よりはるかに重い役割を担っていた。

このように、事例研究で取り上げた TCS が取り組む問題領域はその問題ゆえの個別特異性があり、TCS が果たす役割にも影響する。そうした点を勘案したうえで、次に、外的要因としての歴史的偶然性が、TCS の活動に及ぼした影響について分析を試みる。

5-3-2　歴史的偶然性

歴史的偶然性とは、TCS の目的達成を左右する時代状況を指す。

地球温暖化の防止をめざす気候変動枠組み条約の締結においては、冷戦の終結とスーパーコンピューターを駆使した未来予測技術の進歩が重なり合ったことがプラスに作用した。冷戦の終結によって、地球規模で人類共通の問題を考える視点の必要性が強調されるようになった。同時に、1980年代に気候変動モデルによる未来予測の精度が高まり、政策に影響を与えうるほどの信頼度を確保できるようになった。こうした歴史的流れと科学技術的な流れが80年代末に合流する形で、気候変動枠組み条約の成立に向けた基盤が形成されていった。

対人地雷全面禁止条約では、カナダにおいて自由党政権が誕生し、外交政策の民主化が促進されていたことが、カナダ政府がリーダーシップを発揮する誘因となった。なかでも政治的指導力を発揮したロイド・アクスワージー外相がCCW 交渉停滞時（1996年1月）に就任したことは、オタワ・プロセスを始動させるうえで要となった。また、18年ぶりに英国で労働党政権が、そしてフランスでは保革共存の新政権が相次いで誕生したことが両国において政策変更を促す要因となった。日本においても、条約署名直前に小渕恵三氏が外相に就任し、独自の判断で条約署名を決断したことが政策変更を促した。こうした政権の変化、政治家の登場が ICBL の活動とシンクロナイズし、歴史の歯車が中堅国家のみならず安保理常任理事国や日本が政策変更を促す要因となったこと

は、国連の枠組み外で進行したオタワ・プロセスを後押しする重要な背景であった。

　国際刑事裁判所交渉の過程においても、英国における政権交代が、当初消極的だった英国政府の政策転換を促し、EU（欧州連合）内で孤立していたフランス政府にも共同歩調をとらせる要因となった。その結果、ロシア政府も署名したことから、安保理常任理事国では 5 カ国中 3 カ国までが、ローマで採択された国際刑事裁判所設立規程に賛同することになったのである[42]。

　しかし、TCS の活動が歴史的偶然性と無縁ではないことを考えると、その活動はときにマイナスの影響を受けることも想定しうる。例えば、国際刑事裁判所設立交渉が1998年ではなく、99年に開催されていたならば、国際刑事裁判所設立に熱心だったカナダやドイツ、オランダなどの欧州諸国の姿勢も違ったものになっていたかもしれない。ユーゴスラビア空爆に踏み切った NATO 加盟国であるカナダや欧州諸国は、自国の兵士が裁かれる可能性を意識し、微妙に態度が変化していた可能性も捨てきれない[43]。歴史的偶然性がもたらしうる作用反作用は、揺れ動く国際政治の現実が投射される国家間交渉の行方を左右し、よって TCS もプラス・マイナス両面においてそうした影響から逃れることはできないということを強く示唆している。

〔注〕

1)　ノーベル平和賞受賞後、ICBL はフランスで NGO 登録され、日本的文脈では正式な NPO 法人となった。

2)　Interview with William Pace, Convener, Coalition for International Criminal Court, New York, May 30, 2000.

3)　CAN においては、地域コーディネーターが存在するが、それも文字どおり「調整役」であり、統治機構ではない。第 2 章の2-3-3項参照。

4)　Ethan A. Nadelmann, "Global Prohibition Regimes: The Evolution of Norms in International Society," *International Organization*, Vol. 44, No. 4, Autumn 1990, p. 482.

5)　Martha Finnemore and Kathryn Sikkink, "International Norm Dynamics and Political Change," *International Organization*, No. 52, Autumn 1998, p. 897.

6)　五百旗頭真他『「官」から「民」へのパワーシフト——誰のための「公益」か』TBS ブリタニカ、1998年、228頁。

7)　佐和隆光『地球温暖化を防ぐ』岩波書店、1997年、6 頁。

178

8) Stefanie Grant, "Matching Rhetoric with Action," *New Law Journal*, April 10, 1998, p. 523.

9) こうした情報の多くは、さまざまな場を通じて明らかにされていった。例えば、イラクのクルド人がイタリア製の地雷の被害にあった事実について、民間企業が900万個にのぼる地雷を1982〜86年の間にイラクに売却していた事実を知りながら、イタリア当局は放置していたとして、1993年10月21日、European Commission of Human Rights に提訴されている。

10) Physicians for Human Rights, "PHR Investigates Srebrenica Mass Graves," *Press Release*, July 8-9, 1996.

11) PHR の活動は、EU（欧州連合）および「国際行方不明者コミッション（International Commission on Missing Persons）」によって資金供与されている。PHR ホームページ〈http://www.phrusa.org/bosnia/bos.intr.html〉参照。

12) CAN, Newsletter of the Non Governmental Environment Groups, *eco*, Climate Change Volume 1, 1991.

13) 1993年8月以降発行された *eco* については、すべて CAN のホームページ〈http://www.climatenetwork.org/〉に掲載されている。

14) CAN, Climate Negotiations Washington, *eco*, Opening Issue, February 5, 1991.

15) Interview with Pieter van Rossem, Coordinator, Dutch Landmine Campaign, Pax Christi, Utrecht, May 1, 1997. バン・ロッセムは、オランダ政府代表団にも入っていた。

16) 例えば、オスロにおいて米国に対するデモ行動を行った際は、ワシントンやマプト、ブリュッセルにおいて同様の運動が展開された。

17) 小和田恆・芝原邦爾「対談・ローマ会議を振り返って——国際刑事裁判所設立に関する外交会議」『ジュリスト』No. 1146、1998年12月1日、25頁。

18) エジプト政府代表で、起草委員会議長を務めたバッシオーニ氏のインタビュー。同氏は、シカゴのドゥパル大学で教鞭に立つ傍ら、イタリアの International Institute of Higher Studies in Criminal Sciences の所長も兼任している。Anne Marie L. Corominas, "Cherif Bassiouni on the Progress toward an ICC," *CICC Monitor* 3.

19) 稲角光恵「国際刑事裁判所設立に関する外交会議に参加して——NGO の役割及び最終日の模様について」『INTERJURIST』No. 125、1999年2月1日、41頁。

20) 早川光俊「国際会議における NGO の役割」山村恒年編『環境 NGO』信山社、1998年、89頁。

21) CAN, Climate Talks Geneva December 1991, *eco*, December 20, 1991.

22) その他の国における取組みについては、Motoko Mekata, "Building Partnerships toward a Common Goal: Experiences of the International Campaign to Ban Landmines," in Ann M. Florini (ed.), *The Third Force: The Rise of Transnational Civil Society*, co-published by the Japan Center for International Exchange, and the Carnegie Endowment for International Peace, Washington,

D. C., 2000, pp. 143-146 参照。

23) CICC, Regional Reports, *CICC Monitor* 5.

24) *AI Index: IOR 40/02/97*, January 1997 参照。

25) CICC, Regional Reports, *CICC Monitor* 5.

26) CAN, Climate Talks Nairobi September 1991, *eco*, September 13, 1991.

27) 「ツバルからの視点」の代表例は、Second World Climate Conference NGO Newsletter, *eco*, October 29, 1990 である。その後の *eco* でも連載された。

28) ICBL, "The ICBL's Issues of Concern," *Ban Treaty News*, September 1, 1997, p. 3.

29) Jozef Goldblat, "Anti-Personnel Mines: From Mere Restrictions to a Total Ban," *Security Dialogue*, Vol. 30, No. 1, March 1999, p. 20.

30) 浅田正彦「対人地雷の国際的規制——地雷議定書からオタワ条約へ」『国際問題』461号、1998年8月、63頁。

31) 藤田久一「国際刑事裁判所所規程採択の意義と限界」『世界』652号、1998年9月、208頁。

32) Fanny Benedetti and John L. Washburn, "Drafting the International Criminal Court Treaty: Two Years to Rome and an Afterward on the Rome Diplomatic Conference," *Global Governance*, Vol. 5, No. 1, Jan-March, 1999, p. 17.

33) *Ibid*.

34) Irving M. Mintzer and J. Amber Leonard, "Visions of a Changing World," in Mintzer and Leonard (eds.), *Negotiating Climate Change: The Inside Story of the Rio Convention*, Cambridge University Press, 1994, p. 22.

35) Kevin Stairs and Peter Taylor, "NGOs and Legal Protection of the Oceans," in Andrew Hurrel and Benedict Kingsbury (eds.), *International Politics of the Environment: Actors, Interests, and Institutions*, Clarendon Press, 1992, p. 130.

36) Atiq Rahman and Annie Roncerel, "A View from the Ground up," in Mintzer and Leonard (eds.), *op. cit.*, p. 258.

37) Margaret E. Keck and Kathryn Sikkink, *Activists Beyond Borders: Advocacy Networks in International Politics*, Cornell University Press, 1998, p. 2.

38) Interview with Bernard Arlich, Ambassador, Ministry of Foreign Affairs, Austria, Vienna, October 16, 1997.

39) Jody Williams and Steve Goose, "The International Campaign to Ban Landmines," in Maxwell A. Cameron, Robert J. Lawson *et al.* (eds.), *To Walk Without Fear*, Oxford University Press, 1998, p. 33.

40) フェネモアとシキンクは、国際規範形成がどのように政治的判断の変化に影響を及ぼすかについて対人地雷全面禁止条約に言及しながら示している。Martha Finnemore and Kathryn Sikkink, "International Norm Dynamics and Political Change," *International Organization*, Autumn 1998, pp. 887-917.

41) Shardul Agrawala and Steinar Andersen, "Indispensability and Indefen-

sibility? The United States in the Climate Treaty Negotiations," *Global Governance*, Vol. 5, No. 4, Oct.-Dec. 1999, pp. 477-478.

42) その後、米国政府は2000年12月31日、国際刑事裁判所設立規程に署名したが、2002年になって共和党政権は署名の撤回を表明している。

43) Interview with William Pace, *op. cit.*

第 6 章

今後の課題と展望

本章では、3つの事例から明らかになった点を踏まえ、今後トランスナショ
ナル・シビルソサエティ（TCS）が国際社会においてどのような主体として
位置づけられていくのか、展望を試みる。具体的には、6-1節では TCS が将
来的に活動領域を拡大し、影響力を高めていくために想定される課題に検討を
加え、6-2節で TCS が今後の国際社会にもたらす影響を考察する。

6-1　今後の課題

第5章ではこれまでの TCS の台頭をめぐる内的・外的要因を分析してきた。
そうした諸要因が現実の国際社会において交錯する状況のなかで、TCS は冷
戦後の世界における多国間条約交渉過程に構造的な変革をもたらしてきた。し
かしながら、国際社会における主体としての TCS の存在は、確立されたもの
といいきれる段階ではなく、未解決の問題を内在させた未成熟な存在であるこ
とは否定できない。国際社会における TCS の近未来を考えるときに、必ず問
われることになるであろう点を、3つあげておきたい。

6-1-1　TCS と正統性

今後、TCS が多国間条約形成過程に介在する機会が増大すると想定するな

らば、避けて通れない課題として TCS の正統性の問題が浮上する。TCS は一体誰の信任を得て、どういう公共益や公共善を代表しているのかという、TCS のガバナンスに直結する問題である。この点について小和田恆元国連大使は「シビルソサエティというものが NGO という具体的な形で代表されるときに、それがシビルソサエティ全体の動向、趨勢というものを、的確に反映しているのであれば、そういうものが政府間会議の交渉プロセスに影響を与えることは、悪いことではない」が、「特定の立場を推進しようとするロビイストの活動になってしまうと、国際社会の法規範作成という全体のプロセスというものをゆがめていくおそれがあるのではないか」[1] と指摘している。

では、TCS が交渉過程に深く入り込み、政策提言していく過程においては、既存の「ロビイスト」とどう異なるのだろうか。例えば、政府でさえ「目的を追求し、公式な立場を効果的に演出するため、国際 NGO になりすます」[2] ことがあり、企業も NGO として交渉に参加し影響力を行使するなかで、TCS はどのように自己を差別化できるのだろうか。

一般的に、NGO の正統性は、(1)社会のなかで存在し、何かをする権利、(2)団体が選択した活動方向が合法的に容認されていること、と理解されている[3]。しかし、政策に影響力を及ぼそうとする NGO にとっては、正統性の根拠はこれだけでは十分ではない。彼らが政策形成および履行過程において影響力を及ぼすことを認められる権利を認知されることが必要であり、このことは、NGO の使命、およびその使命を果たそうとする彼らの戦略と不可分の関係にある。政策形成および履行過程において影響力を及ぼすことを認められる権利が認知され、正統性を確立するには、(1)道徳的正統性、(2)技術力・業務遂行能力に直結する正統性、(3)政治的正統性、(4)法的正統性、の 4 つの要素の充足が基盤となる[4]。

(1)の「道徳的正統性」とは、道徳的信念に基づいて行動する際に基盤となる正統性である。例えば、虐待を受ける子どもたちを保護したり、飢餓に苦しむ人々に食糧を提供したり、無防備な子どもたちを地雷被害から守るといった NGO の活動は、道徳的価値を正統性の基盤とすることができる。(2)の「技術力・業務遂行能力に直結する正統性」は、NGO が有する専門性、知識、情報などを基盤に主張が可能となる。NGO が独自に蓄積した経験やノウハウに基

づく政策提言が、現場経験や情報の不足に陥りがちな政府機関などに対して正統性を主張する基盤となるのである。

　(3)の「政治的正統性」とは、NGO が誰を代表しているのか、組織の民主性や透明性をどのように確保しているのか、代表する人々に対するアカウンタビリティ（説明責任）をどのように実現しているのかといった問いに答えることで正統性を主張することである。NGO が組織の政治的正統性を主張する場合には、内的正統性と外的正統性に分けて考えることができる。内的正統性は、会員による参加過程や組織の透明性、アカウンタビリティといった指標により、ある特定の会員集団を代表していると主張できる。他方、外的正統性は、NGO に対するインフォーマルな会員や人々による支持や参加（デモやラリー、コアリッションなど）によって、正統性を担保できる。最後に、(4)の「法的正統性」は、当局により求められる法的遵守規準を満たすことによって確立される。この種の正統性は、主に法的に設立された NGO が、その定款に則って理事会や評議会、運営委員会などを開催し、監査を受けた存在であるかといった点を問題視する政府によって求められるものである。

　では、道徳的正統性、技術力・業務遂行能力に直結する正統性、法的正統性、政治的正統性は、TCS の近未来とどのような関連をもつのであろうか。まず道徳的正統性であるが、第1章で示したとおり、TCS の構成要件の1つは私益や国益にとらわれず、地球規模の問題意識で活動していることであった。こうした問題意識は、道徳的価値の追求と不可分の関係にあると考えられ、事例研究で扱った3つの TCS はいずれも道徳的正統性を前提にして活動していたといえるだろう。当然のことながら、この点は3つの TCS に限られたことではなく、今後の他の TCS にとっても道徳的正統性の確保が活動の前提条件となるだろう。技術力・業務遂行能力に直結する正統性についても、同様である。3つの事例では情報を収集・提供・共有し、専門知識を活用して政策提言を行ったことが、多国間条約交渉過程に一定の影響力を及ぼすに至ったのは既述のとおりである。むしろ、TCS が専門知識や独自の情報収集能力に欠けていれば、政府と協働関係を築き、多国間交渉に影響力を行使することは不可能であるとさえいえるだろう。

　一方、TCS の法的正統性については、そもそも馴染まない。3事例にも共

通しているとおり、CAN（気候行動ネットワーク）、ICBL（地雷禁止国際キャンペーン）、CICC（国際刑事裁判所を求める NGO 連合）のいずれも少なくともそれぞれが求めていた条約が採択された段階においては、法人格を取得していない非定形な NGO ネットワークであった。すなわち、NGO ネットワークを中核とする TCS は多国間条約交渉に影響力を及ぼそうと試みる際、その法的正統性に依拠しているのではないことを意味している。逆に、特定の国において法的に設立された NGO のネットワークだからといって、それが多国間条約形成に関わる正統性の担保には直結するわけではない。したがって法人格の有無は TCS の正統性確保の必要条件ではないと判断される。

　他方、TCS の正統性の確保において、重要性を増すのが「政治的正統性」である。政治的正統性の内的正統性については、ネットワークに参加する NGO の数、NGO の主張が信任を得ている指標となる会員数などが、判断基準の１つとなる。NGO がどれだけシビルソサエティの支持を得て、公共益や公共善を代表する存在として期待されているかを測るベンチマークとなりうるからだ。しかし、参加している団体数が多いからといって正統性が確立されたと結論付けるのは性急である。NGO ネットワーク内の統治に対する不満が噴出し、脱退する NGO や個人が多数出てきた場合、NGO ネットワークは問題の代弁者として多国間条約形成過程にかかわることが困難になると判断すべきだろう。すなわち、NGO ネットワークが政治的正統性を確立できるか否かは、ネットワークの民主的運営に直結した問題であると言えよう。

　政治的正統性の外的正統性は、NGO ネットワークの主張がどれだけ世論の支持を取りつけられるかという問題にかかわっている。世論の支持を得るためには、「問題の再設定」と「市民への説得活動の拡充」が求められるだろう。ICBL が地雷問題を単に軍縮ではなく、人道問題と位置づけたように、問題を社会に対してアピールしていく際の創意工夫が必要となる。

　最後に、NGO の活動財源の問題を指摘しておきたい。特定の団体・政府・機関に活動資金を頼るのではなく、財源の多様化とバランスを図っていかないと、正統性が脅かされる可能性がある。シアトルの WTO（World Trade Organization、世界貿易機関）閣僚会議における決定を阻止した NGO、パブリック・シティズンは、極右の億万長者ロジャー・ミリケンから多額の資金援

助を得てキャンペーンを張っていると批判を浴びたことがある[5]。TCS が、特定の利害関係者の代弁者ではなく共通の普遍的価値を持つ不特定多数の総意を国際規範形成に反映させる存在だと主張するためには、その活動財源や会員に関する透明性を高めていく必要があるだろう。財源に関する情報は、NGO によっては公開しているところもあるが、NGO ネットワークの財政状況となるとほとんど公開されていないのが現状である。TCS が自分たちの活動の透明性をいかに高めていくかは、外部への発言力を強めていくうえでも緊要な課題である。

近未来において TCS の役割が増大するということを想定するならば、TCS にとって正統性の確立は避けては通れない課題である。常に、正統性を担保しえているか、基盤となるシビルソサエティの公共益を代表する存在たりえているか、という自己点検を実行していかない限り民心を捉えることができず、影響力は失速しかねない。

6-1-2　各国内のシビルソサエティの成熟

上記の正統性の問題とも関連するのが、TCS と各国内のシビルソサエティの関係である。事例研究でみてきたとおり、TCS の中核となって活動するネットワークは、おおむね欧米の団体が中心となって誕生している。1989年に CAN が誕生した当時、設立にかかわっていた NGO はすべて欧米の NGO であり、ICBL が92年に立ち上がった際も、欧米を拠点とする 6 団体が中心となった。1995年に旗揚げした CICC も運営委員会はすべて欧米の NGO が独占していた。こうした団体は、途上国や非西欧諸国に支部を構えたり、途上国に活動現場を持っていたりしたものの、それぞれの TCS に直接かかわっていた個人は欧米人が中心である。

いずれの TCS も拡大過程においては、非西欧諸国や途上国を積極的に巻き込んでいったが、それでも条約交渉過程において多大な影響力を行使したのは欧米の NGO が中心である。特に交渉現場において政府に対して働きかけ、持論を展開しながら交渉団を説得するといった行為は、国内においても政府と対話する機会の比較的少ない諸国の NGO にとっては容易ではない。これは、民

主化して間もない途上国において特に顕著である。だが、国内における政策形成過程が十分に民主的でなく、行政・企業に比べてシビルソサエティの地位が相対的に低い日本や韓国といった経済的に豊かな国のNGOにとっても、状況は変わらなかった。なぜなら、国内のシビルソサエティが未成熟・未発達な状況では、やはりTCS内において十分に影響力を行使することは困難だからである。

　その一方で、TCSの存在そのものが国内のシビルソサエティに及ぼす影響には大きいものがある。マーガレット・ケックとキャサリン・シキンクは、ある国のシビルソサエティが海外の政府やNGOを介して自国政府に圧力をかけ、政策を変更させる状況を「ブーメラン型」効果と呼んでいるが[6]、本書で明らかになったのは、TCSの存在そのものが、各国内のシビルソサエティの力量拡大につながっている現実である。地雷問題では、ICBLとの連携を通じて、地雷廃絶日本キャンペーン（JCBL）は膨大な情報を手にすることが可能となり、そうした情報をもとにした政府やメディアへの働きかけが可能となった。特に、条約署名後の批准過程においては、JCBLはICBLとの連携を通じ、日本政府に対して具体的な影響力を行使している[7]。また、CANにおいても、京都議定書作りの過程を通じて、日本に気候アクション・フォーラムが形成され、欧米団体との協働作業を通じて力量が拡大したと評価できるだろう。とりわけ、条約交渉の「場」は経験の浅い団体が経験豊かなNGOから学ぶ絶好の機会となる。シビルソサエティ論では「相互交流する場こそパブリックな場」といわれているが、国家間交渉という舞台はネットワークに参加するNGOにとって議論・交流・協働するパブリックな場を提供していたことになる。

　こうした点からみて、各国のシビルソサエティが成熟化されていくことが、TCSの影響力に直結しているのは間違いない。対人地雷全面禁止条約や気候変動枠組み条約の京都議定書形成過程、そして国際刑事裁判所設立規程成立過程で明らかになったとおり、各国内のシビルソサエティが交渉の行方を見守っているという事実が、各国政府に緊張感を与え、政策の再考を促す機会を生み出してきた。外交は他の公共政策と異なって内政や選挙の争点になりにくく、政府の姿勢を問いただす機会がきわめて少ない分野である。それだけに、各国内のシビルソサエティが市民の知る権利を行使し、政府の姿勢をただす存在と

して成長していくことが、多国間条約交渉の民主化促進にとって不可欠な要件である。

6-1-3　活動継続と課題

　多国間条約が成立した後、TCS は成立した条約の履行・遵守をいかに担保していくか。これも TCS にとって死活的なテーマであるが、本書の3つの事例ではいずれのネットワークも条約成立後も活動を継続している。まず ICBL の活動状況については、条約の遵守状況を監視する年次の「ランドマイン・モニター報告書」を作成し、毎年締約国会議にあわせて発表している[8]。これは、対人地雷に関する世界各国の情報を網羅した包括的な報告書で、掲載されたデータを比較すれば、どの国が条約の目標達成に努力し、どの国が立ち遅れているかが一目でわかるようになっている。こうした形で条約の履行状況を監視することで、発効後の条約が形骸化するのを防ぐねらいがある。第2回締約国会議において ICBL は、地雷負傷者援助の範囲を拡大するよう働きかけた。人道主義的見地から成立をめざした条約であるオタワ条約にとって、地雷負傷者援助の範囲拡大は整合性のある選択であると考えられたからだ。その結果、単に負傷者本人の肉体的損害のみならず精神的障害にも援助の手が差し延べられるようになった。この締約国会議においては負傷者が働けないことで家族やコミュニティが受ける経済的損失を補ったり、負傷者の基本的人権の侵害を防いだり、地域社会の経済的再建および持続的な開発戦略につながる援助を進めたりすることも必要であるとの認識も示され、ICBL の活動継続が奏功したといえよう。

　また、国際刑事裁判所設立規程が調印から4年足らずという異例のスピードで発効することになった背景に、CICC の継続的活動があったことも特筆しておくべきだろう。CICC は1999年5月に開催されたハーグ世界市民平和会議において、正式に「批准キャンペーン」を立ち上げた。当時、CICC の発効要件である「60カ国の批准」が実現するまでには、「数十年かかるだろう」との推測さえあったが、CICC は規程が採択された1998年7月17日から4周年にあたる2002年7月17日までの発効をめざし、世界各地で批准を求める運動を積極的

に展開してきた[9]。国内法や憲法改正を伴う作業は専門知識が求められるが、途上国のなかにはそうした知識が乏しい国々もあったため、批准に伴う関連法規の整備などに関して側面支援をしてきたのである。例えば、2002年1月には、西アフリカ諸国経済共同体（ECOWAS: Economic Community of West African States）の政府、市民社会、そしてメディアの代表がコートジボアールのアビジャンに集い、国際刑事裁判所の批准および規程の実施に向けた取組みについて討議した。作業部会では、ECOWAS諸国政府の法律担当者に、必要な法改正に関する助言などを行った。この会議は、カナダのNGOが、カナダ政府の財政支援を受け、赤十字国際委員会（ICRC）やECOWAS事務局と協力して開催したものである。調印から4年足らずで規程が発効することになった舞台裏には、こうした地道な連携プレーがあったのである。

　発効が決まった後も、CICCは新たな活動の柱を立て、すでにキャンペーンに着手している。2002年9月3日から10日に開催された第1回締約国会議において、判事と検事の指名および選挙にかかわる規則・手続きが決められることになっていたため、CICCは国際刑事裁判所の信頼性を高めるためにも判事と検事の選考過程を透明にし、国際社会に説明責任を果たすよう求めていく活動をしていた。それは、歴史的に国際法廷や地域法廷などにおける判事選出手続きがさまざまな問題を抱えてきたからだ。例えば各国政府は、他の国連機関や国際機関の要職との取引で判事を選出してきた歴史がある。不透明な選出が横行した結果、判事の資質に明らかに問題があるケースが多く、決められた基準を満たしていなかったり、求められている必要性を全く身につけていなかったりするケースも多いと、CICCは指摘している。

　また、ジェンダーバランスへの配慮も不十分で、CICCの調査によれば、国際法廷や地域法廷、国際機関の法的委員会などの判事208人のうち、女性はわずか30人にすぎなかった[10]。こうした問題を克服し、国際刑事裁判所が権威と信頼性を確立できるよう、CICCは選考過程の透明化を求め、ジェンダーや地域バランスに配慮した最適任者が判事になるよう監視するキャンペーンを行ってきた。CICC傘下のNGOは、各締約国が判事や検事の候補を選出する過程を監視し、メディアとも協力して、市民の理解を広める運動も展開している。

　創設から12年が経つCANは、今後も気候変動枠組み条約に基づいて多数の

表 6-1　環境条約における NGO の地位

	採択年	会議へのオブザーバー出席	国際・政府機関との協力	NGOからの資金動員	NGOの専門知識の利用	国内政府機関への参加	環境アセスメント手続きの参加
世界遺産条約	1972	○	○		○		
ワシントン条約1)	1973	○	○				○
世界自然保護憲章	1982				○	○	
国連海洋法条約		○	○				
モントリオール議定書2)	1987	○					
バーゼル条約3)	1989	○					
気候変動枠組み条約		○	○				
生物多様性条約		○	○				
国際熱帯木材協定	1994				○		
砂漠化防止条約		○	○	○		○	
京都議定書	1997	○			○		

出典：　山村恒年編『環境NGO』信山社出版、1998年、15頁から。
注：　　1)　絶滅のおそれのある野生動植物の種の国際取引に関する条約
　　　　2)　オゾン層を破壊する物質に関するモントリオール議定書
　　　　3)　有害廃棄物の国境を越える移動及びその処分の規制に関するバーゼル条約

議定書作りが予想されるため、引き続き政策提言やロビー活動を展開している。だが、地球温暖化に関する条約運用におけるシビルソサエティの役割、位置づけは曖昧さがつきまとっている[11]。条約運用へのシビルソサエティの参加は気候変動枠組み条約にも京都議定書にも盛り込まれていないからだ。

　ここ30年間に地球規模の環境関連条約が相次いで成立しているが、表6-1のようにそれぞれの条約におけるNGOの地位は一様ではない。

　ワシントン条約では、「環境アセスメント手続きへの参加」が定められており、砂漠化防止条約では「NGOからの資金動員」や「国内政府機関への参加（国家行動計画策定などへの参加）」が盛り込まれている。地球温暖化を防ぐ条約においても、どのように運用していくかが他の条約と同様に重要であることに変わりはない。しかし、京都議定書には議定書の実施状況を点検し実施を促進する目的で、締約国会議が民間団体からも協力や情報の提供を求めることができるなどとしているだけで、NGO参画の中身が明確ではない。

　条約運用段階においてNGOの役割が大きければ、それだけ地球規模問題のグローバル・ガバナンスにおいてTCSの存在を強める機会が広がる。それだけに、条約運用段階への参加はCANにとっても死活的なテーマであってしかるべきだが、その面でのロビー活動はあまり展開されなかったのが実情である。

その理由として、(1)これまでの CAN の活動が枠組み条約や議定書の作成に焦点が絞られていたため、運用段階における戦略が十分に検討されなかった、(2)砂漠化防止問題では現実に現場で活動する NGO が多数あるが、未来の地球温暖化への対応を求める NGO にはまだ現場が存在せず、運用段階に参加する存在意義が大きくなかった、といった点が考えられる。

これまでにおいても、締約国に義務づけられている国別実施状況報告書に関して NGO が意見を述べたり議定書の履行に反すると思われるような政策を批判したりするという形で議定書履行過程に参加してきた実績はある[12]。しかしながら今後、開発途上国の温室効果ガス排出削減が実行段階に移り、技術移転や実際の排出削減プロジェクトを進めていく場合には、NGO の活動が埋めるべきニッチ（隙間＝活動空間）が拡大していくと予想される[13]。そのニッチを埋めていくことができれば、NGO は効果的かつ合理的な条約運用を促し、将来の新たな議定書交渉における NGO の地位を強める材料ともなるだろう。マイケル・オッペンハイマーらも、「国内レベルにおける NGO の能力および影響力は、国際交渉にも波及する。…（中略）…その一例は、北側諸国による温室効果ガス排出規制の実施である。完全かつオープンな情報へのアクセスが保証されることが前提であり、NGO が国内の政治的過程を通じて政府に実施させることが期待されている。この事例は、NGO が制度をより効率的に機能させるという伝統的な存在から、条約の実施段階における不可欠な存在として機能する NGO へと本質的にシフトしていることを物語っている。これは NGO の影響力が拡大していることを示している」[14] と指摘している。それだけに、CAN は従来の(1)意思決定への抗議活動、(2)意思決定に影響を与える圧力活動に加え、地球温暖化対策に従事する NGO との協力を強め、活動の幅を広げていくことが必要であろう。

CAN が抱えるこうした課題にもみられるように、TCS が活動を継続していくにあたり、いかに活力を維持し、目的達成に力を発揮できるかという TCS 内部のガバナンスの問題が重要である。活動が継続すればするほど、参加する NGO の多様化が進むだけに、NGO 間の力量の差のみならず、出身国の状況を尊重しない限り、TCS としての存在感を最大化させることは困難に

なるだろう。すでに指摘したように、目標とする多国間条約が成立した後、履行状況を見守っていくためには、幅広いネットワークを通じて、力量に差のあるNGOおよびシビルソサエティの総合力を最大化させることが不可欠である。むしろ、条約の成立によって政治的気運が減衰した段階においてこそ、TCSはその存在意義を問われる。そうした意味からも、中長期的な目標設定を明確にし、その時点に適したTCS内部のガバナンスを構想していく必要があるだろう。

6-2　国際社会にもたらす影響

　国際社会においてTCSがもたらす影響・変化に議論を発展させるには、まず第1に、本書で取り上げた3つの事例が、国際社会において特異な例であって、一般化することが困難なものではないかという疑問に答えるべきであろう。つまり、事例研究した3つの成功例は例外であって、他のTCSに波及することはないのではないか、という疑問への回答である[15]。

6-2-1　新たな領域への拡大

　リチャード・フォークは1993年に「シビルソサエティから派生するトランスナショナルな指導力は引き続き拡大し、人権および環境分野で多大な影響を及ぼしたが、経済、安全保障政策の領域においては未だ影響力を行使するに至っていない」と指摘したうえで、「グローバル・シビルソサエティの緊急課題は、国連や他の国際会議への参加権を増大させ、国家、企業、金融機関、特に国家犯罪の責任を追及する運動を起こすことである」[16]と述べている。そして、2000年に発表した論文では、「シビルソサエティによる3つの主要な成果が、『ニュー・ディプロマシー』または『新たな国際主義』と呼ばれるものだ」としたうえで、その3つの事例が気候変動枠組み条約、対人地雷全面禁止条約、そして国際刑事裁判所設立規程であると評価している[17]。

　フォークの指摘からも明らかなように、1993年から2000年にかけて、TCS

の役割は広い分野に拡大していると判断できるが、93年にフォークが指摘した経済、そして安全保障の分野において、TCS はどのような活動をしてきたのだろうか。

安全保障の分野で特筆すべき存在は、核軍縮で先駆的活動を行ってきた世界法廷プロジェクト（WCP: World Court Project）である。一般市民や弁護士、反核 NGO などを中心に1992年立ち上がり、世界の700を超える団体が参加した。WCP は、「核兵器の使用は国際法に違反するのではないか」という単純な疑問から、活動を開始した。その結果、1996年 7 月、国際司法裁判所は、核兵器の使用・威嚇は一般的に国際法に反するとの勧告的意見を出した。これは国連総会の諮問に応じたものだが、国連総会がこうした諮問を行った背景には、WCP の強い働きかけがあった[18]。WCP は各国政府のみならず、世界保健機関（WHO: World Health Organization）総会や国連総会に働きかけ、国際司法裁判所への諮問を実現した。WCP は、「核兵器の使用・核兵器による威嚇は一般的に違法である」との勧告的意見を示すよう署名を提出するなど国際的な運動を展開したが、それが直接、勧告的意見に反映されたとは考えにくい。したがって、勧告的意見そのものに関して「結果を決める影響力」はなかったと考えられる。しかし、国連総会において加盟国を動かし、国際司法裁判所に勧告的意見を求めさせた点に、WCP の大きな功績がある。国際司法裁判所に勧告的意見を求める国連総会決議に関しては、「結果を決める影響力」と「交渉過程の議論への影響力」の両方を発揮したと評価してよいだろう。

また、WCP の後、核軍縮の分野においては中堅国家構想（MPI: Middle Powers Initiative）が ICBL を範に誕生している。核軍縮に熱心な中堅国と連携し、核兵器国に軍縮を促すことを目的とし、カナダのダグラス・ローチ上院議員を中心に1998年 3 月発足した TCS である[19]。国際社会では、核軍縮に熱心な中堅国グループとして、新アジェンダ連合（NAC: New Agenda Coalition）が1998年 6 月に立ち上がり[20]、MPI は NAC との連携を深めて核軍縮の前進を計画している[21]。しかし、MPI の今後の影響力は未知数である。その原因としては、(1)核軍縮に関しては核兵器国間の対立、核抑止をめぐる意見対立が根強く核軍縮に向けたコンセンサスを形成しにくい、(2)冷戦終結によって全面核戦争への危機意識が後退し、国際・国内世論を盛り上げるのが困難、

(3)核軍縮を交渉する場は現在のところ、ジュネーブ軍縮会議であるが、全会一致性のため、議題すら決定できない硬直状態にある、(4)核軍縮に熱心な非核兵器国だけで核軍縮条約交渉の場を新たに設けても、核兵器国が加わらなければ実効性がない、(5)国家安全保障にかかわるだけに CAN や ICBL、CICC のように期限付きの合意を要請することが現実的ではない、といった点が考えられる[22]。

　核兵器に関しては、核保有国が国家安全保障にとって核抑止は重要という認識を崩しておらず、核兵器を手放すことの利益が共有されていない。また、核抑止に代わる安全保障体制を「代替案」として提示することも容易ではない。核軍縮をめぐるこうした状況がそのまま MPI にも投射され、核軍縮における TCS は足踏み状態が続いている[23]。対人地雷全面禁止条約成立に多大な貢献をしたアクスワージー前カナダ外相は2001年8月に来日した際、「(対人地雷全面禁止条約交渉時に比べて) 核軍縮における NGO の活動は足並みが揃っていない」と指摘した[24]。今後は、NAC 諸国が対人地雷全面禁止条約における「中核国」、そして国際刑事裁判所規程における LMC（志を同じくする諸国）のような結束力と決意、そして行動力をもって MPI などの TCS と協働関係を築いていけるかが鍵を握ることになるであろう。

　一方、経済分野では、重債務帳消し運動に取り組んだ「ジュビリー2000（Jubilee 2000）」が一定の成果をあげている。世界60カ国以上の NGO が参加する国際的ネットワークであるジュビリー2000は、「21世紀にはすべての人が人間らしく生きられる世界にするために、2000年末までに最貧国の人間開発の妨げとなっている重債務を帳消しにしよう」という運動を1990年代後半から展開した。最貧国では平均して政府歳入の約4割が債務返済にあてられ、教育や医療になかなか手が回らない現実がある。そのためジュビリー2000は、重債務という「経済」問題を、人間を中心に据えた「人道」問題へと課題を再設定した。まさに ICBL が対人地雷禁止を「軍縮」問題ではなく、「人道」問題へと課題を再設定したのと対を成している。

　ジュビリー2000はインターネットを駆使して連携し、国際世論に重債務の帳消しの重要性を訴えた。その結果、2000年までに最貧国の債務帳消しを求める2400万人の署名が集まった。こうしたジュビリー2000の活動が奏功して、先進

国首脳会議や経済協力開発機構（OECD）、国際金融機関、国際機関などの場において最貧国の債務問題が最重要かつ緊急な課題として議論されるようになった。対人地雷全面禁止条約のときと同じように「規範のカスケイド」が起き、先進諸国が競うようにして重債務最貧国への債務削減交渉を加速させた。1999年のケルンにおける先進国首脳会議では、日本を含む先進7カ国が36カ国のODA（Official Development Assistance、政府開発援助）債権の100％帳消しを約束した。ウガンダでは10億ドルの債務が帳消しにされた結果、小学校の数が倍に増え、モザンビークでは6700万ドルの債務軽減により、病院や学校の整備が始まったといわれている。こうした具体的成果は、人道的配慮を重視するTCSの中核となって活動したジュビリー2000なしでは考えられなかったことである。

　このようにTCSは、1990年代において人権・環境分野から安全保障、経済領域へと活動の幅を広げてきた。取り組む課題によって目標の達成度は異なるものの、TCSはフォークが指摘した人権、環境分野以外でも一定の実績を残してきており、TCSの有効性が特定の分野に限定されたものではないことを示している。したがって、事例研究した3つのTCSの成功例は決して例外ではなく、1990年代におけるTCS台頭の潮流を象徴する事例だと位置づけることができるだろう。こうしたことから、TCSが国際社会にもたらす変化は分野特定型ではなく、TCSの活動は通領域的な応用性を内在させていると結論づけられる。

6-2-2　反グローバリゼーション

　さて、上記のように、TCSは経済領域においても成果をあげているが、この領域に関連して特筆しておくべきTCSの活動がある。反グローバリゼーションを掲げるTCSである。1990年代後半になって、経済分野を中心としたグローバリゼーションが進行し、国際社会に新たな変数をもたらした。グローバリゼーションが世界経済の規模を拡大するために有益である反面、地球規模の競争がもたらす負の側面に対する不満や不安も析出してきたのである。そうし

表 6-2　主な国際会議と反グローバリゼーションのデモ

開催地	会　議　名	開催年月	推定参加者
米　国 (シアトル)	WTO 閣僚会合	1999年11月	5万人(600人)
スイス (ダボス)	世界経済フォーラム	2000年1月	1万人
米　国 (ワシントン)	国際通貨基金・世界銀行閣僚級会議	2000年4月	1万人(600人)
チェコ (プラハ)	国際通貨基金・世界銀行年次総会	2000年9月	9000人(400人)
オーストラリア (メルボルン)	世界経済フォーラム「アジア太平洋サミット」	2000年9月	3000人
フランス (ニース)	EU 首脳級会議	2000年12月	5万人
スイス (ダボス)	世界経済フォーラム	2001年1月	4000人(100人)
カナダ (ケベック)	米州機構首脳会議	2001年4月	3万人(400人)
スウェーデン (イエーテボリ)	EU 首脳会議	2001年6月	2万人
イタリア (ジェノバ)	主要国首脳会議	2001年7月	20万人

注：推定参加者の括弧内は逮捕・拘束者。
出所：『朝日新聞』2001年7月12日。イタリアについては筆者追加。

たなかで、グローバリゼーションをめぐる TCS の機能が重要度を増してきた。

　グローバリゼーションに関して TCS の機能が顕在化したのは、多国間投資協定（MAI: Multinational Agreement on Investment）交渉過程においてのことであった。TCS は、MAI 交渉過程において、1997年に OECD で検討されていた原案をすっぱ抜き、インターネット上で公開することによってこの協定案への反対活動を盛り上げた[25]。関税と貿易に関する一般協定（GATT: General Agreement on Tariffs and Trade）が国際自由貿易の枠組みを作成したのと同様に、OECD は1600を超える 2 カ国間投資協定にとって代わる国際枠組みの確立をめざしていた。MAI に反対する TCS は、MAI の根幹である最恵国待遇（MFN: Most Favored Nation）と国内待遇に関して、巨大企業を利するだけであるとの主張を展開した。MAI については、TCS が反対の声をあげる前から OECD 諸国内で対立があった。しかし、その機密性の高さからシビルソサエティが交渉の内容を知ることすら困難だったが、検討原案が

ホームページ上で公表されたことから、「増大するシビルソサエティの圧力に
よって、政府間の対立の溝が深まり」、MAI作成作業は事実上、休止状態に追
い込まれた[26]。その後、OECDも情報公開を迫られ、独自のMAI公式サイト
の開設を余儀なくされた。

MAIに反対するTCSの大きな特徴として、CANやICBL、CICCと異な
り、特定の条約を制定するのではなく、特定の国際協定の合意を防ぐことを目
標とした点がある。MAIの根幹であるMFNと国内待遇は巨大企業を利する
だけだとの主張を展開し、MAIの合意にストップをかけることに成功したが、
MAIに代わる国際協定の作成を促したわけではない。

反グローバリゼーションの運動が大きな転機を迎えたのは、1999年11月のシ
アトルにおけるWTO閣僚会議である。反グローバリゼーションを掲げる国
境を超えた市民運動が大規模な街頭行動となり、WTOのミレニアム・ラウン
ド開始の決定を阻止したのである。MAIに反対するTCSと同様に、特定の
条約を制定するのではなく、特定の国際協定の合意を防ぐことを目標とした点
が特徴的であった。

シアトル以前においては反グローバリゼーションの大規模な街頭行動が行わ
れることはまれだったが、シアトル以降のさまざまな国際会合で街頭行動が展
開された。主な街頭行動は表6-2のとおりである。

一連の街頭行動に参加した人たちの目的は多種多様であった。グローバリゼ
ーションによって環境の悪化を懸念するパブリック・シティズンなどの環境保
護論者のほか、安い外国製品の流入などで雇用が失われることをおそれる労働
組合の活動家、グローバリゼーションの恩恵が先進諸国だけでなく開発途上国
にも及ぶことを手助けしたいと考える学生活動家も加わった。さらには、国際
的なあらゆるルール作りに反対する無政府主義者も混じっていた。シアトルで
の直接の矛先はWTOに向けられたが、その後は表6-2のように、国際通貨基
金・世界銀行年次総会、米州機構（OAS）首脳会議、EU（欧州連合）首脳会
議などさまざまな国際会合が標的になるようになり、TCS側の問題提起が拡
散するきらいがある。その結果、反グローバリゼーションを訴えるTCSとい
っても、参加する非政府アクターが特定の理念で結ばれているわけではないの
が実情である。

　街頭行動のなかには、少なくとも結果的には、商店の略奪や破壊などの暴力行為を誘発したものもあり、公共利益に反する側面があったのは明白である。2001年7月にイタリア・ジェノバで開催された主要国首脳会議（G8サミット）では、反グローバリゼーションを旗印に市民団体「ジェノバ社会フォーラム」が組織したデモに対して、イタリアの警察当局が厳しく対応した結果、多くの逮捕・拘束者に加え、死者まで出す事態に発展した。G8サミットはWTOのような常設国際機関ではないが、世界経済を牽引する主要国が集まる会議であったことから、反グローバリゼーションの標的になった。ジェノバにおいても、反グローバリゼーション派の主張は多様で、焦点を定めたアドボカシー活動を展開したわけではなかった。しかも、街頭行動が死傷者をもたらす結果になったことから、反グローバリゼーションの市民運動は主張や方向性がわかりにくく、しかも暴力的といったイメージが多くの人に覆いかぶさったのは否めない。

　しかし、暴力的行為が目につくからといって、あるいは主張の焦点を絞り込めていないからといって、一連の街頭行動に込められたTCS側のメッセージを見落としてはならないだろう。転機となったシアトルでの街頭行動を振り返ると、ミレニアム・ラウンド開始に疑問を呈したTCSの本来的なねらいは、もちろんのことながら暴力行為ではなく、政策的な要求にあった。

　例えば、シアトルでの行動を準備した米国NGOのパブリック・シティズンのロリー・ワラックは、貿易のすべてを否定しているわけではなく、貿易のあり方を問題にしている[27]。ワラックは経済学者ではなく、グローバリゼーションに対する代案を示しているわけではないが、基本方針として商業的価値よりも健康や安全、環境面における価値を重視することを明確にしており、その方針は「保護主義ではなく、価値の選択の問題」と強調している。そうした価値観論議に加えて、ワラックは、ルール作りにおける民主性の問題も重要視し、「（世界経済に関する）ルールがもたらす結果を享受しなければならない人々が、意思決定者に説明責任を果たすよう求められるレベルで作られるべきである」と主張している。そして、「選挙の洗礼を受けている人物と、（有権者の直接選挙で選ばれたわけではない）WTO事務局長では大きな違いがある。実際、事務局長や彼のスタッフは誰にも説明責任を果たしていない」と、有権者とは遠いWTOを舞台に貿易ルールが形成されることに疑問を投げかけている。

　船橋洋一も、シアトルでの街頭行動が浮き彫りにした問題点として、グローバリゼーションに危機感を抱く人々の不安を表現する政治的回路が整備されていない点を指摘している。クリントン米国大統領の「情報はグローバル化している。個人はそれによりエンパワーメント化している。自分たちもなかに入れてくれ、自分たちのいうことも聞いて欲しいと彼ら（デモ隊）は叫んでいる」という発言が示すように、シアトルでの街頭行動は、グローバリゼーションが進む国際社会のなかで正当な参画機会、参画方法を確保できない市民たちの不満の発露であったと解釈されるべきだとの見方を示している[28]。

　また、ジョセフ・ナイは2001年春の論文において、グローバリゼーションが民主主義を破壊するのではないかという懸念こそ、グローバリゼーションに反対する非政府グループが掲げる最も重要な主張であるとの見方を示している。WTOなどの国際機関は加盟国政府の意向に基づいて運営されることが基本になっており、国際機関におけるルール作りも加盟国政府の主張を勘案したうえで決めるのが通例である。したがってナイは、国際機関は「NGOに比べて、間接的ながらも実体性のある民主的正統性をもっている」と評価する。だが、現状のままで、国際機関によるグローバル・ガバナンスの正統性が十分に確保されているというわけではなく、「国際機関によるグローバル・ガバナンスの正統性の認識」を高めることは重要な課題であり、「（グローバルな）民主主義の明快さを高め、富裕国が（世界に向けた）説明責任を理解し、進んでこの点での試行錯誤を行う必要がある」と指摘している。また、「国際機関の存在を支持する人々は、反グローバル化勢力のいくぶん短絡的な議論を拒絶するよりも、むしろ国際機関の説明責任の強化に向けてさまざまな措置を試みるべきだろう。透明性は不可欠であり、仮に事後的であっても、国際機関はその決定に関する詳細な情報を公開すべきである」と提唱している[29]。

　ナイおよび船橋の指摘には、共通した問題認識がある。それは、グローバリゼーションが進む国際社会のなかで、自分たちの価値判断をインプットするための参画機会、参画方法を確保できない市民たちの不満をどう解決するか——すなわち、グローバリゼーションに危機感を抱く人々の不安を表現する政治的回路の整備の問題であり、グローバリゼーションに関する説明責任をどのように高めていくか——というグローバル・ガバナンスの民主性の問題である。

　整理すると、シアトルから発信された重要なメッセージは、グローバリゼーションが進む国際社会のなかで自分たちの価値判断を意思決定に反映させるための参画機会、参画方法を確保できない市民たちの不満の発露であったと考えられる。言葉を変えると、船橋の指摘する「政治的回路」がはなはだ未整備な状態が続いたままであることの証左といえるだろう。しかし現実には、シアトルの街頭行動を引き金にこうした新たな問題認識が提起されたにもかかわらず、国際社会は引き続き多くの国際会議において反グローバリゼーションの街頭行動に直面している。

　では、グローバリゼーション派と反グローバリゼーション派が二元論的に対立する事態にあって、TCS はどのような機能を果たしうるのだろうか。

　反グローバリゼーションを主張する TCS は、外形的には、アドボカシーと暴力的な街頭行動が混在している。TCS と呼べるような国際的 NGO の連携が存在する一方で、TCS の重要な構成要素であるアドボカシー能力の乏しい団体・集団が並存しているからである。グローバリゼーションを推し進める政府側と市民運動側が対話の窓口を広げる際、政府は暴力的な行動にかかわっていない NGO を選別したいところだろう。アドボカシー能力に欠ける団体・集団との対話では意味が薄いと政府が感じたとしても、無理からぬ面はある。しかし、現在の状況はアドボカシー能力に欠ける団体・集団と理性的にアドボカシーを重視する NGO のエネルギーが相互に作用しながら、反グローバリゼーションのメッセージが発信されている。そうしたなかで、どのようにしてグローバリゼーションを推し進める政府側と市民運動側の対話を促すかを見定めるのは容易なことではない。

　反グローバリゼーションを唱える NGO にとっても、どのようにして、政府と協働作業できるような TCS を熟成させていくかは、決して容易な課題ではない。6-1-1項で論じたように、TCS は正統性の問題と背中合せで活動している。TCS のレゾン・デートルを最終的に担保できるのは、グローバルな普遍的価値の追求にある。ICBL や CICC、CAN が単なるロビイスト集団ではなく TCS を代表する存在と判断できるのは、それぞれが普遍的価値の実現を追求しているからであり、そのこと抜きには正統性を主張することは困難である。反グローバリゼーションは大きな問題提起ではあるが、それ自身が普遍的価値

を具現しているわけではない。ワラックは、「価値の選択の問題」を強調しているが、反グローバリゼーションを唱えるNGOの目標は多種多様で、普遍的価値を絞り込み、一定の方向へエネルギーを収斂させるのは困難なのが現実である。

そうしたなかで、普遍的価値を見出す糸口になると考えられるのが、グローバリゼーションを担う国際機関・組織の民主化という問題である。

グローバリゼーションに危機感を抱く人々の不安を政治的課題とし、政府の説明責任を高めていくガバナンスには、個別政府とその国内のシビルソサエティの対話が重要な鍵を握るのはいうまでもないが、それだけでは十分に対応しきれないであろう。まず、グローバリゼーションに危機感を抱く人々の不安を表明できる「政治的回路」を整備し、グローバリゼーションに関する国家や国際機関の説明責任を高める。それを軌道に乗せた段階で、反グローバリゼーションを主張するTCSの多様な主張を意思決定過程に反映させるような活動につなげるといった段階的なアプローチが現実的であろう。こうしたステップを踏んでいくには、まだ成熟しているとはいえない反グローバリゼーションに関するTCSを成熟させていくことが必要条件だろう。TCSの成熟で果実を得るのは、そのことによって影響力を強めるTCSばかりではない。成熟したTCSと協働できる関係を構築できるようになれば、国際世論への配慮が欠かせない国家や国際機関にとっても大きなプラスとなりうることはCANやICBL、CICCの事例をみても明らかである。この領域において、まだ未成熟なTCSをいかに成熟させていくかは、グローバリゼーションの利点を生かしていくうえで、避けて通れないチャレンジである。

6-2-3　新たな政治的ダイナミズム

以上のように、TCSはさまざまな領域において活動を展開し、国際社会への影響力を発揮しつつある。その反面で、TCSは未解決の問題を内在させた未成熟な存在である。換言すれば、発展途上の段階にある主体である。解決しようとする問題や達成しようとする目的によって影響力の度合いは異なることも見逃してはならない現実である。それが世紀の変わり目における、TCSの

実相である。だが、そうした未完成な主体ではあっても、TCS は多様な分野
で影響力を発揮しており、多国間条約形成に新たな政治的ダイナミズムを生み
出している。

　ここで 1 点、追記しておきたいのは TCS 間の相互作用である。21世紀に向
けて TCS がその役割を増大させていくうえで、そうした相互作用が重要な鍵
を握ると考えられる。

　ある領域における TCS の活動が他の課題に取り組む TCS にどのような影
響を与えているのか、といった点に論考を加えた論文が存在するわけではない。
しかしながら、オタワ・プロセスにおける ICBL の成功が他の TCS に伝播し
ているのは明らかである。例えば、対人地雷全面禁止条約の成立から 2 年後、
地雷問題にもかかわった NGO が加わり、小型武器規制のための国際行動ネッ
トワーク（IANSA: International Action Network on Small Arms）を立ち
上げた[30]。国際刑事裁判所規程交渉過程で HRW の中心的役割を果たしたリ
チャード・デッカーは対人地雷全面禁止条約における ICBL の活動が「我々
のインスピレーションとなり、政府にも多大な影響を与えた」[31]と振り返って
いる。CICC は1999年 5 月、オランダのハーグで開催されたハーグ世界市民平
和会議[32]において「批准キャンペーン」を立ち上げた。規程発効に必要な60
カ国の批准を促すキャンペーンだが、これは明らかに ICBL が対人地雷全面
禁止条約成立直後に立ち上げた「批准キャンペーン」にならった試みである。

　政府にも同様に、オタワ・プロセスの経験を他領域に汎用する動きがみられ
る。例えば、カナダのアクスワージー外相は「地雷禁止条約における見事なキ
ャンペーンから学んで、強力な裁判所を作る機運を高めるため、政治指導者だ
けでなく、世界中の NGO やメディア、市民を巻き込んでいく」[33]と、対人地
雷全面禁止条約と国際刑事裁判所設立規程を明確に結びつけて論じている。ま
た、カナダ政府は1998年 5 月、ノルウェー政府と共同で「リースーエン宣言」
を発表している[34]。宣言では、対人地雷や児童兵士の禁止、紛争時における
女性・子どもの被害防止、小型武器の拡散防止などの分野で、人道的見地に立
脚した共通アプローチを模索し、協力を促進していくことを確認している。そ
して、「ニュー・ディプロマシー」と位置づけられた両国のアプローチは、「共
通した意識をもつ国々」およびシビルソサエティをパートナーとすることを明

言し、対人地雷全面禁止条約を生み出した政府と NGO の協力関係を他の人道問題への取組みにも応用していく姿勢を打ち出している。

こうした形で、ある領域における TCS の活動が他の課題に取り組む TCS に伝播するという現象がすでに起きており、多国間条約の形成過程に新たな政治的力学をもたらす要因になっていることも注視しておくべきだろう。すなわち、ある TCS の事例を範にして、別の TCS の活動が始まったり、活性化されたりする連鎖が生じうるのであり、多国間条約をめぐる国際政治は常に TCS の顕在的、潜在的能力を意識しながら進めていかざるをえない時代を迎えているのである。

6-3　グローバル・ガバナンスと TCS

TCS が幅広い外交分野に新地平を拓きつつある現況から未来を展望してみたとき、TCS が加わった多国間条約形成という新たな政治的ダイナミズムが、21世紀の国際社会にどのような影響や変化をもたらすと考えられるだろうか。

まず、予見しうる近未来においては、TCS による多国間条約作りへの参画が広まると考えられる。第 1 章で記したように、TCS による多国間条約形成過程への参画が広まった背景には、(1)情報技術の急速な発達・普及により、主権国家内におけるシビルソサエティのエンパワーメント（力量拡大）が急速に進行したこと、(2)国境を超えた取組みを必要とする問題が増え、その解決のためにグローバル規範形成の重要度が高まっていること、(3)グローバル規範形成に関する国際世論を方向づけるうえで、シビルソサエティの国際的な連携が看過できない要素になりつつあること、の 3 つの要因があげられる。特に、事例研究で明示的であったことは、冷戦後の1990年代に限っても CAN、ICBL、CICC には上記の 3 要因が加速的に作用を強めていることである。IT 革命が CAN 以上に ICBL に、そして ICBL 以上に CICC に影響を及ぼしたのは既述のとおりである。したがって、上記の 3 要因がますます顕在化する——IT 革命は不可逆的であり、グローバリゼーションは一層進捗し、「力の支配から法の支配へ」という潮流は加速される——であろう近未来の国際社会においては、

TCS による多国間条約形成過程への参画が広まり、国際社会に新たなダイナ
ミズムを供給していくという流れは一層深まっていくと考えられる。

　このように、TCS による多国間条約形成過程への参画が広まっていけば、
グローバル・ガバナンスにも影響が及ぶことは必定である。レオン・ゴーデン
カーとトマス・ワイスはグローバル・ガバナンスについて、「個別の国家が対
応能力を超えた社会的、政治的問題に、より秩序立った形で、より信頼できる
対応をもたらす営み」[35] と定義している。そして、グローバル・ガバナンスは、
(1)中央集権的な権威は存在しない、(2)地球規模の問題に関して共通の実践や目
標を促すことをめざす政府、その他の主体が協力・協調していく、という特徴
を有する[36]。すなわち、グローバル・ガバナンスは、古典的なパワーポリティ
ィクスとは一線を画し、地球規模問題に共同で取り組んでいくうえでは重要な
コンセプトである。パワー・ポリティクス一辺倒の時代にあっては、TCS が
多国間条約交渉に介在し、成果をあげる余地は小さかったが、冷戦終結後に
「グローバス・コンシャスネス」が高まり、グローバル・ガバナンスの視点か
ら国際政治を見つめ直す機運が高まった。このことが、プロセス革命および政
策提言といった変化を生み出す契機となったのである。

　TCS によるグローバル・ガバナンスへの影響は、国際機関において最も顕
著となるだろう。TCS の台頭は、国家と国家を構成主体とする国連を機軸に
したグローバル・ガバナンスへの限界と相重なる。例えば、ICBL が既存の軍
縮交渉の正統な場であるジュネーブ軍縮会議ではなく、オタワ・プロセスに交
渉の場を求めたのは、旧来のガバナンスの限界を打破するものだった。そして、
CICC は国連という場を活用して国際刑事裁判所設置を現実のものにしていっ
たが、LMC とともに実効性の高い裁判所をめざすことによって米国や中国な
ど大国の圧力を排した。そして、こうした変化は本来、グローバル・ガバナン
スにおいて枢要な役割を果たす国連に変革を迫ることにもなるだろう。

　TCS が取り組む環境、開発、人権、軍縮など多くの地球規模問題は、国連
本部の活動や国際機関の任務と密接に関係している。諸問題への対処には、
TCS と国際機関の協働関係がますます重要となる。そのような協働関係が進
んでいくと、各国政府にとっては「パブリック・ディプロマシー」の重要度が
高まることになる。英国外交政策センター（The Foreign Policy Centre）の

マーク・レナード所長らは、「国家と市民の力の均衡は、…(中略)…教育を受け、情報に精通している市民に圧倒的に傾いている。すなわち、国内外において公共政策に影響を及ぼすことを望むならば、最初から最後まで市民の優先課題と姿勢を尊重せねばならない。…(中略)…政府は、外国政府と同様に、諸外国の市民とも専門的視点から対話しなければならない」[37]と指摘し、パブリック・ディプロマシーの重要性を強調している。ある国が、地球規模問題に関して外交を展開するとき、自国と他国のシビルソサエティに働きかけ、その双方にアカウンタビリティを果たさないと自らの外交方針の正統性を確保できないとの理解に基づく主張である。

パブリック・ディプロマシーは、TCS とのパートナーシップを国家側主体に考えた場合の視座である。このパートナーシップを TCS の側から捉えると、リチャード・フォークが指摘するように、国家を道具として活用していく「国家の再道具化(reinstrumentalization)」という視点が重要な意味を帯びてくる。

第 1 章で記したようにフォークは、国家の再道具化の過程が、グローバル公共財の保護や非軍事化の促進、そして公共善の全般的な保持において、地域およびグローバル・ガバナンスに影響を与える可能性があると指摘している。フォークのこうした議論はグローバル・ガバナンスにおける TCS の台頭を念頭に置いたもので、(1) TCS を、市場のパワーを念頭に置いた「上からのグローバリゼーション」と対置する形で、「下からのグローバリゼーション」を担う主体と位置づけている、(2)「下からのグローバリゼーション」を推し進めるには、TCS がいかにして「国家の再道具化」に成功するかが重要テーマであるという伏線が存在する、という特徴がある。そこでは、国家と TCS を縦の従属関係とみる旧来の枠組みがデフォルメされ、国家や国際機関と TCS の協働関係の重要性が想定されているのである。

フォークの指摘は、事例研究と照らし合わせてみて、妥当だと判断できるだろうか。3 つの事例はいずれも多国間条約交渉を通じて「下からのグローバリゼーション」を推進し、その過程において国家との協働関係を築き、「国家の再道具化」に成功している。一方、既述のように、TCS は多様な分野にかかわるようになってきており、多国間条約形成に新たな政治的ダイナミズムを生

み出している反面、解決しようとする問題や達成しようとする目的によって影
響力の度合いは異なる。しかし、結果に及ぼす影響度が未知数であっても、過
程への影響力において TCS はすでに、「国家の再道具化」を不可逆な次元に
まで推し進めている。

　一方でパブリック・ディプロマシーへの志向が強まり、他方で「国家の再道
具化」の傾向が強まれば、ジェシカ・マシューズが指摘するように、諸国家が
多国間機構を支配するという構造は弱まり、NGO に一方的にバランスが傾斜
したパワー・シフトが一段と顕在化すると予想され、ウェストファリア条約以
降の近代国家至上主義的な国際政治観も修正を迫られざるをえない[38]。TCS
の台頭によるパワー・シフトは着実に進行しつつあり、その指向性がさまざま
な分野に広がっているというのが国際社会の現実であり、潮流である。

〔注〕
1)　小和田恆・芝原邦爾「対談・ローマ会議を振り返って——国際刑事裁判所設立に
　　関する外交会議」『ジュリスト』No. 1146、1998年12月1日、25頁。
2)　Volker Rittberger, Christian Schrade, *et al.*, "Introduction to Transnational
　　Civil Society Actors and the Quest for Security," in Muthiah Alagappa, and
　　Takashi Inoguchi (eds.), *International Security Management and the United
　　Nations*, United Nations University Press, 1999, p. 113.
3)　Mike Edwards, *NGO Rights and Responsibilities: A New Deal for Global
　　Governance*, The Foreign Policy Centre, 2000, p. 20.
4)　L. David Brown (ed.), *Practice-Research Engagement and Civil Society in a
　　Globalizing World*, The Hauser Center for Nonprofit Organizations and
　　CIVICUS World Alliance for Citizen Participation, 2001.
5)　Rom Freedman, "Root against Those Trying to keep the Poor Poor,"
　　International Herald Tribune, April 15-16, 2000. 一方、フリードマンの批判に対
　　し、パブリック・シティズンで貿易問題の責任者を務めるローリー・ワラックは、
　　ミリケンの献金を否定し、団体の設立規約が企業および政府の献金は禁止している、
　　と弁明している。The FP Interview, "Lori's War," *Foreign Policy*, Spring 2000,
　　pp. 38-39.
6)　Margaret E. Keck and Kathryn Sikkink, *Activists Beyond Borders*, Cornell
　　University Press, Ithaca, 1998, pp. 12-14.
7)　ICBL の経験と日本のシビルソサエティに関する記述については、Motoko Me-
　　kata, "Building Partnerships toward a Common Goal: Experiences of the
　　International Campaign to Ban Landmines," in Ann Florini (ed.), *The Third*

Force : The Rise of Transnational Civil Society, Carnegie Endowment for International Peace, 2000, pp. 167-171 を参照。

8) この年次報告書は、締約国会議のため各国が国連事務総長宛に提出を義務づけられている報告書に連動する形で作成されていることから、各国政府は、情報公開に関しても TCS の追求を免れない状況に置かれていることになる。

9) 規程成立後の CICC の活動については、目加田説子「国際刑事裁判所と NGO」『世界』2002年 8 月号、220〜225頁を参照。

10) CICC, *ICC Update*, Special Edition, 11 April 2002, p. 3.

11) 難航を極めた判事と検事の指名および選挙にかかわる規制・手続きづくりは、最終的に「革新的ともいうべき改善策」が打ち出され、長年慣習となってきた票の取引を困難とし、一定割合の女性の参加も義務づける内容となった。Pam Spees, "ASP Adopts Unprecedented Voting Procedures for Election of Judges," *Monitor* 22, September 2002.

12) Peter Newell, *Climate for Change : Non-state Actor and the Global Politics of the Greenhouse*, Cambridge University Press, Cambridge, 2000, p. 149.

13) *Ibid.*, p. 150.

14) Navroz K. Dubash and Michael Oppenheimer, "Modifying the Mandate of Existing Institutions: NGOs" in Irving M Mintzer, and J. A. Leonard (eds.), *Negotiating Climate Change : The Inside Story of the Rio Convention*, Cambridge University Press, 1994, p. 272.

15) カナダ外務省は、対人地雷全面禁止条約署名期間中（1997年12月 2 〜 4 日）、政府代表団、国際機関、NGO などにアンケート調査を行い、どういった分野でオタワ・プロセスが汎用できるか、など興味深い質問を行っている。なお結果は、Maxwell A. Cameron, Robert J. Lawson, *et al.* (eds.), *To Walk Without Fear*, Oxford University Press, pp. 7-12 に記録されている。

16) Richard Falk, "The Infancy of Global Civil Society," in Geir Lundestad and Odd Arne Westad (eds.), *Beyond the Cold War : New Dimensions in International Relations*, Oxford University Press, 1993, p.223.

17) Richard Falk and Andrew Strauss, "On the Creation of a Global Peoples Assembly: Legitimacy and the Power of Popular Sovereignty," *Stanford Journal of International Law*, No. 2, 2000, p. 5.

18) WCP に関する書籍は多いが、なかでも WCP 誕生にかかわった IALANA（国際反核法律家協会）発行の John Burroughs, *The (Il) legality of Threat or Use of Nuclear Weapons : A Guide to the Historic Opinion of the International Court of Justice*, LIT Verlag, 1997 が詳しい。また、背景説明としては、WCP の設立団体の 1 つである IPB 発行の Keith Mothersson, *From Hiroshima to the Hague : A Guide to the World Court Project*, Geneva, 1992 が参考になる。なお、日本語では、NHK 広島核平和プロジェクト『核兵器裁判』（NHK 出版、1997年）がある。

19) MPI 誕生の動機づけは、明らかに ICBL の成功にある。Interview with Senator

Douglas Rouche, Ottawa, December 11, 1998.

20) NACの基本姿勢については、黒澤満『核軍縮と国際平和』有斐閣、1999年、147〜148頁参照。

21) 詳細は、Middle Powers Initiative, *Fast Track to Zero Nuclear Weapons*, Cambridge, 1998.

22) ジャッキー・スミスは、冷戦終結によって、資金提供者が他の問題に関心を移した結果、軍縮活動への資金が減少している点を指摘している。Jackie Smith, "Global Civil Society, Social Movement Organizations, and the Global Politics of Nuclear Security," in Rittberger, Schrade, *et al., op. cit.*, p. 154.

23) 核軍縮においては、MPI以外に多数の取組みが存在しており、それらの活動をいかに結集して新たなダイナミズムを創造していけるかが重要である一方、核軍縮にかかわるNGOは必ずしも一枚岩ではないことから、TCSとしてのエネルギーを生み出しにくい状況にある。核軍縮にかかわるNGOの役割を包括的に分析した文献としては、Cathleen S. Fisher, *Reformation and Resistance: Nongovernmental Organizations and the Future of Nuclear Weapons*, Report No. 29, The Henry L. Stimson Center, May 1999が詳しい。同書の分析によると、1990年から99年の期間、核廃絶にかかわるプロジェクトは米国だけで27件、米国外でも主要なものだけで6件ある（pp. 18-21参照）。また、核軍縮と対人地雷に取り組むTCSの活動を対比させた論文として、目加田説子「核軍縮に『市民』はどうとり関わるか――『オタワ・プロセス』方式応用の条件」『世界』1998年11月号参照。

24) Interview with Lloyd Axworthy, Hiroshima, August, 2001.

25) MAIに反対した中心的なNGOは以下の3つ。ワシントンD. C.を拠点に15万人の会員を擁する消費者主体のNGOである「パブリック・シティズン」。国際的な環境保護NGOである地球の友。世界最大の環境保護NGOであるシエラ・クラブ。これらの3つが軸になって、TCSを形成した。原案をすっぱ抜いたのは、パブリック・シティズンである。

26) 国際貿易とITに詳しいペンシルベニア大学ワートン・ビジネススクールのステファン・コブリン教授は、「MAIの事例は、電子ネットワーク化されているグローバル・シビルソサエティの物語であり、国際条約を閉ざされた密室で交渉する時代は終わった。グローバリゼーションの議論には、より多様なグループを巻き込まねばならず、過程に参加しない人々が国際交渉や合意をどのように解釈するか、という点により思いを馳せねばならない」と指摘している。Stephen J. Kobrin, "The MAI and the Clash of Globalization," *Foreign Policy*, Fall, 1998.

27) The FP Interview, "Lori's War," *Foreign Policy*, Spring 2000 参照。

28) 船橋洋一『朝日新聞』1999年12月29日。

29) Joseph S. Nye, "Globalization's Democratic Deficit: How to Make International Institutions More Accountable," *Foreign Affairs*, July/August, 2001.

30) Florini, *op. cit.*, p. 230.

31) Interview with Richard Decker, Associate Counsel, Human Rights Watch,

New York, May 26, 2000.

32) 正式名称は、The Hague Appeal for Peace。1999年 5 月11〜15日まで開催。1899年の第 1 回ハーグ平和会議100周年を記念した会議で、約100カ国から 1 万人が集まり、「力の支配から法の支配へ」と世界を移行させていく方策を話しあった。

33) Lloyd Axworthy, "Without Justice, No Security for Ordinary People," *International Herald Tribune*, June 16, 1998.

34) リースーエンは、両国外相会談が開催されたノルウェーの島（Lysoen）の名前。

35) Leon Gordenker and Thomas G. Weiss, "Pluralizing Global Governance: Analytical Approaches and Dimensions," in Leon Gordenker and Thomas G. Weiss (eds.), *NGOs, the UN, and Gloval Governance*, Lynne Rienner Publishers, 1996, p. 17.

36) *Ibid*.

37) Mark Leonard and Vidhya Alakeson, *Going Public : Diplomacy for the Information Society*, The Foreign Policy Centre, 2000, pp. 5, 21-22.

38) Jessica Mathews, "Power Shift," *Foreign Affairs*, January/February, 1997.

参考文献

Agrawala, Shardul and Steinar Andersen [1999] "Indispensability and Indefensibility? The United States in the Climate Treaty Negotiations," *Gloval Governance*, Vol. 5, No. 4, pp. 457-482.

赤尾信敏 [1993]『地球は訴える──体験的環境外交論』世界の動き社。

Alagappa, Muthiah and Inoguchi Takashi (eds.) [1999] *International Security Management and the United Nations*, United Nations University Press.

アムネスティ・インターナショナル日本支部編 [2000]『拷問禁止条約── NGO が創った国際基準』(今井直監修) 現代人文社。

Amnesty International [1995] International Criminal Court: Update No. 1 to July Action Circular, AI Index: IOR 40/08/95, September.

Archibugi, Daniele and David Held (eds.) [1995] *Cosmopolitan Democracy: An Agenda for a New World Order*, Cambridge and Oxford: Polity Press.

————, ———— and Martin Kohler (eds.) [1998] *Re-imaging Political Community: Studies in Cosmopolitan Democracy*, Stanford University Press.

The Arms Project (A Division of Human Rights Watch) and Physicians for Human Rights [1993] *Landmines: A Deadly Legacy*, printed in the USA.

Arts, Bernardus Johannes Maria [1998] *The Political Influence of Global NGOs: Case Studies on the Climate and Biodiversity Conventions*, Utrecht: International Books.

浅田正彦 [1998]「対人地雷の国際的規制──地雷議定書からオタワ条約へ」『国際問題』461号。

Assetto, Valerie and Dimitris Stevis (eds.) [2000] *International Political Economy Yearbook on the Environment*, Lynne Reinner.

Association International de Droit Penal [1998] *Model Draft Statute for the International Criminal Court Based on the Preparatory Committee's Text to the Diplomatic Conference, Rome, June 15-July 17 1998, érès*; Nouvelles études Pénales.

Beier, Marshall J. and Ann Denholm [1998] "Harnessing Change for Continuity: The Play of Political and Economic Forces behind the Ottawa Process,"

Canadian Foreign Policy, Vol. 5, No. 3, pp. 85-103.

Benedetti, Fanny and John L. Washburn [1999] "Drafting the International Criminal Court Treaty: Two Years to Rome and an Afterward on the Rome Diplomatic Conference," *Global Governance*, Vol. 5, No. 1, pp. 1-37.

Berman, Sheri [1997] "Civil Society and the Collapse of Weimar Germany," *World Politics*, Vol. 49, No. 3, pp. 401-429.

Boehmer-Christiansen [1994] "Global Climate Protection Policy: The Limits of Scientific Advice: Part 2," *Global Environmental Change*, No. 4.

Boli, Jean and George M. Thomas [1997] "World Culture in the World Policy: A Century of Internatonal Non-Governmental Organization," *American Sociological Rewiew*, Vol. 62, No. 2, pp. 171-190.

Boulding, Elise [1991] "The Old and New Transnationalism: An Evolutionary Perspective," *Human Relations*, Vol. 44, No. 8, pp. 789-805.

Brown, L. David (ed.) [2001] *Practice-Research Engagement and Civil Society in a Globalizing World*, Hauser Center for Nonprofit Organizations and CIVICUS World Alliance for Citizen Participation.

Burbidge, John (ed.) [1997] *Beyond Prince and Merchant: Citizen Participation and the Rise of Civil Society*, Pace Publications.

Burroughts, John [1997] *The (Il)legality of Threat or Use of Nuclear Weapons: A Guide to the Historic Opinion of the International Court of Justice*, LIT Verlag. (浦田賢治監訳『核兵器使用の違法性──国際司法裁判所の勧告的意見』早稲田大学比較法研究所、2001年)

キャルホーン, クレイグ編 [1999] 『ハーバマスと公共圏』(山本啓・新田滋訳) 未来社。

Cameron, A. Maxwell [1998] "Democratization of Foreign Policy: The Ottawa Process as a Model," *Canadian Foreign Policy*, Vol. 5, No. 3, pp. 147, 165.

────, Robert J. Lawson, *et al.* (eds.) [1998] *To Walk without Fear: The Global Movement to Ban Landmines*, Oxford University Press.

CAN [1998] *International NGO Directory 1998*.

Canadian Department of Foreign Affairs and International Trade [1998] *Lessons Learned from the Ottawa Process*, Ottawa: DFAIT/IDA.

──── [1998] *Years, Not Decades: Agenda for Mine Action II, Summary Report of the Follow-up Mine Action Coordination Workshop, March 23-24, 1998*, Ottawa: DFAIT/IDA.

────── [1997] *An Agenda for Mine Action: Summary Report of the Mine Action Forum, December 2-4, 1997*, Ottawa: DFAIT/IDA.

Carothers, Thomas [2000] "Civil Society," *Foreign Policy*, No. 117.

The Center for Strategic and International Studies [1998] *"Reinventing Diplomacy in the Information Age,"* A report of the CSIS Advisory Panel on Diplomacy in the Information Age, CSIS Press.

Charnovitx, Steve [1997] "Two Centuries of Participation: NGOs and International Governance," *Michigan Journal of International Law*, No. 18, pp. 183-286.

Chasek, S. Pamela (ed.) [2000] *The Global Environment in the Twenty-First Century: Prospects for International Cooperation*, United Nations University Press.

Clark, M. Ann [1995] "Non-Governmental Organizations and Their Influence on International Society," *Journal of International Affairs*, Vol. 48, No. 2, pp. 507-525.

Cohen, L. Jean [1985] "Strategy or Identity: New Theoretical Paradigms and Contemporary Social Movements," *Social Research*, Vol. 52, No. 4, pp. 663-716.

Cooperrider, L. David and William A. Pasmore (eds.) [1991] "The Organization Dimension of Global Change," *Human Relations*, Vol. 44, No. 8, pp. 763-787.

Czempiel, Ernst-Otto and James N. Rosenau (eds.) [1992] *Governance without Government: Order and Change in World Politics*, Cambridge University Press.

Deibert, Ronald [1977] *Parchment, Printing, and Hypermedia Communication in World Order Transformation*, Columbia University Press.

Eberly, E. Don (ed.) [1994] *Building a Community of Citizens: Civil Society in the 21st Century*, University Press of America.

Edwards, Mike [2000] *NGO Rights and Responsibilities: A New Deal for Global Governance*, London: Foreign Policy Centre.

Edwards, Michael and David Hulme (eds.) [1996] *Beyond the Magic Bullet: NGO Performance and Accountability in the Post-Cold War World*, Kumarian Press, Inc.

Ehrenberg, John [1999] *Civil Society: The Critical History of an Idea*, New

York University Press.

Falk, Richard [1999] *Predatory Globalization: A Critique*, Polity Press. (吉田傑俊監訳『市民社会論――歴史的・批判的考察』青木書店、2001年)

―――― [1995] *On Humane Governance: Toward a New Global Politics*, Pennsylvania State University Press.

Ferencz, B. Benjamin [1999] "Getting Aggressive about Preventing Aggression," *Brown Journal of World Affairs*, Spring.

Finnemore, Martha [1996] *National Interests in International Society*, Cornell University Press.

―――― and Kathryn Sikkink [1998] "International Norm Dynamics and Political Change," *International Organization*, Autumn.

Fisher, S. Cathleen [1999] "Reformation and Resistance: Nongovernmental Organizations and the Future of Nuclear Weapons," Report No. 29, May, Henry L. Stimson Center.

Fisher, Duncan [1992] *Civil Society and the Environment in Central and Eastern Europe*, Ecological Studies Institute.

Florini, Ann (ed.) [2000] *The Third Force: The Rise of Transnational Civil Society*, co-published by the Japan Center for International Affairs and the Carnegie Endowment for International Peace.

―――― [1998] "The End of Secrecy," *Foreign Policy*, No. 111.

―――― [1996] "The Evolution of International Norms," *International Studies Quarterly*, Vol. 40, No. 3, pp. 363-389.

藤田久一 [1993] 『国際人道法 [新版]』有信堂高文社。

―――― [1995] 『国際犯罪とは何か』岩波書店。

―――― [1995] 「国際刑事裁判所規程の草案に関して」『国際人権』 6 号。

―――― [1997] 「犯罪の国際化と国際法」『国際問題』450号。

―――― [1997] 『戦争犯罪とは何か』岩波新書。

―――― [1998] 「国際刑事裁判所規程採択の意義と限界」『世界』652号。

――――・浅田正彦編 [1997] 『軍縮条約・資料集 [第 2 版]』有信堂高文社。

――――・大沼保昭編 [2002] 『国際条約集 [2002年版]』有斐閣。

Goldblat, Jozef [1999] "Anti-Personnel Mines: From Mere Restrictions to a Total Ban," *Security Dialogue*, Vol. 30, No. 1, pp. 9-23.

ゴールドブラッド, ジョセフ [1999] 『軍縮条約ハンドブック』(浅田正彦訳) 日本評論社。

Gordenker, Leon and Thomas Weiss (eds.) [1996] *NGOs, the UN, and Global Governance*, Lynne Rienner Publishers.

Gottlieb, Robert [1993] *Forcing the Spring: The Transformation of the American Environmental Movement*, Island Press.

Grant, Stefanie [1998] "Matching Rhetoric with Action," *New Law Journal*, April 10.

グリーンピース・ジャパン編 [1991]『ストップ！　地球温暖化——地球のいのちを救うために、私たちができること』グリーンピース・ジャパン。

Grubb, Michael, *et al.* [1997] *Implementing the European CO₂ Commitment*, 2nd ed., Royal Institute of International Affairs.

Haas, Peter [1992] "Introduction: Epistemic Communities and International Policy Coordination," *International Organization*, Vol. 46, No. 1, pp. 1-35.

Hampson, Fen Osler and Michael Hart [1995] *Multilateral Negotiations: Lessons from Arms Control, Trade and the Environment*, Johns Hopkins University Press.

Handicap International [1997] *Antipersonnel landmines*, 2nd ed., for the Banning of Massacres of Civilians in Time of Peace, Lyon, France.

Hannum, Hurst (ed.) [1992] *Guide to International Human Rights Practice 173*, 2nd ed., University of Pennsylvania Press.

原彬久 [1998]『国際政治分析』新評論。

Held, David [1995] *Democracy and the Global Order: From the Modern State to Cosmopolitan Governance*, Stanford University Press.（佐々木寛也訳『デモクラシーと世界秩序——地球市民の政治学』NTT 出版、2002年）

————, Anthony McGrew, *et al.* [1999] "Globalization," *Global Governance*, Vol. 5, No. 4, pp. 483-496.

東澤靖 [1999]「2000年の設立に向かう国際刑事裁判所——国際人道法の発展と法曹の役割」『自由と正義』50巻 1 号。

Human Rights Watch [1999] *Human Rights Watch Commentary to the Third Preparatory Commission Meeting on the International Criminal Court*, New York.

———— [1999] *Nongovernmental Organization Action Alert*, Vol. 2, No. 1.

———— [1998] *Justice in the Balance: Recommendations for an Independent and Effective International Criminal Court*, New York, June.

Human Rights Watch Arms Project [1997] *Still Killing, Landmines in Southern*

Africa, Human Rights Watch.

Ignatieff, Michael [1995] " (Review Essay) On Civil Society: Why Eastern Europe's Revolutions Could Succeed," *Foreign Affairs*, March/April.

稲角光恵 [1999]「国際短信・国際刑事裁判所設立に関する外交会議に参加して―― NGO の役割及び最終日の模様について」『INTERJURIST』125号。

International Campaign to Ban Landmines [1999] *Landmine Monitor Report 1999 : Towards a Mine-Free World*.

International Committee of the Red Cross [1998] "Landmines Must Be Stopped," *ICRC Overview 1998*, May, Geneva: ICRC.

――――― [1997] *Banning Anti-personnel Mines : The Ottawa Treaty Explained*, Geneva: ICRC.

――――― [1996] *Anti-personnel Landmines : Friend or For ?: A Study of the Military Use and Effectiveness of Anti-personnel Mines*, International Committee of the Red Cross, Geneva: ICRC. (難民を助ける会ボランティア訳 『対人地雷 味方か？敵か？――軍事問題としての対人地雷の研究』自由国民社、 1997年)

――――― [1994] "Report of the ICRC for the Review Conference of the 1980 UN Convention on Prohibition or Restrictions on the Use of Certain Conventional Weapons Which May Be Deemed to Be Excessively Injurious or to Have Indiscriminate Effects," *International Review of the Red Cross*, March -April, pp. 123-82.

――――― [1993] *Symposium on Anti-personnel Mines : Montreux 21-23 April*, Geneva: ICRC.

International Criminal Tribunal for the Former Yugoslavia [1996] "Tribunal's Resources," *ICTY Bulletin*, No. 2, January 22.

International Peace Bureau, Keith Mothersson [1992] *From Hiroshima to the Hague : Guide to the World Court Project*, Geneva.

Inter Press Service [1998] *Terra Viva : U.N. Conference on the Establishment of an International Criminal Court*, No. 1-22, 15 June-14 July.

Johnson, Rebecca [1997] "Conference on Disarmament," *Disarmament Diplomacy*, Vol. 16, Acronym Institute.

『ジュリスト』[1998]「国際刑事裁判所の設立」1146号。

Kakabadse, Yolanda N. and Burns Sarah [1994] *Movers and Shapers : NGOs in International Affairs*, World Resources Institute.

鴨武彦・伊藤元重・石黒一憲編［1997］『国際政治経済システム』有斐閣。

霞が関地球温暖化問題研究会編訳［1991］『IPCC 地球温暖化レポート――気候変動に関する政府間パネル報告書サマリー』中央法規出版。

環境経済・政策学会編［1999］『地球温暖化への挑戦』東洋経済新報社。

環境庁編［2000］『環境白書　平成12年版（総説）』ぎょうせい。

Kaplan, Benjamin [1996] "Global Partners: Narrowing the Focus on U.S. Foreign Policy," *Harvard International Review*, Vol. 18, No. 2, pp. 54-56, 57, 79-80.

Katzenstein, J. Peter, Robert O. Keohane, *et al.* (eds.) [1999] *Exploration and Contestation in the Study of World Politics*, MIT Press.

Keane, John [1998] *Civil Society : Old Images, New Visions*, Stanford University Press.

Keck, Margaret and Kathryn Sikkink [1998] *Activists Beyond Borders : Advocacy Networks in International Relations*, Cornell University Press.

Keohane, O. Robert and Joseph S. Nye [1977] *Power and Interdependence : World Politics in Transition*, Little Brown.

Kivisto, Peter [1984] "Contemporary Social Movements in Advanced Industrial Societies and Sociological Intervention: An Appraisal of Alain Touraine's," *Pratique*, Vol. 27, pp. 355-366.

Kobrin, J. Stephen [1998] "The MAI and the Clash of Globalization," *Foreign Policy*, Fall.

小長谷和高［1995］「国際刑事裁判所（ICC）規程草案」『秋田法学』26号。

Kothari, Rajni [1997] "Globalization: A World Adrift," *Alternatives*, Vol. 22, No. 2, pp. 227-267.

黒坂三和子［1992］「米国の環境政策を突き動かす NGO の様々な活動」『環境法研究』19号。

黒澤満［1992］『核軍縮と国際法』有信堂高文社。

―――――［1999］『核軍縮と国際平和』有斐閣。

Lawyers Committee for Human Rights [1998] *The International Criminal Court : The Case for U.S. Support*, New York.

Lee, S. Roy (ed.) [1999] *The International Criminal Court : The Making of the Rome Statute—Issues, Negotiations, and Results*, The Hague: Kluwer Law International.

Leonard, Mark and Vidhya Alakeson [2000] *Going Public : Diplomacy for the*

Information Society, London: Foreign Policy Centre.

Lipschutz, R. David [1992] "Reconstructing World Politics: The Emergence of Global Civil Society," *Millennium Journal of International Studies*, Vol. 21, No. 3, pp. 389-420.

Luckham, Robin [1984] "Armament Culture," *Alternatives*, Vol. 10, No. 1, pp. 1-44.

リュトケ, ハンス゠ヴェルナー他編 [1983]『西ドイツ緑の党とは何か──人物・構想・綱領』(荒川宗晴他訳) 人智学出版社。

Lumsdaine, David [1993] *Moral Vision in International Politics*, Princeton University Press.

Lundestad, Geir and Odd Arne Westad (eds.) [1993] *Beyond the Cold War: New Dimensions in International Relations*, Oxford University Press.

Lynch, Cecelia [1998] "Social Movements and the Problem of Globalization," *Alternatives*, Vol. 23, No. 2, pp. 149-173.

Mathews, Jessica [1997] "Power Shift," *Foreign Affairs*, Vol. 76, pp. 50-66.

真山全 [1998]「国際刑事裁判所の対象犯罪」『ジュリスト』1146号。

McAdam, Doug, John D. McCarthy, *et al.* [1996] *Comparative Perspectives on Social Movements: Political Opportunities, Mobilizing Structures, and Cultural Framings*, Cambridge University Press.

McCormick, John [1989] *Reclaiming Paradise*, Indiana University Press.

McElroy, Robert [1992] *Morality and American Foreign Policy: The Role of Ethics in International Affairs*, Princeton University Press.

目加田説子 [1998]『地雷なき地球へ──夢を現実にした人びと』岩波書店。

──── [1998]「核軍縮に『市民』はどう関わるか──『オタワ・プロセス』方式応用の条件」『世界』654号。

──── [1999]「力の支配から法の支配へ──ハーグ世界平和市民会議から」『世界』664号。

Meyer, S. David and Suzanne Staggenborg [1996] "Movements, Countermovements, and the Structure of Political Opportunity," *American Journal of Sociology*, Vol. 101, No. 6, pp. 1628-1660.

Middle Powers Initiative [1998] *Fast Track to Zero Nuclear Weapons*, Cambridge, Mass.

Mintzer, M. Irving [1992] *Confronting Climate Change: Risks, Implications and Responses*, Cambridge University Press.

──── and J. Amber Leonard [1994] *Negotiating Climate Change: The Inside Story of the Rio Convention*, Cambridge University Press.

毛利聡子 [1990]『NGO と地球環境ガバナンス』築地書館。

Nadelmann, A. Ethan [1990] "Global Prohibition Regimes: The Evolution of Norms in International Society," *International Organization*, Vol. 44, No. 4, pp. 479-524.

長嶺安政 [1998]「国際刑事裁判所規程の成立──成立に至る経緯及び同規程の概要を中心に」『ジュリスト』1146号。

──── [1997]「国際犯罪と国際刑事裁判所」『国際問題』450号。

名取俊也 [1998]「国際刑事裁判所規程における刑事手続の概要」『ジュリスト』1146号。

Nelson, N. Daniel [1996] "Civil Society Endangered," *Social Research*, Vol. 63, No. 2, pp. 345-368.

Newell, Peter [2000] *Climate for Change: Non-state Actor and the Global Politics of the Greenhouse*, Cambridge University Press.

NHK 広島核平和プロジェクト [1997]『核兵器裁判』NHK 出版。

㈶日本国際交流センター編 [1998]『ガバナンスの課題──グローバリゼーション時代のシビルソサエティの役割』㈶日本国際交流センター。

人間環境問題研究会編 [1991]「地球環境問題と国際的対応」『環境法研究』19号。

Norris, Pippa (ed.) [1999] *Critical Citizens: Global Support for Democratic Governance*, Oxford University Press.

Novak, Michael [1996] *To Empower People: From State to Civil Society*, Twentieth Anniversary Edition, AEI Press.

Nye, Joseph [1997] "In Government We Don't Trust," *Foreign Policy*, No. 108, Fall.

──── [2001] "Globalization's Democratic Deficit: How to Make International Institutions More Accountable," *Foreign Affairs*, July/August.

──── and Robert Keohane [2000] "Globalization: What's New? What's Not? (And So What?)," *Foreign Policy*, Spring.

Oberthur, Sebastian and Hermann E. Ott [1999] *The Kyoto Protocol: International Climate Policy for 21st Century*, Springer-Verlag.

岡本仁宏 [1997]「市民社会論の諸論点について」『法と政治』48巻2号。

Otto, Dianne [1996] "Nongovernmental Organizations in the United Nations System: The Emerging Role of International Civil Society," *Human Rights*

Quarterly, Vol. 18, No. 1, pp. 107-141.

Pace, R. William [1998] "The International Criminal Court and Non-Governmental Organizations," Seminar on the International Criminal Court, December 15, in Honor of Mr. Adriaan Bos, Legal Advisor of the Foreign Ministry, Chairman of the UN Preparatory Committee on the Establishment of an International Criminal Court.

Palme Commission on Disarmament and Security Issues [1989] *A World at Peace: Common Security in the Twenty-first Century*, Stockholm: PCDSI.

Pasha, Mustapha Kama and David L. Blaney [1998] "Elusive Paradise: The Promise and Peril of Global Civil Society," *Alternatives*, Vol. 23, No. 4, pp. 417-450.

Pearce, Fred [1991] *Green Warriors*, Bodley Head. (平沢正夫訳『緑の戦士たち ——世界環境保護運動の最前線』草思社、1992年)

Peterson, M. J. [1998] "Organizing for Effective Environmental Cooperation," *Global Governance*, Vol. 4, No. 4, pp. 415-438.

——— [1992] "Transnational Activity, International Society and World Politics," *Millennium Journal of International Studies*, Vol. 21, No. 3, pp. 371-388.

Porter, Gareth and Janet Welsh Brown [1996] *Global Environmental Politics*, Westview Press. (細田衛士監訳『入門　地球環境政治学』有斐閣、1998年)

Preux, Jean de [1989] "International Humanitarian Law," offprint form the *International Review of the Red Cross*.

Price, Richard [1998] "Reversing the Gun Sights: Transnational Civil Society Targets Land Mines," unpublished manuscript, Department of Political Science, University of Minnesota.

Princen, Thomas and Matthias Finger (eds.) [1994] *Environmental NGOs in World Politics: Linking the Local and the Global*, Routledge.

Riker, V. James [1996] "Inter-societal Linkages in a Global Civil Society: Transcending the State for Global Governance?" paper prepared for the thirty-seventh annual meeting of the International Studies Association, San Diego, Calif., p. 6.

Rittberger, Volker [1973] *Evolution and International Organization: Toward a New Level of Socio-political Integration*, Martinus Nijhoff.

Riss-Kappan, Thomas and Kathryn Sikkink [1997] "The Socialization of

Human Rights Norms into Domestic Practices: Introduction," unpublished manuscript, University of Minnesota, Minneapolis.

Risse-Kappen, Thomas (ed.) [1995] *Bringing Transnational Relations Back in: Non-state Actors, Domestic Structures, and International Institutions*, Cambridge University Press.

———— [1994] "Ideas do not Float Freely: Transnational Coalitions, Domestic Structures, and the End of the Cold War," *International Organization*, Vol. 48, No. 2, pp. 185-214.

Rosenau, N. James [1995] "Governance in the Twenty-first Century," *Global Governance*, Vol. 1, No. 1.

———— and Ernst Otto Czempiel (eds.) [1992] *Governance without Government: Order and Change in World Politics*, Cambridge University Press.

Rudolph, S. Hoeber and James Piscatori (eds.) [1997] *Transnational Religion and Fading States*, Westview Press.

坂本義和編 [1995]『世界政治の構造変動 4　市民運動』岩波書店。

————・大串和夫編 [1991]『地球民主主義の条件——下からの民主化をめざして』同文舘。

坂本一也 [1995]「国際刑事裁判所設立構想に関する一考察——旧ユーゴ国際刑事裁判所と常設国際刑事裁判所設立構想」『法学』(東北大学) 59巻 3 号。

Salamon, M. Lester [1994] "The Rise of the Nonprofit Sector," *Foreign Affairs*, July/August, pp. 109-122.

———— and Helmut K. Anheier, *et al.* (eds.) [1999] *Global Civil Society, Dimensions of the Nonfporfit Sector*, Johns Hopkins Comparative Nonprofit Sector Project.

佐伯啓思 [1997]『「市民」とは誰か』PHP 新書。

佐和隆光 [1997]『地球温暖化を防ぐ』岩波書店。

塩澤修平・山内直人編 [2000]『NPO 研究の課題と展望　2000』日本評論社。

Schmidt, James [1995] "Civil Society and Social Things: Setting the Boundaries of the Social Sciences," *Social Research*, Vol. 62, No. 4, pp. 899-932.

Schweitz, Marth [1995] "NGO Participation in International Governance: The Question of Legitimacy," cited in the *Proceedings of the 89th Annual Meeting of the American Society of International Law (ASIL).*

Seligman, B. Adam [1992] *The Idea of Civil Society*, Princeton University Press.

Shabecoff, Philip [1993] *A Fierce Green Fire: The American Environmental Movement*, Hill and Wang.

Shaw, Martin [1992] "Global Society and Global Responsibility: The Theoretical, Historical and Political Limits of International Society," *Millennium Journal of International Studies*, Vol. 21, No. 3, pp. 421-435.

ショー, マーチン [1997]『グローバル社会と国際政治』（高屋定國・松尾眞訳）ミネルヴァ書房。

Shelton, Dinah [1994] "The Participation of Nongovernmental Organizations in International Judicial Proceedings," *American Journal of International Law*, Vol. 88, No. 611.

芝原邦爾 [1998]「国際刑事裁判所設立条約の成立」『法学教室』214号。

Short, Nicola [1998] "A New Model for Arms Control? The Strengths and Weaknesses of the Ottawa Process and Convention," *Disarmament Diplomacy*, Vol. 24, March.

Simmons, P. J. [1998] "Learning to Live with NGOs," *Foreign Policy*, Fall, pp. 82-96.

Sinner, Shirin [1996] "Mixed Blessing: The Growing Influence of NGOs," *Harvard International Review*, Vol. 18, No. 1, pp. 54-55, 82-84.

Smith, Jachie, Charles Chatfield, *et al.* (eds.) [1997] *Transnational Social Movements and Global Politics, Solidarity Beyond the State*, Syracuse University Press.

Smolar, Aleksander [1996] "Revolutionary Spectacle and Peaceful Transition," *Social Research*, Vol. 63, No. 2, pp. 439-464.

Spiro, J. Peter [1995] "New Global Communities: Nongovernmental Organizations in International Decision-Making Institutions," *Washington Quarterly*, Vol. 18, No. 1, pp. 45-56.

Stairs, Kevin and Peter Taylor [1992] "NGOs and Legal Protection of the Oceans," in Andrew Hurrel and Benedict Kingsbury (eds.), *International Politics of the Environment: Actors, Interests, and Institutions*, Clarendon Press.

Steiner, J. Henry [1991] "Diverse Partners: Non-Governmental Organizations in the Human Rights Movement," The report of a retreat of human rights activists, co-sponsored by Harvard Law School Human Rights Program and Human Rights Internet, Cambridge, Mass.

Stiles, W. Kendall [1998] "Civil Society Empowerment and Multilateral Donors: International Institutions and New International Norms," *Global Governance*, Vol. 4, No. 2, pp. 199-216.

立木茂雄編 [1997]『ボランティアと市民社会——公共性は市民が紡ぎ出す』晃洋書房。

田口富久治・鈴木一人 [1997]『グローバライゼーションと国民国家』青木書店。

竹内敬二 [1998]『地球温暖化の政治学』朝日新聞社。

田邊敏明 [1999]『地球温暖化と環境外交——京都会議の攻防とその後の展開』時事通信社。

Thakur, Ramesh and William Maley [1999] "A Landmark Humanitarian Treaty in Arms Control?" *Global Governance*, Vol. 5, No. 3, pp. 273-302.

Thiele, Leslie Paul [1993] "Making Democracy Safe for the World: Social Movements and Global Politics," *Alternatives*, Vol. 18, No. 3, pp. 273-305.

トーカー, ブライアン [1992]『緑のもう一つの道——現代アメリカのエコロジー運動』(井上有一訳) 筑摩書房。

馬橋憲男 [1999]『国連と NGO——市民参加の歴史と課題』有信堂高文社。

United Nations [1999] *Portfolio of Mine-related Projects*, United Nations Mine Action Service.

———— [1972] *Yearbook of the United Nations*, UN Office of Public Information.

United States, Department of State, Bureau of Political-Military Affairs [1998] *Hidden Killers: The Global Landmines Crisis*, prepared by the Office of Humanitarian Demining Programs.

————, [1993] *Hidden Killers: The Global Problem with Uncleared Landmines*, prepared by the Office of International Security Operations.

Vellinga, Pier and Michael Grubb (eds.) [1993] *Report of a Workshop Held at the Royal Institute of International Affairs October 1992*, Royal Institute of International Affairs.

Vietnam Veterans of America Foundation [1996] *Banning Landmines: A Chronology September 1995-July 1996*, Washington, D.C.

Walzer, Michael (ed.) [1995] *Toward a Global Civil Society*, Province: Berghahn Books. (石田淳他訳『グローバルな市民社会に向かって』日本経済評論社、2001年)

Wapner, Paul [1996] *Environmental Activism and World Civic Politics*, Albany:

State University of New York Press.

Wilenius, Markku [1996] "From Science to Politics: The Menace of Global Environmental Change," *Acta Sociologica*, Vol. 39, No. 1, pp. 5-30.

Wiseberg, Laurie [1991] "Protecting Human Rights Activists and NGOs: What More Can be Done?" *Human Rights Quarterly*, Vol. 13, No. 4.

ワールドウォッチ研究所 [1998]『地球データブック1998-1999』(山藤泰監訳) ダイヤモンド社。

山本啓編 [1996]『政治と行政のポイエーシス』未来社。

山村恒年編 [1998]『環境 NGO』信山社。

山内直人編 [1999]『NPO データブック』有斐閣。

山本吉宣 [1996]「国際レジーム論——政府なき統治を求めて」『国際法外交雑誌』95巻1号。

略語一覧

AGBM (Ad Hoc Group on the Berlin Mandate)	ベルリン・マンデートに関する交渉会合
AI (Amnesty International)	アムネスティ・インターナショナル
AOSIS (Alliance of Small Island States)	小島嶼国連合
CAN (Climate Action Network)	気候行動ネットワーク
CCW (Convention on Conventional Weapons)	特定通常兵器使用禁止・制限条約
CICC (NGO Coalition for the International Criminal Court)	国際刑事裁判所を求める NGO 連合
COP (Conference of the Parties)	締約国会議
DAC (Development Assistance Committee)	開発援助委員会
EC (European Community)	欧州連合
ECOWAS (Economic Community of West African States)	西アフリカ諸国経済共同体
ECOSOC (Economic and Social Council)	経済社会理事会
ELSA (European Law Students Association)	法律家をめざす欧州学生連盟
EU (European Union)	欧州連合
G77 (Group of 77)	非同盟諸国
GATT (General Agreement on Tariffs and Trade)	関税と貿易に関する一般協定
GCC (Global Climate Coalition)	地球気候連合
HI (Handicap International)	ハンディキャップ・インターナショナル
HRW (Human Rights Watch)	ヒューマン・ライツ・ウォッチ
IANSA (International Action Network on Small Arms)	小型武器規制のための国際行動ネットワーク

ICBL (International Campaign to Ban Landmines)	地雷禁止国際キャンペーン
ICC (International Criminal Court)	国際刑事裁判所
ICJ (International Court of Justice)	国際司法裁判所
ICRC (International Committee of the Red Cross)	赤十字国際委員会
ICSU (International Council of Scientific Unions)	国際学術連合
ILC (International Law Commission)	国連国際法委員会
INC (Intergovernmental Negotiating Committee on Climate Change)	気候変動枠組み条約に関する政府間交渉委員会
INF (Intermediate-range Nuclear Force)	中距離核戦力
IPCC (Intergovernmental Panel on Climate Change)	気候変動に関する政府間パネル
IPS (Inter Press Survice)	インター・プレス・サービス
JCBL (Japan Campaign to Ban Landmines)	地雷廃絶日本キャンペーン
JUSCANZ (Negotiating bloc made up of Japan, the United States, Canada, New Zealand and Australia)	ジャスカンズ
LCHR (Lawyers Committee for Human Rights)	人権のための法律家委員会
LMC (Like Minded Countries)	(実効的かつ公正な国際刑事裁判所を設立するという)志を同じくする諸国
MAG (Mines Advisory Group)	マインズ・アドバイザリー・グループ
MAI (Multinational Agreement on Investment)	多国間投資協定
MFN (Most Favoured Nation)	最恵国待遇
MPI (Middle Powers Initiative)	中堅国家構想
NAC (New Agenda Coalition)	新アジェンダ連合
NASA (National Aeronautics and Space Administration)	米国航空宇宙局

NGO (Non-Governmental Organization)　非政府組織

NPO (Non-Profit Organization)　非営利団体

NPWJ (No Peace Without Justice)　正義なくして平和なし

NSA (Non-State Actors)　非国家主体

OAS (Organization of American States)　米州機構

OAU (Organization of African Unity)　アフリカ統一機構

ODA (Official Development Assistance)　政府開発援助

OECD (Organisation for Economic Co-operation and Development)　経済協力開発機構

PGA (Pariamentarians for Gloval Action)　グローバル・アクションのための議員連盟

PHR (Physicians for Human Rights)　フィジシャンズ・フォー・ヒューマン・ライツ

PKO (Peace Keeping Operation)　国連平和維持活動

SEI (Stockholm Environment Institute)　ストックホルム環境研究所

TCS (Transnational Civil Society)　トランスナショナル・シビルソサエティ

UNAIDS (Joint United Nations Programme on HIV-AIDS)　国連エイズ合同計画

UNCED (United Nations Conference on Environment and Development)　国連環境開発会議（地球サミット）

UNDP (United Nations Development Programme)　国連開発計画

UNEP (United Nations Envitonmental Planning)　国連環境計画

UNFPA (United Nations Population Fund)　国連人口基金

UNHCR (United Nations High Commissioner for Refugees)　国連難民高等弁務官事務所

UNICEF (United Nations Children's Fund)　ユニセフ

VVAF (Vietnam Veterans of America Foundation)　　米国ベトナム退役軍人財団

WCED (World Commission on Environment and Development)　　環境と開発に関する世界委員会

WCGJ (Women's Caucus for Gender Justice)　　ジェンダーの正義を求める女性のコーカス

WCP (World Court Project)　　世界法廷プロジェクト

WFM (World Federalist Movement)　　世界連邦運動協会

WFP (World Food Programme)　　世界食糧計画

WHO (World Health Organization)　　世界保健機構

WMO (World Meteorological Organization)　　世界気象機関

WRI (World Resources Institute)　　世界資源研究所

WTO (World Trade Organization)　　世界貿易機関

WWF (World Wide Fund for Nature)　　世界自然保護基金

WWI (World Watch Institute)　　ワールドウォッチ研究所

事項索引

ア行

アカウンタビリティ　163,183
アドボカシー　166,199
新たなデモクラシー論　20
ウェストフェリア条約　205
ヴェルサイユ条約　116
オスロ会議　79,102
オタワ会議　75,97
オタワ条約　97,101
オタワ・プロセス　67,74,80,93
　　国際刑事裁判所　116,147
　　自己選択方式　75
　　ブリュッセル政治宣言　78
　　プロセス革命　173

カ行

課題の特異性　174
ガバナンス論　19,22
環境・科学センター　58
規範のカスケイド　174,194
規範起業家　156
京都議定書　27,29,44,54,175,189
クリマフォーラム　58,66
グリーングループ　56
グリーンピース　41,45,60,171
グリーンペーパー　56,59
グローバリゼーション　194
グローバル・ガバナンス　22,198,203
グローバル・コンシャスネス　5,154
国際刑事裁判所　115,175,177
　　安全保障理事会　121,141
　　管轄権　125,141
　　規程　119,187
　　旧ユーゴ　116,121,126,146,159,175
　　検察官の独立性　123,141,144
　　ルワンダ　116,120,126,138,157,160,
　　175
　　ローマ外交会議　122,124,133,137,139,

　　162
国連
　　NGO協議制度　8
　　世界会議　10,12,18
国連人間環境会議　43
国家の再道具化　21,204
子どもの人権コーカス　132,150
コンストラクティビズム　17

サ行

砂漠化防止条約　189
ジェノサイド条約　117,157
ジェノバ社会フォーラム　197
シビルソサエティ　1,7,14,20
ジュネーブ条約　69
ジュネーブ軍縮会議　76,79,193,203
ジュビリー2000　193
人権リーグ国際連邦　125
スレブレニツァ　159
正統性　181

タ行

第2回世界気候会議　35,38,47
地球サミット　9,10,12,35,54
地球の友　41,207
奴隷解放キャンペーン　7
トロント国際会議　32,36

ナ行

ニュー・ディプロマシー　191,201
認識共同体　18,31,175
ネオメディーバリズム　18
ネオリアリズム　17

ハ行

ハーグ世界市民平和会議　187,201
パブリック・シティズン　184,197,207
パブリック・ディプロマシー　203
パルメ委員会　42

パワー・シフト　205
パワー・ポリティックス　158,203
判事による国際コミッション　126
フィラハ国際会議　31,32,62
「ブーメラン型」効果　186
フリーダム・ハウス　13
プロセス革命　169,173
米国
　地球温暖化防止条約　29,33,46,48,163,
　　172
　対人地雷全面禁止条約　79,88,92,102,
　　164
　国際刑事裁判所設立規定　118,120,123,
　　127,133,143,149,203
ベルリン・マンデート　54,59,61,163

マ〜ワ行

民族浄化　131
リースーエン宣言　201
レジーム論　19
ワシントン条約　189

A〜Z

AI（アムネスティ・インターナショナル）
　11,125,128,138,150,159,165
AOSIS（小島嶼国連合）　49,53,55,156,
　166,173
CAN（気候行動ネットワーク）　27,35,
　154,160,166,175
　eco　40,43,46,61,160,163,166
CCW（特定通常兵器使用禁止・制限条約）
　70,161
　——再検討会議　71,86,92
　CCW News　161
　——第2議定書　70,82,83
CICC（国際刑事裁判所を求める NGO 連合）
　115,126,128,154,157,168,170,172
　On the Recort　161
　仮想投票　162
　Terra Viva　161
　CICC Monitor　161
CNICC（国際刑事裁判所設立のためのカナ
　ダ・ネットワーク）　165
COP（締約国会議）　29,55,61,163
EC（欧州共同体）　46,49,52

ELSA（法律家を目指す欧州学生連盟）
　132,149,150
EU（欧州連合）
　共同行動　78
　京都議定書　29,59
　国際刑事裁判所　119,123,135,138,
　　165
　地雷問題　75,78,91
　ベルリン・マンデート　56,59
GCC（地球気候連合）　50
HI（ハンディキャップ・インターナショナ
　ル）　82,92
HRW（ヒューマン・ライツ・ウォッチ）
　82,126,129,159,201
IANSA（小型武器規制のための国際行動ネ
　ットワーク）　201
ICBL（地雷禁止国際キャンペーン）
　67,154,167,170,174
　国際刑事裁判所　147
　中核国　91,105
　ノーベル平和賞　154
　Ban Treaty News　161
　ランドマイン・モニター報告書　187
ICJ（国際司法裁判所）　115,192
ICRC（赤十字国際委員会）　75
　国際刑事裁判所　188
　地雷問題　75,89
　設立者　116
ILC（国連国際法委員会）　117,118
INC（政府間交渉委員会）　35,46,49,53,
　55,164
IPCC（気候変動に関する政府間パネル）
　34,46,49,164
IT（情報・技術）革命　15,155,161,202
JUSCANZ（ジャスカンズ）　56
LCHR（人権のための法律家会）　126
LMC（志を同じくする諸国）　135,139,
　140,142,144,145
MAI（多国間投資協定）　25,195,207
MPI（中堅国家構想）　151,192,207
NAC（新アジェンダ連合）　151,192
NSA（非国家主体）　69
OAS（米州機構）　91
PHR（フィジシャンズ・フォー・ヒューマ
　ン・ライツ）　83,146,159

PKO（国連平和維持活動）　13

SEI（ストックホルム環境研究所）　31,
　37,41

TCS（トランスナショナル・シビルソサエ
　ティ）　3,7,11,153,169,181,191,202

　CAN　35

　CICC　115

　ICBL　67

UNDP（国連開発計画）　10,16

UNEP（国連環境計画）　34,41

UNFPA（国連人口基金）　10

UNHCR（国連難民高等弁務官事務所）
　72,75,90

UNICEF（ユニセフ）　72,75,83,90

WCED（環境と開発に関する世界委員会）
　32

WCGJ（ジェンダーの正義を求める女性のコ
　ーカス）　131,152

WCP（世界法廷プロジェクト）　192

WFM（世界連邦運動協会）　126,133

WRI（世界資源研究所）　41

WTO（世界貿易機関）　184

WWF（世界自然保護基金）　45,60

WWI（ワールドウォッチ研究所）　41

人名索引

赤尾信敏　50,54

アクスワージー（Axworthy, L.）
　オタワ・プロセス　76,81,96,176
　核軍縮　193
　国際刑事裁判所設立規定　201

アーツ（Bas Arts）　44,48,52,54,59

ウィリアムズ（Williams, J.）　83,154

オッペンハイマー（Oppenheimer, M.）
　31,62,164,190

小和田恆　182

グラムシ（Gramsci, A.）　2

ケック（Keck, M. E.）　186

ゲバウワー（Gebauer, T.）　82

ケーン（Keane, J.）　2

ゴーデンカー（Gordernker, L.）　203

コーヘン（Cohen, J.）　2

サラモン（Salamon, L. M.）　13,14

シキンク（Sikkink, K.）　156,186

芝原邦爾　135

シラク（Chirac, J.）　78

スピロ（Spiro, P. J.）　21

スミス（Smith, J.）　4

セレビ（Selebi, J.）　105

ダコスタ（Da Costa, T.）　87

田邊敏明　60

チェンピール（Chempiel, E. O.）　19

ナイ（Nye, J.）　198

長嶺安政　145

ネーデルマン（Nedelman, E. A.）　156

ハース（Haas, P.）　31

バンロッセム（Van Rossem, P.）　87

フィネモア（Finnemore, M.）　156

船橋洋一　198

フォーク（Falk, R.）　4,20,191

ブルントラント（Brundtland, G. H）　32

ペース（Pace, R. W.）　126,130,133,
　137,145

ヘルド（Held, D.）　20

マシューズ（Mathews, J.）　41,205

ミッテラン（Mitterrand, F.）　164

ミューラー（Muller, B.）　82

ミンツァー（Mintzer, M. I）　171

リプシュッチュ（Lipschuts, L.）　18

レーヒー（Leahy, P.）　92,164

ローズノー（Rosenau, J. N.）　19

ローチ（Rouche, D.）　192

ワイス（Weiss, G. W.）　203

ワラック（Warrac, L.）　197,200

著 者 紹 介

　上智大学外国語学部卒業後，ジョージタウン大学国際政治学修士課程，コロンビア大学建築学部都市計画修士課程を経て，大阪大学大学院国際公共政策研究科博士課程修了（国際公共政策博士）．テレビ局，財団に勤務後，2001年より経済産業研究所研究員．2002年に東京大学客員助教授．1997年より地雷廃絶日本キャンペーン（JCBL）運営委員．

　著書に，『地雷なき地球へ——夢を現実にした人びと』（岩波書店），『NPOデータブック』（分担執筆，有斐閣），『ハンドブック市民の道具箱』（編著，岩波書店），『アメリカに学ぶ　市民が政治を動かす方法』（共訳，日本評論社），*The Third Force: The Rise of Transnational Civil Society*（共著，Carnegie Endowment for International Peace）などがある．

国境を超える市民ネットワーク

2003年3月6日　発行

著　者　目加田説子（めかたもとこ）

発行者　高橋　宏

〒103-8345

発行所　東京都中央区日本橋本石町1-2-1　東洋経済新報社

電話　編集03（3246）5661・販売03（3246）5467　振替00130-5-6518

印刷・製本　東洋経済印刷